Charles V. W. Brooks:
Erleben durch die Sinne
»Sensory Awareness«

Aus dem Amerikanischen von
Charlotte Selver



Deutscher
Taschenbuch
Verlag

dtv

Im Text ungekürzte, durchgesehene Ausgabe
Januar 1991
Deutscher Taschenbuch Verlag GmbH & Co. KG, München

Titel der amerikanischen Originalausgabe:
Sensory Awareness. The Rediscovery of Experiencing
The Viking Press, Inc., New York 1974
ISBN 0-670-63391-7

ISBN 3-87387-173-4
Umschlaggestaltung: Boris Sokolow
Gesamtherstellung: C. H. Beck'sche Buchdruckerei, Nördlingen
Printed in Germany · ISBN 3-423-15085-8

Das Buch

Sensory awareness: Für Alan Watts war sie »das lebendige Zen«, für Erich Fromm die wichtigste Schule, um zu lernen, das Ich als Zentrum aller Kräfte zu spüren, und Frederick S. Perls nahm viele ihrer Elemente in seine Gestalttherapie auf. Seit 1938 hat Charlotte Selver auf der Grundlage von Elsa Gindlers »Arbeit am Menschen« diese Praxis der Körpererfahrung unter der Bezeichnung »sensory awareness« in den USA weiterentwickelt und verbreitet. Sensory awareness – das bedeutet Sinneswahrnehmung, Sinnesbewußtheit. Grundlegende Funktionen des Organismus wie Gehen, Stehen, Sitzen, Liegen, Atmen können in zahlreichen Experimenten langsam neu erfahren werden, um so das verlorengegangene Gefühl für den eigenen Körper wiederzugewinnen, vernachlässigte und abgestumpfte sinnliche Erfahrungen neu zu beleben und die Entfremdung vom eigenen Körper zu überwinden. Sensory awareness bedeutet aber auch, die Sinneswahrnehmung von anderen, vornehmlich intellektuellen, Prozessen des Bewußtseins – Gedanken, Vorstellungen, Phantasien, Emotionen – unterscheiden zu lernen, um schließlich zu reiner sinnlicher Wahrnehmungskraft und authentischer Erfahrung zu gelangen. Charles V. W. Brooks, langjähriger Mitarbeiter und späterer Ehemann von Charlotte Selver, hat sich jahrzehntelang mit der sensory awareness beschäftigt und selbst zahlreiche Kurse gegeben. Vor dem Hintergrund seiner Erfahrungen ist ihm mit diesem Buch eine äußerst anschauliche und eindringliche Beschreibung der Arbeit von Charlotte Selver gelungen. »Wir werden ein Spektrum entdecken, das sich vom Wahrnehmen bis zu Ideen erstreckt ... Durch bewußtes Spüren werden wir allmählich zu dem breiten Gebiet in der Mitte des Spektrums zurückkehren, wo das, was uns von Geburt mitgegeben ist, mit unserer Kultur in Einklang steht und von wo aus wir freier sind, uns in jede Richtung zu bewegen.«

Der Autor

Charles V. W. Brooks gibt seit 1963 gemeinsam mit seiner Frau Charlotte Selver Kurse in sensory awareness. Beide leben und arbeiten in Kalifornien, Maine, New York und Mexiko.

Inhalt

## Vorbemerkung von Charles Brooks

Im Laufe von etwa drei Jahren habe ich, in häufig unterbrochener Arbeit, endlich dieses Buch geschrieben, das den Versuch unternimmt, die nonverbale Substanz der überaus subtilen und tiefgründigen Arbeit zu vermitteln, der meine Frau Charlotte Selver ihr Leben gewidmet hat. Ich habe es oft überarbeitet, gestützt auf Anregungen, die sie mir gegeben hat. Im Prozeß dieser Überarbeitungen haben wir erkannt, daß die Erfahrung der sinnlichen Bewußtheit so individuell ist, daß jeder Versuch, sie in Worte umzusetzen, notwendigerweise den offenbaren muß, der diesen Versuch für seine eigene Person und in seinem eigenen Leben unternimmt. Daher finden sich viele Beispiele, wo ich nicht Charlottes Rat befolgt, sondern es gewagt habe, meine eigenen Ansichten und meine Erfahrungen durchzusetzen, und zwar mit dem ganzen intellektuellen und literarischen Hintergrund, den ich mitschleppe und mit dem ich mich bei einer solchen Unternehmung ständig auseinandersetzen muß.

Trotzdem spüre ich, daß vieles in diesem Buch sich als real und praktikabel erweisen wird. Der Hauptteil davon kommt von Charlotte. Mit geringfügigen Ausnahmen sind die beschriebenen Experimente ihre Experimente, die Fragen ihre Fragen. Wenn ich hier und da das Glück gehabt habe, etwas von dem wirklichen Zusammenhang wachzurufen, in dem diese Experimente und Fragen lebendig werden, dann durch die Wiederbelebung ihrer Kurse, die während der letzten fünfzehn Jahre die stärkste Kraft in meinem Leben gewesen sind.

Dieses Buch ist teils Autobiographie, teils Philosophie, teils ein Lehrbuch für Schüler der sensory awareness (Sinneswahrnehmung, Sinnesbewußtheit) und teils ein angemessenes sprachliches Äquivalent aktueller Erfahrung. Alles zusammengenommen ist es meine Wahrnehmung dieser Arbeit, so umfassend und klar dargelegt, wie es mir heute möglich ist.

Ich habe die Lehrerin nie kennengelernt, die Charlotte verehrt und der sie ihrem Gefühl nach ihr ganzes Werk verdankt. Ich kenne nur Charlotte, und für mich ist dies *ihre* Arbeitsweise. Aber vielleicht wird diese Arbeit der Liebe und der Wirklichkeit eines Tages die Arbeit vieler sein, denn die Zahl derer, die daran glauben, steigt ständig.

Charles Brooks
Monhegan, Maine 1973

## Vorbemerkung zur deutschen Ausgabe von Charlotte Selver

Ich freue mich, daß das Buch von Charles Brooks nun in Deutschland, meiner früheren Heimat, erscheint.

Bevor ein glückliches Schicksal es mir ermöglichte, der Arbeit von Elsa Gindler und Heinrich Jacoby zu begegnen, studierte ich »Ausdrucksgymnastik« bei Dr. Rudolf Bode in München und ging später mit Hinrich Medau nach Berlin, um Bode-Gymnastik in Berlin und den umliegenden Ortschaften einzuführen. Nachdem Medau sich selbständig gemacht hatte, war ich für einige Jahre seine Assistentin, und um diese Zeit – Mitte der zwanziger Jahre – begegnete ich auch der Arbeit von Elsa Gindler und später von Heinrich Jacoby. Solange ich in Deutschland blieb (ich wanderte Ende 1938 nach Amerika aus), nahm ich mit großem Interesse an den Kursen Elsa Gindlers sowie Heinrich Jacobys teil. Auch nach dem Kriege hatte ich die Möglichkeit, in Ferienkursen weiter bei ihnen zu studieren. Diese Arbeit hat mein Leben entscheidend geprägt, und meine tiefe Dankbarkeit gilt daher auch diesen beiden Lehrern.

Ich möchte mit aller Deutlichkeit aussprechen, daß meine eigene Arbeit – sensory awareness –, die ich seit vielen Jahren in den USA durchführe, auf den grundlegenden Erkenntnissen der lebenslangen Forschungsarbeit von Elsa Gindler und Heinrich Jacoby basiert, einer Arbeit, die sich mit den Funktionsweisen des Menschen und seinem Verhalten auseinandersetzt.

Das vorliegende Buch ist ein Versuch darzustellen, was ich und später auch Charles Brooks, mit dem ich beruflich (seit 1958) und durch unsere Heirat (seit 1963) verbunden bin, in der Begegnung mit der Arbeit von Elsa Gindler und Heinrich Jacoby erlebt haben und was aus dem Umgang mit diesen Erkenntnissen und unserer Auseinandersetzung mit ihnen entstanden ist.

Charles Brooks hat jahrelang mit großem Einsatz und mit Hingabe an dieser Darstellung gearbeitet. Er hat damit in seiner Weise einen wertvollen Beitrag zur Verbreitung der Arbeit geleistet, die mir zutiefst am Herzen liegt.

Charlotte Selver

Ich habe keine Eltern:
Ich mache Himmel und Erde zu meinen Eltern.
Ich habe kein Heim:
Ich mache die Bewußtheit zu meinem Heim.
Ich habe kein Leben und keinen Tod:
Ich mache die Gezeiten des Atems zu meinem Leben und meinem Tod.
Ich habe keine göttliche Macht:
Ich mache Ehrlichkeit zu meiner göttlichen Macht.
Ich habe kein Vermögen:
Ich mache Verstehen zu meinem Vermögen.
Ich habe kein magisches Geheimnis:
Ich mache meine Natur zu meinem magischen Geheimnis.
Ich habe keinen Leib:
Ich mache die Ausdauer zu meinem Leib.
Ich habe keine Augen:
Ich mache das Aufleuchten des Blitzes zu meinen Augen.
Ich habe keine Ohren:
Ich mache die Sensitivität zu meinen Ohren.
Ich habe keine Glieder:
Ich mache Schnelligkeit zu meinen Gliedern.
Ich habe keine Strategie:
Ich mache die Freiheit vom Gedanken zu meiner Strategie.
Ich habe keinen Plan:
Ich mache »Beim Schopfe-Fassen« zu meinem Plan.
Ich habe kein Mirakel:
Ich mache richtiges Tun zu meinem Mirakel.
Ich habe keine Prinzipien:
Ich mache die Anpassung an alle Gegebenheiten zu meinen Prinzipien.
Ich habe keine Taktik:
Ich mache Leere und Fülle zu meiner Taktik.
Ich habe kein Talent:
Ich mache den schnellen Geist zu meinem Talent.
Ich habe keine Freunde:
Ich mache meine Seele zu meinem Freund.
Ich habe keine Feinde:
Ich mache Nachlässigkeit zu meinem Feind.
Ich habe keine Waffen:
Ich mache Güte und Gerechtigkeit zu meinen Waffen.
Ich habe keine Burg:
Ich mache die Unerschütterlichkeit zu meiner Burg.
Ich habe kein Schwert:
Ich mache Abwesenheit des Ichs zu meinem Schwert.

Anonymer Samurai, 14. Jh.

# Einführung

## Dasein in der Welt

Nach heftigen Regenfällen in der letzten Woche haben wir in unserem Garten gesät. Jetzt sprießen die Samen schon. Aus früherer Erfahrung weiß ich, wie tief die kleinen Wurzeln ihren Weg graben, mit der wunderbaren Energie des Werdenden, hinunter durch die feste Krume des Erdbodens; und wenn ich hinschaue, kann ich schon fast die Stiele und Blättchen sehen, die sich in derselben Luft entfalten, die mich innen und außen umgibt, unter derselben Sonne, deren Strahlen auf meine Haut treffen. Das bringt mich zum Nachdenken über das Thema dieses Buches.

Beginnt nicht alles individuelle Leben wie bei diesen Samen in der Feuchtigkeit – sei es im Meer oder, wie hier, in der feuchten Erde, sei es im Dotter eines Eies oder in den Säften des Mutterleibes? Wenn im Leib die vereinigten Zellen sich so lange vermehren, bis etwas in sie eintritt, was man Bewußtsein nennen könnte, so findet diese Entwicklung des neuen Organismus immer weiter statt in dieser totalen, unsichtbaren Unmittelbarkeit der Umgebung, wie es die Eigenart von Flüssigem ist, das in jeden Spalt dringt und jede Fläche umschließt.

Bis zur Geburt erfuhren wir nicht, was Entfernung bedeutet, nichts von der Möglichkeit zu fallen, nichts von Geräuschen, die nicht aus unmittelbarer Nähe kamen, nichts von zu uns kommender oder von uns wegströmender Wärme. Kein Wunder, daß wir uns beim Eintritt in die Außenwelt an die Brust klammerten, deren weiches Gewebe wie unseres war, und daß wir die fremde Luft leichter atmeten, wenn wir von den Armen der Mutter gehalten und umhüllt waren.

In dieser neuen Welt war es zum ersten Mal möglich – ja notwendig –, allein zu sein: Die Mutter konnte anwesend oder auch fort sein. Nach und nach begannen sich neuentdeckte Tore zu öffnen. Geräusche und Gerüche, die allmählich den Erscheinungen um uns herum zugeordnet werden konnten, kamen und gingen; was wir berührten und was uns berührte, änderte sich ständig. Schließlich begannen sich in dem wachsenden Kaleidoskop vor unseren Augen erkennbare Formen zu unterscheiden, die näher oder ferner waren und zu denen wir jeweils verschiedenartige Beziehungen haben konnten.

Wenn auch die Nervenenden in unserer Haut unmittelbaren Kontakt nur mit der Luft, mit dem wohligen Wasser unseres Bades, hier und da mit Kleidung, Ställchen und Spielsachen oder manchmal mit der Mutter hatten, so waren wir doch nicht ohne Kontakt mit der Welt, die weiter entfernt war. Wir konnten Mutters Stimme von fern hören und sie sehen, auch wenn wir sie nicht berühren konnten, und wir lächelten vor Freude beim Wiedererkennen. Wir hatten sogar auch eine Stimme, die andere erreichen und sichtbare Reaktionen in ihnen hervorrufen konnte; und wir hatten Hände und Füße, mit denen wir zulangen konnten, um Gegenstände im Raum zu greifen oder zu stoßen. Sobald unser wachsendes Bewußtsein eine größere und differenziertere Welt in der Nähe und in der Ferne umfaßte, war in diesem Erfassen an sich schon Kontakt, wenn auch in unterschiedlicher Art. Die Form oder Farbe, die wir nicht greifen konnten, war dennoch in unseren Augen, die Stimme war in unserem Ohr, der Geruch in unseren Nasenflügeln.

Und dann kam neuer Kontakt und neue Unmittelbarkeit, als wir Erfahrungen sammelten und die Vergangenheit lebendig hielten, um der Gegenwart größere Bedeutung zu geben. Wenn wir die Mutter sahen und rochen und ihre Stimme hörten, war die Erinnerung da, auch unser Bauch fing an, sich zusammenzuziehen vor Hunger nach ihrer Milch, und unsere Haut begann, sich nach ihrer Berührung zu sehnen. Waren wir schon hungrig, wenn die Mutter erschien, lächelten wir voller Vorfreude, so wie ein Kätzchen schnurrt, ehe die Milch in der Schale ist.

Dem heranwachsenden Kind und dem Erwachsenen erscheinen Zeit und Raum, die im Mutterleib nicht existieren, allgegenwärtig und an allem teilhaftig, als würden alle Gegenstände der Wahrnehmung durch sie erst definiert. Doch ist dies, von Ausnahmen abgesehen, keine geteilte Wahrnehmung, selbst wenn uns diese oder jene Erscheinung mal bewußt ist und mal nicht; die Gesamterscheinung umgibt uns weiterhin wie die Säfte im Mutterleib. Es besteht keine natürliche Notwendigkeit, die uns davon abhielte, unser Leben so unmittelbar und in vollem Kontakt mit unserer Umwelt zu leben wie der Fisch im Wasser, das Wild in den Wäldern oder die Pflanzen in unserem Garten.

Aber während der ganzen Zeit, in der wir unsere Verbindungen mit der Welt entwickelten, bildete sich in uns etwas aus, das in keiner anderen lebenden Kreatur eine Parallele hat. Was zunächst aus wenigen Zellen, dann aus einigen Tausend, dann aus einigen Millionen Zellen bestanden hatte, vermehrte sich bis in die Milliarden in unserem Gehirn, um Botschaften zu empfangen, sie in Beziehung zu setzen und zu ordnen und die Reaktionen zu steuern; und der Kopf, der diese Zellen barg, war derartig schwer und unbeholfen, daß seine Bewegung und seine Ruhe für uns während unserer frühesten Kindheit von vorherrschender Bedeutung war.

Es ist unser Schicksal, daß er während unseres ganzen Lebens von vorherrschender Bedeutung sein muß. Denn in der hochentwickelten Hirnrinde liegt eine andere Saat:[1] die unseres hauptsächlichen menschlichen Handelns[2] und die unseres spezifisch menschlichen Problems. Unsere einzigartige Fähigkeit, animalische Laute zu fixierten Wortsymbolen und unsere flüchtigen Wahrnehmungen zu fest umrissenen Begriffen weiterzuentwickeln, hat uns eine zweite Realitätsstufe, nämlich die konventionelle, beschert, die wegen ihrer unendlichen Vorteile die originale allmählich verdrängt oder zumindest verschleiert. Denn die originale kann weder erobert noch besessen werden, sie kann sich nur zeigen.

Der abstrakte Gedanke und die Sprache, aus denen all unsere Begriffe entstehen, haben die zivilisierte Welt möglich gemacht. Sie haben Erfahrung in Fragmente aufgespalten, von denen viele eindeutig identifiziert, kanonisiert und benutzt werden können, so daß aus der Wahrnehmung von Myriaden einzelner die Enzyklopädie zusammengetragen und aus den ausgewählten Elementen der Erde New York konstruiert werden konnte. Das scheint nur dem Menschen möglich zu sein. Tiere, die sich direkt auf ihre Sinne verlassen, können zwar Wahrnehmungen und Gefühle häufig genausogut trennen wie wir. Und wie wir teilen auch sie die Welt zweifellos nach praktischen Gesichtspunkten auf: in sichere und gefährliche, nützliche und nutzlose Teile. Da ihnen aber die Voraussetzungen fehlen, eine Sprache zu entwickeln, die diese Aufteilungen zu Abstraktionen verfestigt, können sie nicht so bewußt wie wir auf der Vergangenheit aufbauen oder unsere sozialen Errungenschaften für sich umsetzen. Sie können sich nur auf die ewig wechselnde Gegenwart beziehen – entweder natürlich und artgerecht oder manchmal, wenn sie von uns so konditioniert wurden, in neurotischer Weise. Aber gerade dadurch bleibt ihnen, zumindest im ungezähmten Status, die Entfremdung von der Natur und der Integrationsverlust erspart, der die Menschheit gefangen hält – Enzyklopädie, New York und so weiter – und der sich aus der Kluft zwischen dem, was wir wahrnehmen, und dem, was wir darüber denken, ergibt.

Unsere Welt ist wie die des Hamlet von Gedanken angekränkelt. Wir beziehen uns nicht auf unsere eigene Erfahrung, sondern auf unsere erdrückende Erbschaft von Begriffsgebäuden anderer. Anstatt unsere unendlichen Talente zu benutzen, um unsere so einfachen Bedürfnisse zu befriedigen oder um die Erde zu formen und zu leben wie die Lilien auf dem Feld, korrigieren und basteln wir dauernd an der Welt herum und machen alles vielleicht in unserer explosiven Ausbeutung nur schlimmer. Wie können wir auch anders? Denn wenn unsere Handlungen letztlich aus unseren Begriffen entstehen, manipulieren wir auf ewig eine Welt, die wir nicht direkt wahrnehmen und daher nicht kennen können.

Ich habe in meinem Leben häufig eine Autorität abgelehnt, nur um dann die nächste zu akzeptieren. Und tief in mir habe ich Angst gehabt bei dem Gedanken, in einer Welt zu leben, in der es nicht den EINEN gab, mir in einer Weise ähnlich, der wissend war. Inzwischen spüre ich aber, daß es nutzlos ist, Autoritäten zu befragen, um zu erfahren, was man mit seinem Leben anfangen soll. Es sind gerade die Verschleierungen, die die Autoritäten für uns gesponnen haben und die unsere Ohren und Augen und Nerven nach und nach durchdringen müssen, wenn unsere Hände die Welt erfassen und unsere Herzen sie fühlen sollen. Wir müssen neu entdecken, daß wir selbst die Fähigkeit haben zu empfinden. Dann sind wir auch fähig zu urteilen.

Das erfordert Schulung. Eine solche Schulung für die Steuerung des zügellosen Geistes ist im Zen[3] und in anderen Formen buddhistischer Meditation entwickelt worden. Eine andere, wenn ich es wagen darf, in so erhabener Gesellschaft davon zu sprechen, bildet den Gegenstand dieses Buches.

## Besinnlichkeit

Die Arbeit, die ich hier darzustellen versuche – die Lebensarbeit von Elsa Gindler[4] und, wie ich und viele hundert andere sie kennengelernt haben, von Charlotte Selver –, ist in den letzten zehn Jahren in den Growth Centers der USA unter der Bezeichnung »Körperarbeit« bekannt geworden. Als aber Charlotte und ich vor kurzem aufgefordert wurden, ein Kapitel zu dieser Arbeit beizutragen, war es für ein Symposium mit dem Titel »Workshop des Geistes«[5].

Dieser Gegensatz bringt eine ebenso hartnäckige wie lästige Schwierigkeit an den Tag, der ich gerne gleich zu Anfang einige Worte widmen möchte.

Die ehrwürdige Teilung des Menschen in Geist (Seele) und Körper wird nach meinem Dafürhalten erheblich in Frage gestellt durch einen Ausdruck wie »Sinneswahrnehmung«, in dem der primär psychische Charakter des Bewußtseins in körperlichen Begriffen dargestellt wird. Das ist, glaube ich, nur dadurch möglich, daß diese Teilung rein kulturellen Ursprungs und ohne jede biologische Gültigkeit ist.

Ich weiß sehr wohl, daß die Teilung, so wie sie heute allgemein verstanden wird – die sogenannte »Leib-Geist-Spaltung« –, der immensen und ständig wachsenden Kluft in unserer Kultur zwischen intellektuellen Prozessen und Sinneswahrnehmung zuzuschreiben ist. Niemand wird bezweifeln, daß das ein katastrophaler Tatbestand ist. Auf der einen Seite haben wir abstrakte Informationen, Theorien, Klischees, Formeln und Phantasien, wie sie gängiger Bestand der Unterhaltung, des Lesens, Schreibens und Denkens – kurz: des Bewußtseins der meisten Menschen sind. Auf der anderen Seite steht die Erfahrung, die sich heutzutage für sehr viele nur auf Annehmlichkeiten und Unannehmlichkeiten beschränkt.

Wie es aber dazu gekommen ist, daß »Geist« mit dem Intellektuellen und »Körper« mit dem Erleben identifiziert worden ist, ist eine Frage, die eine faszinierende Geschichte des Denkens und der Kultur inspirieren könnte. Bei einer solchen Teilung würde die gesamte Welt der Kunst, Musik, Poesie, der Meditation und der Liebe keinen Platz haben.

Als erste Abhilfe möchte ich eine semantische Lösung dieses Problems vorschlagen: daß nämlich die Begriffe »Körper« und »Geist« möglicherweise völlig verschiedene Denkkategorien repräsentieren, die eigentlich überhaupt nicht in Gegensatz zueinander gebracht werden können. So aber habe ich nicht immer gedacht. Auch ich habe früher von »Körperfunktionen« gesprochen, wenn ich zum Beispiel an Schweiß oder Darmbewegungen, nie aber, wenn ich an Einsicht oder Verstehen dachte, und mit »Funktionen des Verstandes« habe ich Mathematik oder Orthographie, nie aber Hockey oder Tanz bezeichnet. Jetzt denke ich aber an meinen Körper als an eine Dimension, in demselben Sinne, wie man etwa von einer Wassermenge spricht. Sicher besteht ein entscheidender Unterschied zwischen meinem Körper und einer Wassermenge, aber der liegt in der Tatsache, daß mein Körper die Grenzen eines *Organismus* festlegt – das heißt einer Organisation interdependenter Gewebe, von denen keines abgetrennt werden kann ohne den Verlust der gesamten Existenzgrundlage. Dieser Organismus, den man sehen und auch mittels anderer Wahrnehmungen als Körper definieren kann, hat Funktionen: Stoffwechsel, Atmung, Blutkreislauf und so weiter sowie die *Geist-Funktion*. So betrachtet, könnte Geist dem Körper ebensowenig entgegengesetzt werden wie der Stoffwechsel. Sobald der Geist, der unsere Reaktionen in Übereinstimmung bringt, seine Funktion einstellt oder der Stoffwechsel, der unsere Temperatur regelt, nicht mehr funktioniert, bedeutet es unser Ende, es sei denn, wir können in einem Reagenzglas wie Gewebe am »Leben« erhalten werden.

Es besteht aber ein weiterer, viel emotionaler geladener Hintergrund dieser Trennung: die lange menschliche Geschichte der Teilung des Menschen in Leib und Seele. »Die Hoffnungen und Ängste aller Zeiten« hängen daran – der uralte Streit zwischen den »Lüsten des Fleisches« und dem »Trachten des Geistes« (aspirations of the spirit). Der Ursprung beider Wörter »aspiration« und »spirit« verweist aber auf den Atem; und ist es nicht das Fleisch, das atmet?

Sollen wir also diese Teilung des Menschen in Geist und Körper als nützliches menschliches Kunstprodukt ansehen oder als Beschreibung der Realität, in der die »Seele« im Tode, oder wann auch immer, ihre eigene, separate Existenz bewahren könnte?

Warum wenden wir die Teilung nicht auf Tiere an? Ihre Gehirne sind kleiner, aber ihre Herzen können so liebevoll und ihre Augen so »seelenvoll« sein wie die unseren. Ohne die Konstrukte Gut und Böse akzeptieren die Tiere das, was kommt, und ertragen es ohne Groll. Sie fürchten reale Gefahren, haben jedoch keine Angst vor dem Tod. Sie leben uneingeschränkt, daher bedürfen sie keiner Zukunft – das erfassen wir instinktiv, wenn wir unserem Kind, das den Tod seines Lieblingstiers beklagt und fragt, ob es wohl in den Himmel komme, erklären, daß Tiere, so klug sie auch sein mögen, keine Seele haben und auch nicht in den Himmel kommen.

Die Vorstellung von Bewußtsein als einfach einer Funktion eines jeden Organismus aus lebenden Zellen, die von der Reaktionsfähigkeit einer Amöbe bis zum Genie eines Goethe oder Beethoven reicht, macht uns frei dafür, solche verwirrenden und lästigen Fragen zu mißachten, da sie sich konventionellen und semantischen Ursprungs erweisen und das wirkliche Leben nicht betreffen. Jede Arbeit am Bewußtwerden, die sich auf dieses Verständnis gründet, richtet sich unvermeidlich an den *ganzen Menschen* und nicht an einen Teil von ihm. Eine Trennung oder Hervorhebung des »Geistigen« oder des »Physischen« ist nicht mehr von Bedeutung.[6]

Aber sind *wir* es nicht gerade, die in dieser Arbeit jenes Bewußtsein, das wir als *sensitiv* qualifizieren, trennen und hervorheben? Ich sage nein. Es gibt kein anderes direktes Bewußtsein, selbst wenn unsere sogenannten »fünf Sinne« nur begriffliche Abstraktionen aus der Totalität unseres Wahrnehmungsvermögens sind. Wir suchen die Grundlage der Sinneswahrnehmung für unsere vielleicht zahlreichen intellektuellen Gebäude, für unsere Verbindung und Beziehung zu der beständigen, wenn auch ständig sich wandelnden Erde, denn nur auf einer solchen Grundlage kann eine organische Superstruktur erwachsen.

In Amerika besteht kein Mangel an Informationen, allerdings ein zu geringes Wissen von allem, was über isolierte Fakten und mechanische oder soziale Prozesse hinausgeht. Unsere Betonung des Sensiblen wird uns nicht einengen. Sie wird unsere Sinne verfeinern und erweitern.

Welcher Art ist wohl das Bewußtsein eines Sämlings in unserem Garten – er empfängt und reagiert auf Licht und Dunkel, Nässe und Dürre, Wärme und Kälte, seine Wurzeln erkunden ohne Ende die Tiefe, während Stiel und Blätter nach oben forschen, immer auf der Suche nach Befriedigung der Bedürfnisse, ständig nach außen gerichtet – bis er sich endlich eines Tages zu Blüten entfaltet und zu Samen vertrocknet? Der Anblick der Blüten bezaubert uns, und wir sprechen davon, daß man etwas an seinen Früchten erkennen könne. Haben wir eine organische Natur, die wie eine Pflanze danach strebt, alle Dimensionen auszuforschen und aus der beengenden Struktur der Begriffe und Vorstellungen, die wir geerbt haben, auszubrechen? Unsere Vorfahren spürten oft, daß ihr Geist darum kämpfte, sie aus den fleischlichen Fesseln zu befreien. Sind wir nicht vielleicht Fleisch, das darum kämpft, uns aus den intellektuellen Banden zu befreien? Denn wenn wir das Fleisch neurologisch, chemisch, funktionell betrachten, dann repräsentiert es mit Sicherheit am ehesten die »geistige« Seite des Kosmos!

Man kann sagen, wir seien fühlende Wesen wie die Pflanzen, fühlende und intelligente Wesen wie die Tiere und, ungleich beiden, auch noch intellektuell. Daher mag man den Begriff der »Sinnesbewußtheit« soweit akzeptieren, als er am ehesten unsere Verwandtschaft mit anderen Lebewesen bezeichnet; ich werde aber zu zeigen versuchen, daß er nichtsdestoweniger ein für den Menschen zutreffender ist.

Unser Studium der Wahrnehmung ist einfach ein Studium der Bewußtheit. Man kann dahin kommen, daß man spürt, wann die Bewußtheit mit Gedanken beschäftigt ist und wann diese Gedanken organisch aus unseren Wahrnehmungen entstehen oder aus unzusammenhängenden und verwirrenden Assoziationsreihen bestehen. Wir können spüren, wann wir für die Realität des Augenblicks offen sind und wann wir uns in Beklemmung oder angestrengter Selbstkontrolle verschließen. Wir können fühlen, wann unsere Bewußtheit frei fließt und wann sie auf Widerstände stößt und stockt oder zaudert.

In unserer Arbeit erfahren wir allmählich, daß wir mit Hilfe der Bewußtheit zu dem, was wir angehen und was wir tun, eine sinnvolle Verbindung ermöglichen können, deutlich unterscheidbar von der »blinden«, »gefühllosen« oder mechanischen Art, in der wir so häufig mit unserer Umwelt umgehen. Wir erkennen, daß Klarheit der Wahrnehmung allem Verstehen und allem intelligenten Verhalten zugrunde liegt. Das Sprichwort »Buddha ist in jedem« kann so verstanden werden, daß nicht irgendeine einzelne Gottheit, sondern vielmehr das Potential einer umfassenden Bewußtheit gemeint ist, das in jedem Organismus gemäß seiner Natur wohnt. Das würde den Bewußtheitsorganen, unseren Sinnen, die Würde, die ihnen zukommt, wiedergeben. Es würde uns erlauben, im Vertrauen auf unsere realen Wahrnehmungen, seicht oder tief, wie sie auch sein mögen, aber befreit von unseren endlosen Spekulationen, zu leben.

## Natur und »zweite Natur«

Wie die Zenmeditation ist die Arbeit an der Sinneswahrnehmung keine Lehre, sondern Praxis. Obwohl wir von Elsa Gindlers Erkenntnis ausgehen, daß im Leben und im Wachstum des menschlichen Organismus eine natürliche Tendenz zur Ordnung besteht, haben wir doch kein wirkliches theoretisches System, und unsere Experimente sind völlig empirisch. Unser Ziel ist nicht die Aneignung von Fertigkeiten, sondern die Freiheit, sensitiv zu forschen und aus dem Erforschten zu lernen. Wir schlagen Experimente vor und stellen Fragen, die auf die Möglichkeit, etwas zu erfahren, gerichtet sind.

In den Kursen stellen sich neue Erkenntnisse und neue Verhaltensweisen ein als Ergebnis der eigenen Entdeckungen des Studenten, die er allein und in seinem eigenen Tempo unternimmt, auch wenn er als Mitglied in einer Gruppe arbeitet. Wir geben weder verbale Anweisungen, noch bieten wir ein Beispiel, das man imitieren soll. Wir arbeiten lediglich mit praktischen Mitteln auf eine erwachsene Form der ungestörten, offenen, wißbegierigen Haltung hin, die gesunde Kinder der Welt gegenüber haben, in die sie geboren wurden – einer Welt, die zu erforschen sie nie müde werden. Das Kind separiert sich nicht von seiner Welt, es ist genauso neugierig im Hinblick auf seine eigenen Prozesse wie auf die anderer. Entsprechend ist das Verhalten, auf das wir zielen, weder extravertiert noch introvertiert, sondern von ganz allgemeiner Offenheit und allgemeinem Interesse geprägt. Wir versuchen, allem, was uns auch immer in unserem gegenwärtigen Zustand bewußt wird, die Zeit zu lassen, die es benötigt, um klarer spürbar zu werden.

Wir lernen in dieser Arbeit nach und nach, *Wahrnehmung* besser zu unterscheiden von anderen Elementen des Bewußtseins, wie zum Beispiel Gedanken, Phantasien, Vorstellungen und Emotionen, von denen wohl ein jedes sich vordrängen mag, um die Szene zu beherrschen. Diese normalen menschlichen Funktionen haben sich in vielen von uns von dem Erleben, zu dem sie gehören, losgelöst und treiben sich in uns herum, bereit, sich an alles, was auch immer geschehen mag, zu hängen, so daß der Geisteszustand vieler Menschen heutzutage einem Orchester gleicht, in dem jedes Mitglied nach einer anderen Partitur spielt. In den gängigen Therapieformen der humanistischen Bewegung wird viel Mühe verwandt, diese verschiedenen Funktionen aus der Verstrickung, in der sie sich befinden, zu lösen. Man arbeitet an der Lösung von blockierten Gefühlen, an der Befreiung und Bejahung der Phantasie, am Selbstbild und so weiter. Unsere Arbeit, die nicht beabsichtigt, therapeutisch zu sein, hat *keines* dieser Ziele. Trotzdem geschieht, je mehr wir zu innerer Ruhe und Klarheit kommen, ganz von allein vieles, das man therapeutisch nennen könnte.

Der Entwicklung zu klarer Wahrnehmung und authentischer Erfahrung mangelt es ebensowenig an Gefühl, wie es einem sauber intonierten Geigenton an Obertönen mangelt. Und ebensowenig muß die Klarheit einer Empfindung leiden, wenn sie sich zu Gedanken oder Formen entfaltet. Wenn sie zu Worte kommt, ist es vielleicht Poesie; wenn sie auf der Leinwand landet, vielleicht schierer Ausdruck. Aber nach Empfindungen *suchen* ist, als wenn man nach dem Topf voll Gold am Fuße des Regenbogens suchen würde. Auch eine emotionale Befreiung, die *gesucht* wird, ist flüchtig und dunkel.

Und was wir häufig unter »Denken« verstehen – die immer wiederkehrende, zwanghafte Beschäftigung des Bewußtseins mit losen Assoziationen, Klischees und Kalkulierungen –, führt uns *weg* von umfassenderem Bewußtsein und nicht *zu* ihm *hin*. Diese Art des »Denkens« ist in Wahrheit die betäubende und lähmende Droge, zu der so vieles in unserer etablierten Kultur uns Tag für Tag verführt und der wir seit unserer Kindheit verfallen sind. Sich davon zu lösen ist zwar nicht so schmerzhaft, aber gewiß ebenso schwierig wie vom Heroin. Sich dem Spüren zu überlassen stillt die Zwanghaftigkeit unserer Gedanken, so daß der Geist frei wird und zugänglich für seine normalen Wahrnehmungsfunktionen. Wenn das Radio in unserem Kopf zum Schweigen gebracht ist, dann kann alles andere zum Leben kommen. Die Laterne im Zelt ist ausgelöscht, und die Dunkelheit füllt sich mit Sternen, während die Wälder tiefer und weiter werden. Die primitive Welt, in der Dinge erscheinen und verschwinden, erblühen und verblassen, essen und gegessen werden, kann wahrgenommen werden als eine, die uns direkt umgibt – und uns einbezieht. Ich habe mich vor dieser Welt, in der ich nur geringe Lebenspraxis besaß, häufig gefürchtet. Ich habe viel von meinem Leben in der halben Scheinwelt von Worten verbracht und weiß, daß sie, mag sie einen auch oft langweilen, bequem ist und daß man sich scheut, sie aufzugeben. Sie ist das Vertraute und das »Sichere«, sogar in ihrer Ungesichertheit. Erscheint sie unzulänglich, kann man stets in der Vergangenheit hausen oder eine neue Dimension, den Himmel oder das Morgen, hinzufügen. In der Welt der Wahrnehmung ist die Gegenwart unendlich; die einzige Autorität ist das Ich, ist der Wahrnehmende. Die Zukunft können wir nicht kennen und von der Vergangenheit nur sehr wenig. Wenn wir aber die Luft der nächtlichen Wälder atmen und ihre Formen und fast unhörbaren Geräusche in uns einlassen oder wenn wir schweigend im Sonnenlicht stehen, das auf Felsen und Blätter und Häuser niederscheint, und wenn wir vielleicht fühlen, wie die Erde uns stützt, dann wissen wir, daß wir wahrhaft existieren, umgeben von vielen anderen Lebewesen, die auch existieren. Brauchen wir mehr?

Das Studium dieser Arbeit umschließt unser gesamtes organisches Funktionieren in der Welt, die wir wahrnehmen und zu der auch wir gehören – unsere persönliche Ökologie: wie wir unseren Tätigkeiten nachgehen, wie wir uns mit Menschen, mit Situationen, mit Gegenständen in Beziehung setzen, was die Welt um uns von uns benötigt.

Wir werden entdecken, was in diesem Funktionieren authentisch ist und was »gelernt«: was unsere Natur ist, die die Evolution bereithält, um uns mit dem Rest dieser Welt in Verbindung zu halten, und was unsere »zweite Natur« geworden ist (wie Charlotte es gerne nennt), die dazu neigt, uns davon losgelöst zu halten. Wir werden ein Spektrum entdecken, das sich vom Wahrnehmen bis zu Ideen erstreckt, ein Spektrum, das uns den gesamten Prozeß unserer Erziehung aufzeigt, die uns in eine bestimmte Richtung drängte. Durch bewußtes Spüren werden wir allmählich zu dem breiten Gebiet in der Mitte des Spektrums zurückkehren, wo das, was uns von Geburt mitgegeben ist, mit unserer Kultur in Einklang steht und von wo aus wir freier sind, uns in jede Richtung zu bewegen.

## Der Finger, der zum Mond weist

Von der Arbeit an der Sinneswahrnehmung kann, glaube ich, gerechterweise gesagt werden, daß es, je länger man Gruppen geleitet hat, um so schwieriger wird, zu katalogisieren, was man tut. Charlotte, die seit mehr als vierzig Jahren arbeitet, improvisiert ständig und kommt immer wieder zu Ansätzen, die sie noch nicht ausprobiert hat. Den das, was wir tun, wird mit dem Grad unseres Reifens immer weniger *technisch* und immer stärker zur Improvisation, anhand derer jeder Teilnehmer eines Kurses durch seine eigene Erfahrung lernt.

Daher ist es wichtig, im Gedächtnis zu behalten, daß die folgenden Beschreibungen in gar keiner Weise ein Handbuch darstellen und daß sie nur auf Holzwege führen, wenn man ihnen mechanisch folgt. Natürlich ist das schon oft genug passiert. Auf der Suche nach gewählteren und umfassenderen Ansätzen haben junge Lehrer die »Techniken« der Sinneswahrnehmung in ihre Methoden »integriert«. Es gibt aber in dieser Arbeit so wenig Techniken wie in der Liebe. Man kann in einen muffigen Raum nicht frische Luft »integrieren«. Man läßt die frische Luft herein, und die schlechte Luft vergeht, wenn es so weit ist. Jeder, der sich ernsthaft in diese Arbeit versenkt, wird verändert werden, ohne daß er durch Anstrengung darauf hinzielt, und die Veränderung wird in seinen Handlungen zum Ausdruck kommen.

So wird man verstehen, wenn ich sage, daß die Kurse selten genauso stattfinden und ablaufen, wie ich sie hier darstelle. Dieses Buch ist Destillat und Verschnitt. Die mündliche Darstellung unserer Arbeit ist eine Aufgabe für die Zukunft – wenn auch hoffentlich für die sehr nahe Zukunft. Viele Hunderte bereits vorhandener Tonbandstunden müssen dabei helfen. Wenn dieser Bericht den Anschein erweckt, einen Lehrplan darzustellen, dann ist er ein Fehlschlag. Es ist lediglich beabsichtigt, ein Verhalten zu vermitteln.

Charlotte Selver hat im Lauf der Jahre für die Kurse und Seminare viele Titel gewählt – nicht wie sie sich in einem Schulcurriculum finden, sondern lauter Anspielungen. Wie in der abstrakten Malerei, in der Musik oder im Tanz ist ein Titel, wenn er nicht aus praktischen Gründen etwas identifiziert, nur ein Hinweis auf das Nicht-Interpretierbare. Er ist eine sprachliche Form für etwas, was seiner Natur nach gerade *nicht* sprachlich ist. Er ist, um es in dem schönen japanischen Bild auszudrücken, »ein Finger, der zum Monde weist«.

Etwas Ähnliches kann man von diesem ganzen Buch sagen.

Einer von Charlottes frühen Kursen in der New School for Social Research in New York hatte den Titel »Gehen, Stehen, Sitzen, Liegen: die vier Würden des Menschen«. Ich habe dieses alte chinesische Wort als Überschrift für den ersten Teil meiner Arbeitsbeschreibung gewählt, obwohl meine Beschäftigung mit diesen vier Begriffen die praktischen Grenzen der Arbeitsbedingungen aufzeigt, wie ein Blick auf das Inhaltsverzeichnis verrät.

Es gab andere Namen wie »Arbeit am Atem«; »Ganz da sein«; »Nonverbales Erleben und Kommunikation«; »Aufwachen, Einstimmen, Entfalten«; »Bewußtseinserweiterung«; »Meditation im täglichen Leben«; »Kontakt statt Technik und Manipulation«; »Geben und Empfangen«; »Ein Weg zu einer sensitiveren Beziehung«; »Freude der Unmittelbarkeit«.

Vielleicht würde es helfen, beim Lesen der Beschreibungen ab und an einen Blick auf diese Titel zu werfen, denn mit wenigen Ausnahmen hat jeder Kurs etwas mit all diesen Titeln, die nicht verschiedene Kurse, sondern verschiedene Aspekte ein und derselben Arbeit benennen, zu tun. Ein weiterer Punkt, auf den ich schon hingewiesen habe, ist der, daß wir nicht ein *korrektes* Stehen, Sitzen, Atmen und so weiter gemäß vorgefaßter Kriterien anstreben, sondern einfach die Natur des Phänomens selbst untersuchen, wie es sich in jedem einzelnen von uns zeigt. Was geschieht wirklich, wenn wir sagen, wir »stehen« oder wir »atmen«? Da wir keine verbale oder in irgendeiner Weise definitive Antwort suchen, ist es ein Studium ohne eine bestätigte »Leistung« und ein Studium ohne Ende. Sein einziges Interesse ist ein existentielles Interesse an den lebendigen Prozessen an sich. Da hat der bescheidenste Schüler, mögen ihm auch Klarheit und Tiefe mangeln, ebenso viel Autorität wie der erfahrenste Lehrer.

Nach diesen Vorsichtsmaßregeln werde ich nun versuchen, eine Kostprobe einiger grundlegender und repräsentativer Tätigkeiten anzubieten, mit denen wir uns wieder und wieder beschäftigen.

# Gehen, Stehen, Sitzen, Liegen: Die vier Würden des Menschen

## Zum Stehen kommen

Unsere Workshops finden gewöhnlich in einem großen, leeren Raum mit Matten oder Teppichbelag statt. Je ruhiger und freundlicher, desto besser. Schuhe, Handtaschen und dergleichen werden draußen gelassen, und die Teilnehmer tragen bequeme Kleidung, um auf dem Boden – unserem Ausgangspunkt – sitzen und sich ungehindert bewegen zu können.

Charlottes Art anzufangen ist nicht vorherzusagen; meine noch weniger. Nach einigen Erklärungen bitte ich die Gruppe gewöhnlich, einfach »zum Stehen zu kommen«.

Das ist eine Aufforderung zu einer der gewöhnlichsten Tätigkeiten des täglichen Lebens, die den Menschen vielleicht mehr als jede andere vom Tier unterscheidet, die aber unsere Kultur überhaupt nicht als Tätigkeit anerkennt. Für die Teilnehmer bedeutet es nichts anderes als aufzustehen – etwas, das sie viele tausend Male schon in ihrem Leben getan haben, ja sogar etwas, das ihnen mit Belohnungen und Strafen beigebracht worden ist. In der Regel vollzieht es sich dann tatsächlich so, daß man entweder aufspringt oder sich pflichtgemäß, vielleicht sogar widerwillig hochstößt oder hochschiebt, sich mühsam aufrappelt oder mit einer speziellen Technik, die man in der Gymnastik oder beim Tanz gelernt hat, erhebt – alles das ist uns zur zweiten Natur geworden und vollzieht sich mehr oder weniger unbewußt. Was auch immer geschieht, es ist fast immer mit einer sichtbaren Anstrengung verbunden. Jedenfalls ist mit Sicherheit anzunehmen, daß kaum jemand seit seiner Kindheit bewußt und mit wachen Sinnen *zum Stehen gekommen* ist.

Wer kommt schon als Erwachsener bewußt, nur um des Stehens willen zum Stehen, es sei denn, um die »Beine zu strecken«? Wer überhaupt macht sich die Mühe, das Aufstehen wirklich wahrzunehmen? Wenn man nicht krank oder verletzt ist, verschwendet man normalerweise keinen Gedanken daran.

Wenn dagegen ein Haus endlich steht, wird der Richtkranz hochgezogen, und alle feiern das Ereignis, genau so wie bei dem großen Augenblick in der Familie, wenn das Kind, das bis jetzt gelegen, gesessen und gekrabbelt ist, endlich zum erstenmal ohne fremde Hilfe frei auf dem Boden steht. Zumindest in diesen Momenten erlangt das Stehen von Häusern und Kindern wirkliche Bedeutung. Wir werden an dieser Frage monate- und jahrelang arbeiten, denn wir müssen ständig und immer wieder neu den Unterschied in uns entdecken zwischen dem konstruierten Gebäude, das wir mit der zuverlässigsten Methode und den erprobtesten

Techniken errichtet zu haben glauben, und der lebendigen Kreatur, die ihren Weg immer von neuem finden muß. Wenn uns dieser Unterschied erst einmal wirklich klar wird, werden wir nie müde werden, ihn weiter zu erforschen.

Wir haben die Kursteilnehmer gebeten, ohne Erwartungen in die Arbeit einzusteigen, aber das ist ziemlich viel verlangt. Wahrscheinlich stehen sie mehr oder weniger geduldig da und warten, daß etwas geschieht. Wenige nur sind sich bewußt, daß in ihnen schon eine Menge vor sich geht, denn sie warten immer noch auf einen Wink von außen.

Was wird geschehen, wenn wir die Gruppe bitten, den wichtigsten Zugang nach außen abzudichten, also mit geschlossenen Augen dazustehen?

Das ist ein großer Schritt. Sofort stellen sich Reaktionen ein. Ein Teil der Leute wird einen Gleichgewichtsverlust wahrnehmen und das Bedürfnis spüren, sich irgendwo festzuhalten; das verschwindet, wenn sie sich ein Blinzeln gestatten. Daraus wird deutlich, daß diese Menschen sich auf ihre Augen verlassen, um einen Halt zu haben.

Bei den meisten von uns ist das Visuelle viel zu stark betont worden. Von Kindheit an sind wir ermahnt worden zu »sehen«, »hinzuschauen« und »aufzupassen«, selten aber, eine Situation zu erspüren. Manchen wird das Schließen der Augen Ruhe bedeuten, anderen aber Unsicherheit; und wieder andere, die keine Schwierigkeiten haben zu stehen, werden dennoch eine vage Angst bekommen. Seit unserer Kindheit sind wir auch stets ermahnt worden, »die Augen aufzuhalten«, so daß ein neues Element zum Vorschein kommt, und sei es auch nur im Unterbewußtsein: Ist es ungefährlich?

Dieses einfache Experiment kann so vieles von unserer ganzen Lebensweise in Frage stellen, daß einige Leute gar nicht fähig sind, ihre Augen zu schließen. Für andere kann das Stehen an sich sehr unbequem werden, vor allem, wenn sie aus Stolz oder Gehorsam stehen bleiben. Wenn wir es aber eine Weile aushalten, können wir vielleicht etwas entdecken. Zum Beispiel können wir möglicherweise feststellen, daß das Schließen der Augen in keinem Falle den Versuch zu sehen beendet und daß die Augen hinter den geschlossenen Lidern sehr aktiv bleiben.

Wenn wir gefragt werden, ob unsere Augenlider auf den Augen *ruhen*, oder ob Anstrengung nötig ist, um sie zuzuhalten, dann werden wir sehr häufig entdecken, daß wir sogar krampfhaft versuchen, durch die gehorsam geschlossenen Augenlider hindurchzuschauen. Nun kann man entweder die Augen öffnen, um so Erleichterung zu schaffen, oder man kann den Widerspruch im eigenen Handeln erkennen und etwas von dem Drang zu sehen aufgeben. Das vermindert sofort die Anstrengung in Augen und Lidern, und man fühlt sich wohler. Das kann eine interessante Entdeckung sein. Ein vorher unbewußter innerer Konflikt kann sich einfach dadurch auflösen, daß er bewußt wird und daß so Energien freigesetzt werden für eine bessere Balance und sichereres Stehen. Man kann entdecken: *Ich muß meine Augen nicht zum Stehen benutzen, ich kann spüren.*

Ein völlig neues Gefühl von Sicherheit und Kraft und ein wunderbares Gefühl für das eigene Sein vermag daraus zu entstehen, sogar schon ganz am Anfang unserer Arbeit. Es wird spürbar, daß selbst in solch winzigen Muskeln, wie denen um das Auge, Energien gebunden werden können, die ganze Prozesse im Organismus zum Stillstand bringen, die Atmung behindern und das Bewußtsein in Mitleidenschaft ziehen. Selbst rein rationale Prozesse können darin einbezogen sein, wie zum Beispiel die Erkenntnis, daß beim ersten Augenschließen der vielleicht unbewußte Gedanke, eine Gefahr sei nicht vorhanden, gerechtfertigt war. Dies ist keine »Arbeit am Körper«, wie es oft genannt wird, sondern ein Wachwerden des Menschen. Und wenn wir schließlich unsere Augen öffnen und vielleicht spüren, daß wir, zumindest einen Augenblick lang, stehen *bleiben* und einfach sehen können, ohne die Augen für das Stehen zu Hilfe zu nehmen, dann mag das Gefühl für das eigene Sein noch stärker werden.

In diesem ersten Stadium der Arbeit, in dem wir nur die Funktion des Sehens beim einfachen Stehen verfolgt haben, sind wir auf eine der schwierigsten und hartnäckigsten menschlichen Verhaltensprägungen gestoßen. Eine andere Frage aber, die ebenso wesentlich und vielleicht eng damit verbunden ist, wird sich wahrscheinlich erheben, wenn ein Teilnehmer bemerkt, seine wachsamen Augen hätten seinem Gefühl nach etwas mit Denken zu tun. Sehr wahrscheinlich werden mehrere andere zustimmen; einige berichten vielleicht, daß sie ebenso durch ihre Gedanken wie durch ihre Wachsamkeit abgelenkt worden seien.

Nun ist es aber sinnlos, einem Menschen, der die Augen geschlossen hat, zu sagen, er solle aufhören zu sehen. Das fordert nur einen erneuten Versuch der Kontrolle heraus, wie es auch das Sehen an sich darstellt. Ebenso sinnlos ist es, ihn zu bitten, er möge mit dem Denken aufhören. Man kann aber fragen, ob er sein Denken spüren kann, und wie es sich wohl anfühlen würde, wenn er seinem Kopf mehr Ruhe gönnte. Ob vielleicht etwas Neues an sein Bewußtsein dringe, wenn die Gedanken mehr zur Ruhe kämen?

Wir können auch fragen: Heftet jemand seine Aufmerksamkeit an Schwierigkeiten und versucht, sie zu korrigieren? Und wenn, wie wäre es, wenn er einfach mal unkritisch wäre und offen für alles, was sich an inneren Wandlungen *von selbst* vollziehe? Ich brauche hier kaum zu erwähnen, was für einen Wandel in unserem üblichen Verhalten das nach sich zöge. Unsere gesamte Erziehung zielt auf die Analyse von Schwierigkeiten, die Beherzigung von Ermahnungen anderer und auf die Verbesserung von Fehlern. Hier wird nun angeregt, daß wir einfach dadurch, daß wir mehr Bewußtheit zulassen, den Dingen die Möglichkeit geben können, sich von selbst zu lösen. Außerdem besteht das besondere Problem des Stehens darin, daß man uns oft genug gesagt hat, es sei nichts weiter als »eben Stehen«, und das sei langweilig und ermüdend – und wenn wir das oft genug von Leuten gehört haben, auf die wir etwas geben, dann erscheint es uns tatsächlich so. Wäre es nicht irgendwie abtrünnig von uns, es anders zu finden?

Aus vielen Gründen können diese paar Minuten des Stehens für gewisse Leute sehr ermüdend geworden sein, während sich für andere Entdeckungen ergeben haben, die Zeit zum Verdauen erfordern. Darum ist es an der Zeit, sich hinzulegen und sich eine Weile auszuruhen. Danach teilen diejenigen, die Entdeckungen gemacht haben, diese vielleicht gerne mit den anderen, während die, die »nichts« gefühlt haben, sich erleichtert fühlen werden, das auszusprechen.

## Stehen als Beziehung

Bis jetzt war unsere gesamte Aufmerksamkeit nach innen gerichtet. Wenn wir aber mit der Arbeit am Stehen noch etwas weiter fortfahren, kann sich eine neue Dimension öffnen, die die Aufmerksamkeit von innen nach außen zieht. Der Leiter fragt etwa: »Spüren Sie, worauf Sie stehen?«, womit er sich direkt an die Wahrnehmungsnerven in den Füßen wendet.

Da wir die Schuhe draußen gelassen haben und viele barfuß sind, haben die Teilnehmer die Gelegenheit, ein Gefühl kennenzulernen, das einer überraschend großen Anzahl seit ihrer Kindheit nicht mehr vertraut ist: bewußtes Wahrnehmen. Die Füße sind ihrer Natur nach nämlich sehr empfindungsfähig, sogar sinnlich, und viele werden mit Interesse darauf eingehen. Sie fühlen wirklich den Fußboden und seinen Belag! Sie fangen an, seine Struktur zu entdecken, ein Gefühl für die von ihm ausgehende Temperatur zu entwickeln sowie zu spüren, daß sie buchstäblich »festen Boden unter den Füßen« haben. Da ist etwas wirklich da, was sie als selbstverständlich hingenommen, aber nie *erfahren* haben. Nach einer Weile fragen wir etwa: »Wenn Sie den Fußboden fühlen, wie stehen Sie mit ihm in Verbindung?«

Wer hat sich wohl je so eine Frage gestellt? Hat man eine Verbindung zum Fußboden? Wir geben den Teilnehmern Zeit, die Frage auf sich wirken zu lassen. Vielleicht hilft es, genauer nachzufragen: »Stehen Sie wirklich auf dem Fußboden – mit dem ganzen Fuß?«

Wieder machen die Leute Entdeckungen. Wenn sie etwas später berichten, was sie festgestellt haben, wird sich zeigen, daß manche hauptsächlich auf ihren Fersen standen – so als wollten sie sich vor irgend etwas zurückhalten – und daß sie nicht einfach standen, sondern die Füße auf den Boden *preßten*. Wenn sie ihr Gewicht gleichmäßiger auf die Fußflächen verteilten und dadurch den ganzen Fuß beteiligten, dann entstanden unbekannte und erstaunliche Empfindungen von mehr Präsenz und Verbindung. Andere stellten das Gegenteil fest: Es war ihnen, als liege das Hauptgewicht auf den Ballen, als seien sie nur begierig loszugehen; und sie preßten die Ballen auf den Boden und standen auch nicht nur einfach da. Ein Bericht regt die Erinnerung bei den anderen an. Einer stellt fest, daß er versuchte, den Boden mit den Zehen zu greifen, ein anderer, daß seine Zehen den Boden gemieden hätten.

Wir können diese Entdeckungen hervorheben, aber wir halten uns vor jeglicher Interpretation zurück. Das ist die Sache des Schülers selbst, nicht unsere. Denn hier und da erkennt einer blitzartig, daß er dazu neigt, sich in manchen Situationen zurückzuhalten oder vorzudrängen. Diese Klarheit erwächst allein aus seiner bereits gewonnenen Reife, wir haben ihm nichts eingeredet. Und das kann dann die Bedeutung einer echten Erkenntnis haben.

Wenn Stehen eine Aufgabe ist, die ein klares Wahrnehmen des stützenden Untergrundes und eine eindeutige Reaktion auf diesen Untergrund fordert, könnte man dann nicht sagen, daß die Füße nicht nur empfindungsfähig sind, sondern sogar intelligent reagieren? Kann man die eigenen Füße mit sich selbst *identifizieren*? Ist »Fuß« vielleicht nur eine Abstraktion der Sprache, so daß wir nicht nur mit den Füßen fühlen und reagieren wie etwa mit Skiern oder Stelzen, sondern vielmehr als funktionale Einheit von oben bis unten, wo wir den Boden berühren? Stehen wir *auf unseren Füßen*, wie man uns so oft gesagt hat, oder stehen wir *auf dem Boden?*

Vieles kann einem nach und nach bewußt werden durch diese Lieblingsfragen Charlottes, die immer nur für den gegenwärtigen Augenblick beantwortet werden können und auch dann selten mit einem kategorischen Ja oder Nein – das sind Fragen, die ganz am Anfang gestellt werden mögen und vielleicht bis zum Lebensende stets wieder auftauchen.

## Einige Schwierigkeiten

Wenn unsere Fragen das Interesse eines Anfängers geweckt haben, dann hat der Workshop begonnen. Natürlich ist die Spontaneität und Ehrlichkeit solcher Fragen wichtig, aber auch, in welcher Reihenfolge und zu welcher Zeit man sie ausspricht. Wenn sie einfach von Notizen stammen, die wir vorbereitet haben, dann werden sie dem Teilnehmer wahrscheinlich »gemacht« erscheinen, es sei denn, er ist, wie es oft vorkommt, so überzeugt von dem »esoterischen« Wert der Arbeit oder des Leiters, daß er alles akzeptiert.

Wenn aber die Fragen spontan aus dem entstehen, was der Leiter in der momentanen Situation wahrnimmt, dann werden sie für die anderen fühlbar und können von zwingender Authentizität sein. Der Teilnehmer wird dann bemerken, daß er endlich einmal etwas gefragt wird, was *nur er* beantworten kann – nicht etwas, was von Informationen oder Definitionen abhängt. Die Frage ist nicht, ob sich unter mir eine flache oder eine runde Erde dreht oder ob es sich um einen Teppich, um Holz oder Beton handelt, sondern: Ist da *etwas* unter mir? Nicht, was ich darüber gehört habe, ist wichtig, sondern *was ich fühle.* Zum Beispiel, wird es mich wohl tragen – das heißt, trägt es mich? Ist es kalt oder warm, hart oder weich? Akzeptiert es mich? Akzeptiere ich es?

Die Erkenntnis, daß die Antworten auf solche Fragen sich ständig wandeln können – daß das, was sich hart und kalt anfühlte, warm und weich werden kann oder umgekehrt –, macht die Fragen nicht weniger authentisch. Im Gegenteil, dies kann zu der Einsicht führen, daß Wahrnehmung relativ ist, einer Einsicht, die unserer institutionalisierten Gesellschaft im allgemeinen zuwiderläuft und weitreichende Konsequenzen haben kann. In solchen gar nicht seltenen Fällen entfaltet sich die Sinneswahrnehmung bis an die Grenze zur Weisheit.

Es geht natürlich alles viel langsamer, als ich es hier darstelle. Eine ehrliche Frage kann sogar einen Konflikt beim Hörer auslösen, denn er ist immer ermahnt worden, an das zu denken, was ihm beigebracht worden ist, und nicht an das, was seine eigene Empfindung ihm sagt. Ein Beispiel dafür ist die unausbleibliche

Neigung des Teilnehmers, die Fragen des Leiters in ihm vertraute Formulierungen zu übersetzen. »Erlauben Sie Ihren Augen, zur Ruhe zu kommen?« wird zum Beispiel zu »Denken Sie an Ihre Augen«. Die Frage »Lassen Sie sich vom Fußboden tragen?« wird zum Gebot, daß der Fußboden ihn tragen soll. Er hat von Kindheit an gelernt, seine eigene Erfahrung gering zu achten und »aus den Erfahrungen anderer zu lernen«, das heißt seine eigene Erfahrung durch intellektuelle Prozesse zu ersetzen, die dem Lehrer gefallen. Wenn er sich nun an Erlebnisse heranwagt, die stark genug sind, daß sich die Übersetzungs- und Verdrängungsversuche langsam aufzulösen beginnen, dann müssen wir langsam und behutsam vorgehen. Er muß sehr viel Zeit haben und sich frei fühlen von jeglichem Drängen des Leiters. Sonst werden die Widerstände zur wirklichen Erfahrung einfach durchbrochen, ohne daß sie wahrgenommen oder verstanden werden, und dann bilden sie sich, wie Eis auf einer Pfütze, über Nacht wieder aufs neue.

Ein Anfänger wird immer ein wenig zögern, bevor er spricht. Jemand mag sich erinnern, daß er plötzlich merkte, wie er den Atem anhielt: Ist eine solche Kleinigkeit überhaupt wert, ausgesprochen zu werden? Oder klingt es nicht absurd zu sagen, »der Boden ist jetzt weniger hart«? Daß sein Rücken sich steif anfühlte oder daß er ein Bild von sich hatte, sich selbst stehen *sah* – könnte das die anderen überhaupt interessieren? Außerdem reden die Leute ja sonst immer, und das hier sollte doch ein nonverbaler Workshop sein.

Wenn aber der erste den Mut faßt, etwas auszusprechen, merkt er, daß die anderen ihm zuhören. Einzelheiten wirklicher Erfahrung werden interessant, egal, wie »banal« sie sind. Die anderen fangen auch an zu sprechen. Es wird deutlich, daß die Gruppe, in ihrer zögernden und ungeübten Art, eine Situation wirklich erlebt hat. Nun kündigt möglicherweise jemand an, er habe sich »mit der Welt eins« gefühlt, oder er habe seinen Körper verlassen und sei schwerelos geschwebt. Hier werden wir mit den Sirenen von *idea* und *imago* konfrontiert, denen ein einfaches Erlebnis nicht genügt und die von nun an während der ganzen Reise versuchen werden, uns vom Wege wegzulocken.

Mit einem erfahrenen Leiter wird jeder Workshop und jede einzelne Arbeitsgruppe einzigartig sein. Jeder Anfang hat seine eigene innere Dynamik, ob sie der Leiter wahrnimmt oder nicht. Wenn der Leiter sich dieser Dynamik bewußt wird und sie sich frei entfalten läßt, ohne dabei den Ehrgeiz zu entwickeln, nach dem so bekannten Muster von Kontrolle und Manipulation steuernd einzugreifen, dann ist das Zusammenarbeiten lebendig und wertvoll. Wenn er gut arbeitet, leitet er nicht, sondern ist eher ein Pfadfinder, der mit den anderen zusammen unbekannte Regionen zu entdecken und zu erforschen sucht, Regionen, die ihm vielleicht nur wenig mehr vertraut sind als ihnen. In dem Maße, in dem er die Führung an sich reißt, selbst wenn es nur in die Richtung seiner eigenen Vorstellung von Spontaneität geht, wird die Wirkung beeinträchtigt. Der kostbarste Teil des Vorgangs – das heißt die eigene Entdeckung des Teilnehmers – geht verloren oder wird verletzt. Das ist ein Grundprinzip, dem ich auch nach jahrelanger Gruppenarbeit nur teilweise folgen kann, dem ich aber mit jedem Jahr etwas näher zu kommen lerne. Und sehen kann ich es ständig bei Charlotte, meiner Lehrerin und Kollegin.

## Wer steht?

Ich habe Zweifel, ob wir jemals natürlich stehen, bevor wir nicht von neuem dahin kommen, so wach und eins zu sein, wie wir es als kleine Kinder waren, ehe man uns »richtig« und »falsch« beigebracht hatte. Sicherlich vermeiden viele von uns das Stehen meistens überhaupt, und im allgemeinen trifft das um so mehr zu, je älter wir werden. Ich bin mir aber völlig bewußt, daß meine Empfindung für das Stehen sich im Lauf der Jahre stark verändert hat. Dank dieser Arbeit gleicht mein Stehen mit sechzig Jahren mehr dem, wie es mit sechs war, als vielleicht in all den Jahren dazwischen.

Wie gut erinnere ich mich an die erste Forelle, die ich mit sechs Jahren in einem Bach an der kalifornischen Küste gefangen habe, ganz in der Nähe von hier, wo ich jetzt sitze und schreibe. Man mußte warten, ob sie anbissen, und das natürlich im Stehen, weil man so beim Angeln am besten aufpassen und reagieren kann. Wie es mir in der Erinnerung scheint, habe ich Stunden in völlig gebanntem Warten auf die immer gegenwärtige Möglichkeit eines plötzlichen und für das Auge unsichtbaren Geschehens in der Tiefe der Teiche oder in der plätschernden Strömung zugebracht. Es war ein reines Vergnügen für mich. Zweifellos kommt daher meine bis zum heutigen Tag währende Vorliebe für den Geruch von Nesseln und Lorbeerblättern.

Solche speziellen Anreize sind aber gar nicht erforderlich. Welches gesunde Kind verbringt nicht außerhalb der Schule sein halbes Leben im Stehen? Ob es sich dabei um das Leben auf dem Lande oder in der Stadt handelt, macht kaum einen Unterschied.

Aufrecht sieht man mehr, aufrecht kann man überall schnell sein; aufrecht ist man vorbereitet für alles, was geschieht. Nur Babys können nicht stehen. Und nur Erwachsene werden beim Stehen müde.

Bald zeigte sich aber noch etwas anderes. Ich war klein. Meine Mutter maß ständig meine Größe. Wäre ich für mein Alter groß gewesen, wäre ich ohne Zweifel immer daran erinnert worden. Nach und nach gesellte sich zum Stehen als regelmäßige Begleiterscheinung der Vergleich zwischen mir und den anderen. Denkwürdige Augenblicke des Stehens waren überdies die der Erprobung gegenüber den mir Überlegenen in der Schule und zu Hause; es war sinnlos, sich ihnen »entgegenzustellen«. In der Tat war es günstiger, sich hängen zu lassen. Diese Überlegenen achteten nämlich auf mein Stehen nur, um mir zu sagen, ich solle gerade stehen und ihnen in die Augen schauen – etwas, das ich immer ganz natürlich getan hatte, bis ich lernte, welch einen Ausdruck von Aggression die Augen haben konnten und wie gefährlich es war, solcher Aggression etwas entgegenzusetzen und »unverschämt« zu erscheinen.

Ich hörte in jenen Tagen viel von breiten Schultern und mächtigen Brustkästen. Das wurde auch halbbewußt ein Gesichtspunkt beim Stehen, denn ich glaube nicht, daß es mir jemals in den Sinn gekommen wäre, daß Brust und Schultern auch im Sitzen existierten – in den Augen meiner Mutter war Sitzen nur eine Funktion des vorhandenen oder nicht vorhandenen »Rückgrats«. Ein Glück, daß ich kein Mädchen war; wahrscheinlich wäre ich dann, belastet mit der Wolke von Zweideutigkeiten, die in meiner Welt die beginnenden »Rundungen« umgeben hätten, überhaupt niemals gestanden.

Das Stehen betraf auch meine Hände. Da ich Hosen mit Taschen hatte, waren meine Hände oft darin: manchmal, um es warm zu haben, öfter jedoch, um mit etwas in den Taschen zu spielen, mit einer Münze, einer Murmel oder einem Messer, vielleicht auch mit meinen Genitalien, oder einfach, weil es sicher und gemütlich darin war. Auf jeden Fall ärgerte das die Erwachsenen, und ich mußte nicht nur gerade stehen und ihnen in die Augen sehen, sondern auch noch die Hände aus den Taschen nehmen. Hätten solche Begegnungen wirklich meine ganze Gegenwärtigkeit erfordert, so wie es bei der Begegnung zwischen Gott und Moses auf dem Berge Sinai der Fall war, dann wäre das alles sicherlich ganz von alleine und ohne Befehl geschehen. Aber solch göttliche Atmosphäre war nicht vorhanden. Nach solcher Feuerprobe kam das Entrinnen, und Teil der natürlichen Reaktion war gewöhnlich, daß ich noch mehr in mich zusammenfiel, Menschen noch weniger ansah und die Hände fest in den Taschen behielt, ob etwas darin war oder nicht.

Hie und da wurde ich wie jeder einmal von einem Größeren geohrfeigt oder verhauen. Nach und nach gesellte ein solches Erlebnis sich zu den anderen, beim Stehen vorhandenen Elementen, die die Kopfhaltung sowie den Grad der Spannung im Nacken bestimmten. Das war auch äußerst wichtig bei allem Ringen und Balgen sowie fast immer, wenn eine Faust oder ein Wurfgeschoß auf mich zukamen. Es war nur natürlich, sich zu ducken, und diese Art der Reaktion wurde zu einer nützlichen und befriedigenden Kunst entwickelt. Einige meiner Freunde aber, die sich zu oft ducken mußten, haben später das Gefühl von Gefahr nie so weit verloren, daß sie den Kopf frei tragen konnten.

Bald darauf kam ein ganzes Spektrum von *Bildern* hinzu aus Büchern, Filmen und täglichen Gesprächen darüber, wo der Kopf unter den verschiedensten Umständen zu sein habe und wie er zu halten sei. Helden hielten den Kopf aufrecht und hoch, Feiglinge verkrochen sich; der sich anschleichende Bösewicht hatte einen lauernden Blick und hielt den Kopf tief zwischen den Sicherheit gebenden Schultern; wurde er gefangen, ließ er ihn beschämt hängen. Der Fromme senkte den Blick weg von der sündigen Welt oder erhob ihn flehentlich zum Schöpfer. Es gab offenbar in jeder Situation die richtige Art, den Kopf zu halten, vor allem beim Stehen, und man konnte daran andere beurteilen oder selbst beurteilt werden.

Dann war da noch die Frage der Wachsamkeit. Die Kenntnis der vielen Risiken überall auf der Welt ist mir nicht mit der Geburt mitgegeben worden und ich bin wahrscheinlich häufig durch die Warnung »Paß auf!« vor unverhofften Zusammenstößen bewahrt worden. Solche Warnungen mögen für das Kind, dessen Aufmerksamkeit naturgemäß den Einzelheiten des Lebens zugewandt ist, sicher wichtig sein, solange es keine Erfahrung in dem hat, was im Hintergrund lauern mag. Aber das Kind lernt schnell von alleine, daß der Hintergrund oft mögliche Gefahren birgt, und dann führen die ständigen Ermahnungen, die Augen offenzuhalten und aufzupassen, lediglich zu einer allgemeinen Ablenkung und Angst. Wahrscheinlich bringt das Englische in dieser Hinsicht noch mehr Schwierigkeiten mit sich als das *»Achtung«*, *»attention«*, *»cuidado!«* anderer europäischer Sprachen, die sich weniger stark an die Augen richten, wenngleich der warnende Tonfall der gleiche ist. Am schlimmsten von allen ist sicher das amerikanische *»Watch yourself!«*

Wie dem auch immer sein mag, ich war schon früh nicht mehr nur auf der Hut vor Schwierigkeiten, sondern beobachtete mich oft selbst und wurde mir bewußt, daß Gott mich wahrscheinlich auch beobachten würde. Als dann auch meine Mutter mir versicherte, sie könne an meinen Augen ablesen, ob ich und meine jungen Freunde »mit uns selbst« gespielt hätten, war der Kreis geschlossen, und hinfort wachten meine Augen über sich selbst.

Mit Sicherheit war von dieser Zeit an mein Stehen befangen und unfrei, und das ist etwas anderes als *bewußtes* Stehen. In dem Sinne des Wortes, den ich hier erschließen möchte, ist es überhaupt nicht »Stehen«. Es ist eine Reaktion, aber nicht auf die organische Realität der eigenen inneren Struktur und auf die Bedürfnisse des Lebens, sondern auf reale oder eingebildete Urteile von anderen, seien sie nun wirklich vorhanden oder aus der Vergangenheit übernommen. Das ist der Grund für Lampenfieber und unsere häufige Angst davor, photographiert zu werden.

So kann die Arbeit am Stehen oder an der Erlangung eines Zustandes, in dem die fühlbare Wirklichkeit schwerer wiegt als die eingebildeten Überzeugungen, ebenso eine Arbeit an einem Zu-sich-selbst-Kommen sein, wie langes und für den Anfänger mühseliges Sitzen im *Zazen*[7].

Ich glaube, meine lebendigste Erfahrung des Stehens, die einen Augenblick lang die Auswirkungen jahrelanger Prägung durch andere auswischte, ereignete sich kurz nach meinem einundzwanzigsten Geburtstag, als ich mich in einer teuren Nervenheilanstalt befand. Ich hatte monatelang unter dem gelitten, was ich als meine innere Unwahrhaftigkeit empfand, und ich hatte einen Punkt erreicht, wo ich das Gefühl hatte, daß alles, was ich über mich sagte, gelogen war. Das wurde verständlicherweise als eine Neigung zum Selbstmord ausgelegt.

Die Methoden des zuständigen Psychiaters erschienen mir meinen Schwierigkeiten unangemessen, und da ich auch noch Schuldgefühle wegen des luxuriösen Aufenthaltsortes hatte, entschloß ich mich, die Anstalt zu verlassen. Das schien zunächst kein Problem zu sein, da mein persönlicher Pfleger keinerlei Interesse daran zeigte, in meiner Nähe zu sein, und da ich die Freiheit genoß, so lange und so weit auf dem Lande umherzustreifen, wie ich täglich den Wunsch hatte. Als ich ihm aber schließlich sagte, daß ich mir ein Fahrrad beschaffen und wegfahren würde, wurde er wachgerüttelt, und am nächsten Tag kam ich in eine richtige Anstalt mit Schlössern an den Türen. Da ich nicht mehr minderjährig war, konnte ich nur mit meiner Einwilligung oder mit einer offiziellen Einweisung aufgenommen werden. Mein ganzer Kampf hatte bisher meiner eigenen Selbstverneinung gegolten; als aber die Papiere auf den Tisch gelegt wurden und ich gebeten wurde, sie zu unterschreiben, sagte ich »nein« in einem durch und durch positiven Sinne.

Die Erinnerung daran wühlt mich noch immer auf. Wir hatten uns hingesetzt. Wenn ich jetzt aufstand, war ich ein freier Mensch. Die Tatsache, daß ich noch eingesperrt war, erschien mir nebensächlich. Am nächsten Abend, als die Pfleger beim Abendessen waren, stopfte ich meinen Mantel und meine Schuhe durch den schmalen Spalt, der in dem Anstaltsfenster geöffnet werden konnte, quetschte mich durch einen viereckigen Ventilator, den ich acht Fuß über dem Boden entdeckt hatte, und war frei, äußerlich und innerlich. Vor dem Aufnahmeverfahren hatte ich einen Zwanzigdollarschein versteckt, und so saß ich nach kürzester Zeit in einem Bus, der über die Grenze fuhr und damit in den ersten Abschnitt meines Weges zu einer einsamen Insel, von der ich gelesen hatte; dort sollte nach der langen Selbstunterdrückung eine neue Wachstumsperiode für mich beginnen.

Meine erste Tat nach dieser Unabhängigkeitserklärung hatte darin bestanden, zum Stehen zu kommen. Die Autorität war *dort*, wo sie immer gewesen war, aber nun war ich *hier*. Das konnte ich vom Kopf bis zu den Füßen fühlen. Was auch immer ich von nun an verlieren würde, – ich würde wenigstens nie mehr den Geschmack der völligen Gegenwärtigkeit verlieren.

Es gab jedoch vor und nach diesem Ereignis noch viele Augenblicke, wo das Leben mich gleichsam zu mir brachte – Augenblikke der Liebe, Augenblicke von Verantwortung oder Herausforderungen, Augenblicke vollkommener Reaktion auf Situationen, in denen das Bewußtsein von direkter Wirklichkeit das Vergangenheitsbewußtsein und die Zukunftsangst übertraf.

Es sollten aber noch viele, viele Jahre vergehen, ehe ich anfangen konnte, systematisch an der Entdeckung dieser Möglichkeit von Gegenwärtigkeit zu arbeiten, die eine einmalige Erhellung der Umstände mir einst verliehen hatte.

## Stehen vom Fuß bis zum Kopf

Auch wenn das Stehen nicht das ist, was ich mir darunter vorstelle, es sei denn, es umfaßt die gesamte Person in ihrer Einheit, können wir nichtsdestoweniger von vielen verschiedenen Punkten aus daran arbeiten. Eine dieser Annäherungsweisen geht natürlich von jenen hochentwickelten Teilen des Organismus aus, die dem Boden am nächsten sind und die wir »Füße« nennen: speziell für viele Tätigkeiten entwickelte Körperteile, die direkt mit unserem Vertrauen zu der Tragfähigkeit der Erde zu tun haben. Das Zentrum dieser Tätigkeiten bildet das Stehen. Die eine Seite des Stehens bezieht sich auf praktische Aktivitäten wie zum Beispiel Laufen und Kämpfen, die andere Seite auf das Tanzen. Richtiges Stehen kann zu all diesen Tätigkeiten in demselben Verhältnis stehen wie ein einziger tragender Ton auf der Flöte oder der Geige zu einer Sonate. Was unsere Lippen für die Flöte oder unsere Finger für die Geige sind, das sind unsere Füße für die Erde.

Eine der ältesten und verbreitetsten Ausdrucksmöglichkeiten feiernder Menschen ist wohl der Tanz. Er erkundet und verherrlicht die ursprüngliche menschliche und animalische Bewegungskraft, die den ganzen Körper miteinschließt. Beim *Tanzen* haben wir die sonst unerreichte Möglichkeit, uns auf die Bewegungen anderer einzustimmen und Vitalität gemeinsam zu erleben. Und es bedarf noch nicht einmal anderer. Ich habe mehr als einmal die Nacht alleine tanzend verbracht, denn selbst in der Einsamkeit kann es von unvergleichlicher Bedeutung sein – so wie es zum Beispiel in den Andeutungen des Don Juan in Carlos Castanedas Buch vom letzten Tanz des Kriegers geschildert wird, wo selbst der Tod beiseitestehen und warten muß, bis der Tanz zu Ende ist.

Allerdings ist für die meisten von uns das Leben kein Tanz Wir finden nichts dabei, unsere Füße zur Gefangenschaft in engen Schuhen zu verurteilen, wir klagen sie sogar hinterher an, daß sie uns spürbar »töten«. Viele von uns betrachten die Füße buchstäblich als minderwertig und »unter unserer Würde« und sind entsetzt bei dem Gedanken, einen offiziellen Raum mit bloßen Füßen zu betreten, so wie wir es mit bloßen Händen tun.[8]

Zwei Zwischenfälle in meinem Leben in New York erhellen deutlich die verschiedenen Einstellungen zu den Füßen: Einmal, als Charlotte und ich unser Studio für eine Mieterversammlung zur Verfügung stellten, weigerte sich ungefähr ein Drittel unserer Nachbarn einzutreten, weil wir sie baten, wegen des Studioteppichs ihre Schuhe auszuziehen. In ein anderes »Studio« dagegen – einen alten Speicher mit scharfen, losen Spänen in allen Bodenbrettern –, wo ein Trommler, den ich kannte, zu seinem Lebensunterhalt öffentliche Kalypsotänze veranstaltete, kamen junge Leute, weil sie nirgendwo anders das gleiche Gefühl von Überwältigung erleben konnten. Kalypso mit Schuhen zu tanzen wäre das gleiche wie mit Schuhen zu schwimmen. Ich fragte: »Wie schaffen sie das bei dem Fußboden? Treten sie sich keine Splitter ein?« »Oh doch«, sagte er, »und sie lieben jeden von ihnen.«

In den Kursen haben wir keine Splitter nötig, um unsere Füße aufzuwecken. Wenn sie durch irgendetwas unsere Beachtung auf sich ziehen, das heißt, wenn wir diese Beachtung *zulassen*, dann ereignen sich spontan Veränderungen in ihrer Funktionsweise, und zwar immer Veränderungen in Richtung des eigentlich Angemessenen. Es ist dennoch unwahrscheinlich, daß uns mehr bewußt wird als eine sehr vage Vorstellung von dem Bau und der Funktion unserer Füße, selbst dann, wenn wir die Namen der Knochen und anatomischen Teile kennen und eine Abbildung davon aus dem Anatomiebuch in unserem Kopf haben.

Um diesem Mangel abzuhelfen, können wir etwas ganz einfaches tun: Wir können uns hinsetzen und unsere Füße direkt erforschen. Wir können sie mit den eigenen Händen fest greifen und die vielen Gelenke und Bänder, aus denen ein Fuß besteht, entdecken und beleben. Wie weit und wie tief muß man gehen, um eine Zehe zu ertasten, bis sie sich im Fußinneren verliert? Was können wir von der Bauweise des Spanns erfühlen? Wie fühlt sich die Ferse für die Handfläche und die Finger an, in ihrer doppelten Eigenschaft als Knochen und als Polster?[9]

Wir können natürlich ebensogut den Fuß eines Partners erforschen. Das kann in einer neuen Gruppe einige gespannte Augenblicke erzeugen. Denn wer hat schon einmal den Fuß eines Fremden in der Hand gehabt und unbefangen an ihm gearbeitet? Kann es solche Vertrautheit geben? Oder: Wer hat den Fuß eines geliebten Menschen einfach in der Hand gehabt, um ihn zu beruhigen, zu massieren, zu liebkosen oder nur mit ihm zu spielen? Nur wenige von uns sind fähig, etwas einfach und natürlich zu erkunden, so wie wir es in der Kindheit getan haben, ehe man uns davon abgehalten hat, und wie wir es jetzt wieder tun wollen – besonders wenn die Erforschung nicht nur an der Oberfläche bleibt, wie bei einer Skulptur, oder mechanisch ist, wie bei den beweglichen Teilen eines anatomischen Modells. Wenn dieses Erforschen wirklich tief geht und fühlbar ist, dann wird vieles wach. Dieses Erwachen werden wir ernten, wenn wir wieder zum Stehen kommen.

Wir nehmen uns wieder Zeit zu fühlen, wo der Boden ist. Wie ist unsere Verbindung zu ihm? Wir schließen noch einmal die Augen. Diesmal wird es leichter sein. Viele fühlen jetzt, daß sie mit dem Fußboden *in Verbindung sind.* Sie stehen nicht mehr auf ihren Füßen, sondern auf etwas, das sie wirklich fühlbar von unten stützt. Die Füße fühlen sich beweglich und lebendig an, nicht wie etwas, worauf man steht, sondern frei zu erforschen, was sie berühren, so wie die Hände kurz zuvor *sie* erforscht haben. Schon jetzt werden die Gesichter in der Gruppe vielleicht das Vergnügen an der Erweiterung des Bewußtseins auf bisher benachteiligte, unbeachtete Regionen zeigen. Vielleicht sind unsere Füße nichts andres als Hände mit Bodenkontakt – wie bei unseren Vettern, den Affen.

Jetzt fragt der Leiter etwa: »Lassen Sie die Verbindung mit dem Boden auch weiter in sich nach oben dringen?« und ein wenig später: »Lassen Sie sie durch Ihre Knie kommen?« Später wird eine Anzahl der Teilnehmer berichten, sie hätten festgestellt, daß ihre Knie sich verschlossen anfühlten, und nachdem sie die Sperrung gelöst hätten, seien Veränderungen in den Fesseln oder im Becken oder noch weiter oben vor sich gegangen.

Wir können bei dem Anliegen, eine vollständigere, stärker organische Verbindung mit dem, worauf wir stehen, aufzubauen, auf alle möglichen Arten nach oben fortschreiten. Wir können zum Beispiel fragen: Wie hoch über dem Fußboden ist das Becken? In dem Maße, in dem Oberschenkel und Waden aufwachen[10], werden vielleicht spontan leichte Veränderungen eintreten. Oder wir spannen bewußt unsere Gesäßmuskeln oder die Muskeln unseres Bauches an und nehmen uns Zeit zu fühlen, wie so etwas unsere Verbindung zu dem Untergrund, auf dem wir stehen, beeinflußt. Wir werden die Veränderungen wahrnehmen, wenn wir langsam die Kontraktionen nachlassen, um mehr Verbindung durchzulassen. Häufig wird daraufhin von einer Öffnung berichtet, welche zur Folge hat, daß der Kontakt mit dem Boden im gesamten Organismus spürbar wird. Die Veränderungen können ganz woanders gespürt werden, im Nacken, in den Augen, in den Lippen, verbunden mit einer gesteigerten Empfindung für das Stehen in seiner Gesamtheit, das nicht mehr nur als Unterbrechung im Leben erfahren wird, sondern zunehmend als eine positive Tätigkeit. Häufig ändert sich die Atmung, wenn eine Entspannung die nächste auslöst oder vielleicht anderswo eine Anspannung bewirkt.

Diese bewußte Anspannung von Muskelpartien, der eine sehr empfindsame und bewußte Lösung folgt – im Gegensatz zu dem gefühllosen »Loslassen«, das so häufig bei Entspannungsübungen praktiziert wird –, kann sehr dazu beitragen, gewohnheitsmäßige Verspannungen ins Bewußtsein zu bringen, die sich langsam auflösen, während die natürlichen Prozesse, die dadurch verdrängt wurden, nach und nach gefühlt und zugelassen werden. Das erfordert eine stets frische und neue Erforschung bei jeder Gelegenheit im Gegensatz zu einer Technik oder Übung, die immer wieder wiederholt wird und ständig das gleiche Ziel im Auge hat. Denn wir arbeiten nicht mit Ideen, sondern vielmehr mit dem Bewußtwerden an sich.

Wir legen nun, immer noch im Stehen, unsere Hände leicht auf unseren Kopf. Wenn wir feinfühlig sind, können wir durch Handfläche und Finger nicht nur das Haar, sondern auch die Temperatur und die Belebung des Gewebes darunter spüren. So weit reichen wir *nach oben*, genauso, wie die Fußsohlen unser Ausmaß *nach unten* begrenzen. Was ist dazwischen lebendig? Gibt es zwischen der Begegnung von Händen und Kopfhaut oben und Sohlen und Fußboden unten eine Wahrnehmung unseres Existierens als ein Ganzes?

Irgendwo in diesem Bereich tritt die Luft ein, dringt in immer wechselndem Ausmaß in den Körper ein und verläßt ihn wieder; das Gewicht wird von Knochen zu Knochen, von Muskel zu Muskel weitergegeben; Flüssigkeiten zirkulieren; Stoffwechselprozesse schaffen immer wechselnde Energien. Überall sind Empfindungsnerven hineinverwoben und ermöglichen mehr Wachheit. Unser Stehen ist eine unendliche Neuanpassung dieser Vorgänge zueinander, und alles hängt ab von dem klaren Funktionieren unseres propriozeptiven Nervensystems und der Beweglichkeit unserer Muskulatur. Man kann daran nie genug arbeiten.

Auf solchen Reisen durch unser Inneres besteht immer die Wahrscheinlichkeit steckenzubleiben; so viele Zollschranken und Barrikaden sind im Lauf der Jahre errichtet worden. Aber hin und wieder öffnet sich ein neuer Pfad: Empfindung und Energien fließen hindurch; das Bewußtsein erweitert sich bis in Regionen, die zuvor versperrt waren. Eine neue, vollere Erkenntnis erwacht: Auch hier lebe ich! Ich existiere; und ich stehe auf etwas, das auch existiert.

Der an solchen Experimenten interessierte Leser wird sie vielleicht ausprobieren wollen, während ich sie beschreibe. Das ist gut, wenn er Zeit und Geduld dazu hat. Andernfalls würde ich vorschlagen, auf eine Gelegenheit zu warten, wo er ohnehin stehen muß. Das wird oft geschehen: Vielleicht wartet er in einer Schlange in der Bank, im Supermarkt oder an der Bushaltestelle, oder er steht in der Untergrundbahn oder bei einer Cocktailparty. Anstatt seine Energien in Ungeduld oder Langeweile verpuffen zu lassen, kann er sie in eins der beschriebenen Experimente lenken. Er tut nur das, was angenehm und interessant ist, und trifft lediglich die eine Entscheidung, seine gewohnte Trägheit aufzugeben und sich soweit wie möglich dem Ausprobieren zu widmen. Er kann alles ausprobieren, was ihm in den Sinn kommt. Die einzige Bedingung ist die, daß er allem, was er tut, entsprechende Beachtung und die nötige Zeit gibt. Wenn er ohne Hoffnungen und ohne Erwartungen ausprobieren kann, dann wird etwas dabei herauskommen.

E. H. Shattock beschreibt in einem kleinen Buch seinen Aufenthalt im Meditationszentrum in Rangun.[11] Allein in einem Raum arbeitete er etwa sechzehn Stunden am Tage daran, seine Aufmerksamkeit beständig auf seinen Atem zu richten, so wie er sichtbar und fühlbar wurde in dem rhythmischen Heben und Senken seiner Bauchdecke. Alle dreißig Minuten wurde diese Meditation abgelöst von der Tätigkeit des Gehens durch den Korridor, wobei die ungeteilte Aufmerksamkeit zuerst dem abwechselnden Heben jedes Knies und daran anschließend einem Schwingen und Niedersetzen jedes Fußes zum Boden gelten sollte. Eine solche Meditation ist reine sensory awareness. Wenn man absieht von ihrem exakten Ablauf und der strengen Disziplin, dann könnte sie in unsere Arbeit einfließen wie ein Bach in einen Teich. Es gibt in dieser Arbeit keinen von uns, dessen Praxis dadurch nicht vertieft und bereichert würde.

Das *Kinhin* im *Zazen*[12], das heißt fünf bis zehn Minuten dauerndes meditatives Gehen im Wechsel mit dreißig oder vierzig Minuten langen Perioden des Sitzens, ist unseren eigenen Experimenten allerdings näher. Im *Soto-Zen* sind die Schritte außerordentlich langsam, und es ist schon allein eine Kunst, entspannt und im Gleichgewicht zu bleiben. So gesehen ist es für mich sogar reizvoller, die bloßen Füße eines geübten japanischen Priesters im *Kinhin* den Boden berühren und verlassen zu sehen als die Schritte eines Panthers.

Im Unterschied zum Stehen ist das Gehen mit allen Erscheinungen des täglichen Lebens so stark verwoben, daß es sehr häufig die erste Tätigkeit ist, bei der die Schüler Veränderungen wahrnehmen und Entdeckungen machen. Gewöhnlich betrifft das die Wahrnehmung des Bodens, auf dem man geht. Im Laufe der Zeit aber gewinnt der ganze Prozeß der Bewegung, der Verlagerung des Gewichts von einem Bein aufs andere, um auf der Erdoberfläche vorwärts zu schreiten, etwas von der Spannung und Belebung wieder, die das Gehen für kleine Kinder hat und die es von jeher zur Lieblingsbeschäftigung von Naturliebhabern und Meditierenden gemacht hat.

Im Studio beginnen wir einfach damit, unser Gewicht von der einen auf die andere Seite zu verlagern, langsam genug, um zu empfinden, wie es aufgenommen und durch unsere ganze Körperstruktur bis zum Fußboden weitergegeben wird. *Übergibt* der Fuß wirklich das Gewicht dem Boden unter ihm oder ist er nur passiv, wenn das Gewicht hindurchgeht? Empfangen und geben das Knie und mehr noch die Hüfte das Gewicht nur weiter wie ein Stuhl, auf dem wir sitzen, oder kommen diese Gelenke, bei sensitiver Belebung aller Muskeln, die sie umgeben, aktiv ins Spiel? Und was macht das ganze Bein, das einen Augenblick lang von allem Gewicht befreit ist – gestattet es sich in diesem Augenblick Erholung oder verhält es sich weiterhin, als ob es noch arbeiten müßte? Diese letzte Frage umreißt das ganze Problem in seinem Kern: Leben wir in der Gegenwart?

Wir können eine ganze Zeit lang daran arbeiten, den Tritt beziehungsweise das Gewicht zu wechseln. Je mehr es unsere Beachtung und unser Interesse auf sich zieht, desto mehr beginnt es, dem tage- oder nächtelangen Ritual vieler uralter menschlicher Tänze zu ähneln. Würden wir uns dem stärker hingeben, so daß Knie, Hüften, Becken und der untere Rücken die sorgfältige Verlagerung des Gewichts von der einen Seite auf die andere auskosten und Rumpf, Arme, Nacken und Kopf die ständig reagierende Balance fühlen, zulassen und genießen könnten, bis der ganze Organismus mitschwingt, dann wären wir schon bei den schönen karibischen Tänzen, dem dominikanischen merengue oder dem méringue aus Haiti, angelangt. Diese sind nichts anderes als ein vom Fuß bis zum Kopf voll empfundenes, rhythmisches Gehen auf der Stelle, wobei die Reaktion jedes Gelenks die Balance und Präsenz über die ganze Skala der Bewegung, von der geringsten bis hin zur stärksten, aufrecht erhält. Ich habe bei solchen Tänzen siebzigjährige Paare gesehen, die, hingegeben an die Empfindung ihrer rhythmischen Schwingung, zwanzig Minuten ununterbrochen tanzten.

Wir benutzen im Studio keine Rhythmen, und wir arbeiten nicht am Tanzen, aber wir beschäftigen uns dennoch mit der spontanen Neuanpassung von Gewicht und Balance, wenn wir erst mit dem einen und dann mit dem anderen Bein auf den Boden kommen und uns dabei jeder Veränderung des Gewichts bewußt werden. Tiere unterscheiden sich von anderen Lebewesen durch die Bewegung ihrer Glieder von der tragenden Erde weg und zu ihr hin – einer Bewegung, die den rhythmischen, wenn auch unregelmäßigen Bewegungen des Atems vergleichbar ist. Vielleicht ist das einer der Gründe, warum sich in der Praxis des Zen Sitzen und *Kinhin* abwechseln und warum es so fazinierend sein kann, im Zoo einen Bären oder einen Elefanten gehen zu sehen, wo so großes Gewicht mit soviel Empfindsamkeit einhergeht. Es gibt wirklich keinen Grund dafür, daß wir nicht eine gleiche Faszination für unser eigenes Gehen empfinden können. Es muß nur voller gefühlt und ausgelebt werden.

Man kann sich sicher vorstellen, daß diese Art von Arbeit volle

Aufmerksamkeit und viel Zeit erfordert. Man kann sie nicht im Handumdrehen erlernen. Und dennoch sieht man die Genauigkeit und die totale Präsenz, auf die wir hinarbeiten, in den allerschnellsten Bewegungen der Tiere. Man denke beispielsweise an einen Kolibri, der auf einem Geißblatt balanciert und dann blitzartig und treffsicher zu einem anderen, zwanzig Fuß entfernt, fliegt. Ob man eine Katze vom Boden abspringen und auf einem Regal landen sieht oder einen viele Zentner schweren Gorilla, der sich von einem Seil auf eine Plattform schwingt – man wird, sieht man genau hin, immer bemerken, daß jedes Glied zu mühelosem und vollständigem Einsatz kommt, und zwar genau zu dem Zeitpunkt, an dem es benötigt wird, nicht einen Augenblick zu früh oder zu spät.

Es ist immer die gleiche Frage: Bin ich als Gesamtorganismus wach und reaktionsbereit? Sind meine Glieder lediglich mein Eigentum, das ich regulieren und führen muß, oder sind sie *ich*?

Haben wir diese Fragen lange genug ergründet, dann mögen wir entdecken, daß es möglich ist, unsere Sorge um das »Vorwärtskommen« hinter uns zu lassen und nun einfach zu *spüren*, *wie wir gehen*. Ob wir unser Ziel erreichen oder nicht, wir existieren auf dem Weg. Anstatt uns zu drängen, *gehen* wir. An der Freude, die die Aktivierung unserer Beine mit sich bringt, können wir spüren, wie das Tanzen entstanden sein muß. Wir fangen an, vom Becken bis zu den Fußsohlen hinabzureichen, um die Erde zu berühren, gerade so wie wir vom Herzen aus die Hand einem Freund reichen. Und von dort aus, wo wir die Erde berühren, findet die ganze labile Struktur unseres Körpers, die wir so leicht kleiner machen können, ihre Höhe und Breite und ihre Freiheit in der Bewegung wie im Ruhen.

Charlotte hat einmal im Zenkloster in Tassajara eine alte Freundin gefragt, wie lange sie vorhabe, dort zu bleiben. »Bis ich diesen Weg einfach entlanggehen kann«, lautete die Antwort. »Das kannst du doch«, sagte Charlotte. »Nein«, antwortete sie, »bis ich mich nicht mehr damit beschäftige, was ich getan habe, noch damit, was ich tun muß, noch, *wie* ich diesen Weg gehe – bis ich ihn einfach entlang *gehen* kann.« Die Freundin war ihn schon ein Jahr lang gegangen.

Während wir an der Gewichtsverlagerung arbeiten, finden wir möglicherweise heraus, daß der Boden unseren Füßen den gleichen Dienst erweist wie ein Partner mit seinen Händen. Sie fühlen sich wahrscheinlich durchgearbeitet und außerordentlich belebt an. Wenn das der Fall ist, dann wird auch die Rückkehr zum einfachen Stehen ein lebendiges Erlebnis sein.

Wenn wir nun im Stehen eine Hand auf die untere Rückenhälfte und die andere auf den Bauch legen, dann wird sich sofort zeigen, daß sich der Zustand, den wir in Füßen und Beinen erkundet haben, sich in dieser Gegend merklich gewandelt hat. Wir sind nicht mehr eine von Nerven und Muskeln mehr oder weniger gleichmäßig umgebene und durchzogene Skelettstruktur; wir sind vorne und hinten vollkommen verschieden. Unter der vorderen Hand ist der *Bauch*: eine Muskeldecke mit vagem und undeutlichem Inhalt, dessen Name allein sehr vielen Menschen peinlich ist. Man hat uns beigebracht, daß da innen viele lebenswichtige Organe sind, die zum größten Teil mit Funktionen zusammenhängen, die immer noch nicht gesellschaftsfähig sind; so schämen sich viele von uns ihrer ein wenig und neigen dazu, sie noch etwas mehr einzuziehen und unsichtbarer zu machen, als sie es schon sind. Das scheint auch klug zu sein, da sie ja nicht, wie der obere Rumpf, durch Knochen geschützt sind. Wir haben vergessen, daß dies das Hara[13] ist, bei den Japanern der Sitz des Lebens, in der Bibel das »Weizenfeld übersät mit Lilien« und in unserem täglichen Sprachgebrauch die Eingeweide.

Unter der anderen Hand, im Rücken, fühlen wir einen ganz anderen Bereich, klar ausgeprägt und fest, Knochen und Muskeln, nichts zum Schämen, das, womit wir aufrecht stehen.

Doch wir wollen hier Bewegung ausprobieren. Wenn wir wieder das Gewicht von einer Seite zur anderen verlagern, können wir deutlich fühlen, wie jene Muskeln ins Spiel kommen, die die darüberliegenden Massen beherrschen. Wie die Wanten bei einem Schiffsmast reagieren sie auf jeden Ruck und jeden Stoß. Haben wir einen Mast im Rücken? Probieren wir etwas anderes. Erst kommen wir wieder zum ruhigen Stehen, und dann untersuchen wir, was etwas tiefer, in den Hüftgelenken und im Becken, alles beweglich sein kann. Wir rollen das Becken rückwärts und vorwärts – die spezifischen Bewegungen des Geschlechtsverkehrs. Die Bewegung seitwärts ist im Stehen schwierig, aber nach hinten und nach vorne stößt man bei den gut geschmierten Hüftgelenken auf keinerlei Widerstand. Die Hüftgelenke bewegen sich jedoch nicht isoliert. Wenn wir genau darauf achten, spüren wir mit unseren Händen, daß andere Gelenke mit ins Spiel kommen – im Kreuzbein, dem tiefsten Wirbel unseres Rückgrats, und weiter oben.

Das könnte jetzt ein wichtiger Augenblick sein. Wie viele von uns, Männer wie Frauen, haben sich seit der Kindheit auf diesen Bereich verlassen als auf einen Rückhalt gegenüber den Bedrängnissen des Lebens: nicht auf unsere Rückenknochen, sondern auf das *Rückgrat*, den Hauptsitz unseres Charakters, den Felsen gegen die Macht von außen und auch gegen Weichheit und Nachgiebigkeit von innen? Und wieviele andere haben den Kampf aufgegeben und zugelassen, daß totes Gewicht auf diese Wirbel drückt und die natürliche Beweglichkeit unmöglich macht?

Wir lassen unsere beiden vorn und hinten plazierten Hände am Rumpf hoch- und niedergleiten und dabei untersuchen, wie weit hinauf und hinunter uns eine Rückenbewegung möglich ist. Haben wir diese Untersuchung erst einmal begonnen, dann kommen wir wahrscheinlich auf den Geschmack und wollen es immer wieder probieren. Selbst wenn wir die Hände weglassen, können wir die Bewegung fühlen.

Nun bringen wir die Hände in die Ausgangsposition und wenden uns dem Bauch zu. Was passiert hier? Wir fühlen ihn unter den Kleidern, immer noch ein wenig vage, irgendwie weich, irgendwie hart. Hier sind auch Muskeln, aber sie sind nicht so deutlich spürbar. Was taten sie, während wir unseren Rücken bewegten, oder jetzt, wo wir wieder stillstehen? Vielleicht erwacht in unserer Hand Interesse. Anstatt den Bauch lediglich zu halten, öffnet sie sich für ihn. Das Handgelenk wird nachgiebiger, Handfläche und Finger hören auf, ihm ihre Form aufzuzwingen, und suchen dafür seine Form. Und der Bauch reagiert auf die nun empfindsame Hand. Er wird lebendig. Er hört auf, sich einzuziehen oder vorzuschieben, er sucht seine ihm eigene Form, die auch die Hand sucht – rund, straff, aber elastisch, beweglich, im Zentrum des beweglichen Organismus.

Hier ist jetzt etwas zum Leben gekommen. Der Atem hat sich geändert. Er ist spontan geworden. Zwischen unseren Händen fühlen wir, wie er sensitiv kommt, seinen eigenen Weg findet und vielleicht geheime Regionen durchdringt und erweckt, die der Wahrnehmung lange verschlossen waren. Wie das Kommen und Gehen der Flut ist dieser Atem geduldig und ohne eigenen Anspruch. Er bringt Wohlgefühl in alles, was sich ihm öffnet, er erzwingt nichts. Während tief in uns die Gewebe erwachen, regen sich auch die Nachbargewebe und wollen wach werden. Bewußtwerden ist ansteckend.

Und nun werden wir durch das sanfte Fluten des Atems wahrnehmen, wie Rücken und Bauch sich miteinander verändern, frei und in gegenseitigem Gleichgewicht – nicht mehr aktiv oder passiv, geformt oder formlos. Wir fangen an, uns als *einen* Organismus zu erleben, wo es überall Bedürfnisse und überall Fähigkeiten gibt und wo zahllose Verbindungen bestehen, um für Bedürfnisse, wenn sie wahrgenommen werden, einen Ausgleich herbeizuführen. Und wir werden finden, daß Ängste sich verlieren, Hemmungen sich lösen, wenn sie von Wärme und Leben, die so häufig mit Bewußtwerden Hand in Hand gehen, in ihrem Einfluß untergraben werden.

Solche Erlebnisse können sich jederzeit in der Arbeit einstellen. Wer das Glück hat, dafür reif geworden zu sein und genügend Geduld zu haben, um sie zuzulassen, der wird einiges von der Natur der Liebe und einiges vom *Hara* erfahren haben.

## Unsere Statur finden

Die meisten Statuen der westlichen Welt, wenn man von den kriegerischen absieht, bilden stehende Gestalten ab, und die Statuen der alten Griechen und Römer stellen fast alle stehende Personen dar. Doch auch im Sitzen kann man zu seiner vollen Statur gelangen; das beweisen die buddhistischen Skulpturen und die buddhistische Praxis. Im alten Ägypten, in dem einige der wunderbarsten Skulpturschöpfungen entstanden sind, sind die bedeutsamen Gestalten ebensooft sitzend wie stehend dargestellt.

Auch unsere Arbeit verteilt sich im großen und ganzen auf diese beiden Tätigkeiten und auf die vielfältigen Tätigkeiten, die von ihnen abhängen so wie Blätter von dem Zweig, an dem sie wachsen. Aber die Unterteilung ist für unsere Zwecke kaum wesentlich. Der Unterschied zwischen Stehen und Sitzen im präziseren Wortsinn, den wir später untersuchen wollen, liegt fast allein in der Tätigkeit der Beine. In beiden Fällen ist die Gesamtheit der Organe und der organischen Funktionen völlig damit beschäftigt, entweder ihr eigenes Wohlbefinden unter dem Einfluß von Schwerkraft, Luftaustausch und dem festen Boden zu sichern oder aber den zahllosen hemmenden und ablenkenden Elementen unserer Zivilisation zu gehorchen; wir arbeiten darauf hin, daß wir nach und nach mehr von diesen Faktoren zur Bewußtheit kommen lassen, wo sie allmählich ihre Macht verlieren und sich auflösen und damit Raum lassen für die objektiven Realitäten. Diese Realitäten sind weit davon entfernt, sich im Lichte der Bewußtheit aufzulösen; sie werden vielmehr deutlicher und stärker.

Der erste Teil dieses Buches wird mit dem Studium des Sitzens enden, weil das der Modus ist, in dem die meisten von uns Amerikanern den größeren Teil ihres Lebens verbringen. Inzwischen wird sehr viel von unserer Arbeit am Stehen in gleicher Weise dienlich sein zur Klärung der Frage, was dem Ödland, das allgemein unter dem Namen Sitzen läuft, neues Leben einhauchen könnte, und was den sitzenden Gestalten des alten Ägypten und der alten sowie der modernen Welt des Buddhismus eine solche Majestät und solchen Frieden gibt.

Ich habe im vorigen Kapitel ein Experiment beschrieben, bei dem die Hand, so erfüllt sie gewöhnlich auch sein mag von dem Bestreben zu formen und zu kontrollieren, dennoch Interesse gewann an der Eigenart des Bauches und sich der Magie von Berührung und Entdeckung öffnete. Das ist natürlich gerade der Hand möglich, da sie wegen der vielen Gelenke in der Lage ist, sich einer solchen Fülle von Formen anzupassen. Nur wenige von uns sind sich indessen der vielen Gelenke in unserer Wirbelsäule bewußt. Zwar benutzen wir unsere Wirbelsäule nicht, um die Welt zu formen und zu steuern, wie wir es häufig mit den Händen tun, aber wir benutzen sie ganz gewiß, um auf die spontanen Bewegungen in unserem Leben zu reagieren oder ihnen zu widerstehen.

Der besondere Charakter der Wirbelsäule liegt darin, daß die vielen Wirbel die Vereinigung von Beweglichkeit und Halt sowie von Nachgiebigkeit und Stärke ermöglichen, wie es die großen Statuen des Orients veranschaulichen. Das Spezialistentum des modernen Menschen hat aber sehr vielen von uns eine vorzeitige Arthritis beschert. Aufgrund des Verlusts unserer Beweglichkeit müssen wir häufig für die natürlichsten Handlungen wie das Tanzen und den Liebesakt betonte Willenskraft aufwenden. Unser Leben wird beherrscht von Gewalt anstelle von Kraft, von Sichgehenlassen anstelle von Nachgeben. Ein Baum dagegen, der sich nicht gehenlassen kann, der einfach nachgibt, zeigt im Sturm solche Anmut und besitzt die Elastizität, durch die er überlebt.

Alles, was dazu verhilft, die Muskulatur unseres Rückens empfindsamer werden zu lassen und die natürliche Beweglichkeit wiederherzustellen, wird viel dazu beitragen, unser Gefühl von Freiheit und Lebendigkeit zu verstärken. Ein sehr einfaches und nützliches Experiment hierfür ist *vom Stehen zum Hängen* zu kommen; da wird die Beweglichkeit der Wirbelsäule in ihrer ganzen Länge mit einbezogen.

Natürlich spielt auch die Elastizität der Streckmuskulatur der

Beine eine Rolle. Sie ist auch der Grund für die bekannte gymnastische Übung, sich vornüber zu beugen und zu versuchen, die Fußspitzen zu berühren, mit der das, was ich zuvor erläutert habe, leicht verwechselt werden könnte. Wir sind hier nicht daran interessiert, wie sehr wir uns strecken und wie weit wir herunterkommen können, sondern nur daran, was sich auf dem Weg ereignet. Wenn wir langsam und mit wachen Sinnen hinuntergehen, können wir ständig innere Veränderungen spüren, während die Muskeln der Beine und des Rumpfes mehr und mehr dem Zug zur Erde hin nachgeben und damit Umverteilungen von Masse und Flüssigkeiten im Körperinneren sowie neue Wahrnehmungen von Gewicht und Ausdehnung bewirken. Es entsteht ein angenehmes Gefühl, wenn das durch das eigene Gewicht sich dehnende Gewebe immer elastischer wird.

Aber während der Rücken mehr gedehnt wird, werden der Bauch und die inneren Organe stärker zusammengepreßt, und die Blutversorgung des Kopfes kann durch den fehlenden Rückfluß behindert sein. Empfindungen dieser Art sind meist höchst unangenehm. Sie sind aber gleichzeitig ein unfehlbares Signal. Man braucht nämlich nur dorthin zurückzugehen, wo es sich noch gut anfühlte, um dann von neuem herunterzusinken, diesmal aber empfindsamer und wacher für die notwendigen Veränderungen – nicht nur im Rumpf und in den Beinen, sondern überall.

Das eröffnet die Möglichkeit sehr feiner Unterscheidungen zwischen Erreichen, Zulassen und Gehenlassen. Was zugelassen wird, fühlt sich rundum gut und richtig an; was durch Zwang erreicht wird, fühlt sich trotz alledem gut an; was gehengelassen wird, fühlt sich schlapp und schwer an. Zulassen bedeutet, daß der Mensch als Gesamtheit reagiert; Erreichen, daß er sich gegen seinen eigenen Widerstand, vielleicht unbewußt, zwingt; Gehenlassen heißt, daß er sich aufgibt.

Auch in der Position des Hängens können sich immer noch Korrekturen ergeben, falls wir mit wachen Sinnen spüren, was an kleinen Veränderungen noch nötig und möglich ist, um mehr Raum für Atem und Zirkulation zu schaffen. Das führt wahrscheinlich zu einer feineren Balance zwischen Ausdehnung und Zusammenziehung und zu einer entsprechenden Zusammenarbeit des Muskelsystems mit dem gesamten inneren Organgeflecht, so daß ein System des Organismus nicht auf Kosten des anderen handelt. Wenn man sich genügend Zeit läßt, kann man oft mehr nachgeben und mehr Elastizität und Wohlbefinden erreichen.

Das schönste Erlebnis dieses Experiments ist aber die langsame Rückkehr vom Hängen zum Stehen, der Prozeß, in dem man endlich das Stehen nicht bewußt erzeugt, sondern *entdeckt.* Das klappt nicht sofort. Da bedarf es vieler Versuche, bis das heimtükkische und oft tiefverwurzelte Streben sich anzustrengen fühlbar wird und aufgegeben werden kann. Zuerst mag es scheinen, als habe man nicht die Kraft, es einfach geschehen zu lassen, als müsse man sich anstrengen, um es zu schaffen. In jedem Stadium, auf dem Weg nach oben wie nach unten, kann man das Bedürfnis haben anzuhalten, ein wenig zurückzugehen, wo es sich noch gut anfühlte, um dann von neuem nach oben (oder unten) zu kommen. Man kann nach und nach herausspüren, in welcher Phase des Prozesses mehr Energie nötig ist oder wo diese oder jene Region nicht voll mit im Spiel ist und eine Möglichkeit zum Mitgehen bekommen muß. Es bedarf eines intensiven Interesses, aber es bietet reiche Belohnung.

Vielleicht wird man mutlos und verliert sich im eigenen inneren Labyrinth. Wenn das geschieht, ist aber immer ein Faden da, mit Hilfe dessen man wieder herausfinden kann. An welcher Stelle zwischen Hängen und Stehen es auch immer sei, man braucht nur den eigenen Atem und den Boden klar zu spüren, dann wird beider Kraft schon die nötige Führung übernehmen.

Wenn dann die Arbeit des Hochkommens gleichmäßig auf alle beteiligten Gewebe verteilt ist und unterstützt wird durch den Atem und den sicheren Halt von unten, dann kann es überhaupt nicht mehr als Arbeit erscheinen, sondern lediglich als ein Offensein für die eigene Vitalität, deren innewohnende Energien von selbst zu Freiheit und Gleichgewicht streben. Wenn Rücken und Schultern, Bauch und Brust und schließlich auch Nacken und Kopf in ihre spürbar richtige Beziehung zueinander treten, so daß die inneren Wege sich von selbst öffnen, um Flüssigkeit und Luft durchzulassen, dann ist das vergleichbar mit der Reaktion einer durstigen Pflanze, wenn sie Wasser bekommt und ihre Gewebe sich füllen, bis der ganze Organismus aufrecht und frisch dasteht. Keine sprießende Saat erhebt sich in einer vollkommeneren Ganzheit und Präsenz, als der Mensch, der dem Weg vom Hängen zum Stehen volle Beachtung widerfahren läßt. Wenn das geschieht, kann das Stehen der absolute und natürliche Ausdruck des Seins sein.

Wenn Wirbel auf Wirbel und Masse auf Masse ihren angemessenen Platz finden, entdeckt man häufig, daß der Augenblick, in dem man spürt, *jetzt stehe ich*, immer wieder neu ist. Man kommt zu der Erkenntnis, daß es für uns Menschen nicht in dem gleichen Sinne eine »stehende Position« gibt wie für ein Gebäude. Die Positionen, die Menschen einnehmen, wenn sie nicht auf eine bestimmte Situation reagieren, werden eingenommen, um sich einem äußeren Vorbild oder einer inneren Vorstellung beziehungsweise

Idee anzugleichen. Der Augenblick, in dem wir zum Stehen kommen, erstarrt nie zu Unbeweglichkeit oder zur Statue, wenn wir ihn bewußt wahrnehmen – er bleibt ständige, subtile und ungewollte Neuorientierung.

In den bleibenden Werken der Antike, in denen es nicht so sehr auf den Ideengehalt ankommt, schlugen die Bildhauer von ihrem Block aus Kalkstein oder Marmor alles ab, was zu einer starren Haltung hätte geraten können, und ließen nur das Lebendige übrig. Das gleiche geschieht uns, wenn unser Geist so zur Ruhe kommt, daß wir unserer Empfindung folgen können.

## Liegen als Geschehen

In den vorhergegangenen Kapiteln habe ich ein- oder zweimal etwas, das die Frucht vieler Arbeitsstunden war, in die verkürzte Form einer einzigen kontinuierlichen Erfahrung gebracht, und das wird in Zukunft noch häufig der Fall sein. Selten ereignen sich mehrere Bewußtseinserweiterungen unmittelbar hintereinander. Wenn es aber so ist – und dies kann in der Erregung eines ersten Erlebnisses durchaus möglich sein –, empfindet der Erlebende es als ein Wunder.

Normalerweise aber bewegen wir uns in einem alltäglichen Tempo weiter. Die Konzentrationsspanne ist für die meisten am Anfang kurz, und wir müssen dann und wann, wenn sie nicht abschalten sollen, das Thema ändern. Das ist, glaube ich, der wesentliche Unterschied zwischen unserer Arbeitsweise und *Zazen*. Dort hält der Student die vorgeschriebene Zeit aus, komme, was wolle, Stunde um Stunde, trotz aller Schwierigkeiten. Unsere Arbeit fährt, bei letztlich dem gleichen Ziel einer vollen Gegenwärtigkeit, einen etwas anderen Kurs, mit vielen Unterbrechungen, mit Wechseln und Ruhezeiten.

Zum Ruhen praktizieren wir das, was die meisten Menschen ohne Zögern mit Ausruhen assoziieren: das *Liegen*. Und da wir nur den Fußboden zum Liegen haben, benutzen wir ihn – und hoffen, oft vergeblich, daß die Teilnehmer, die sich hinlegen, sich weder in Tagträume verlieren noch einschlafen.

Es ist keineswegs sicher, daß der Schüler im Liegen wach bleibt oder zur Ruhe kommt, von beidem zusammen ganz zu schweigen – ganz gleich, ob das, worauf er liegt, hart oder weich ist. Wir arbeiten immer wieder, so paradox es auch klingen mag, am Liegen und Ruhen an sich. Allerdings mögen wir uns daran erinnern, daß das Liegen, das wir als Modus des Ausruhens gewählt haben, eine der »vier Würden« des alten chinesischen Sprichwortes ist.

Der Leser wird nun, ebenso wie der Schüler, fast mit Sicherheit annehmen, daß die Arbeit am Ruhen »Entspannungsübung« bedeutet. Ich möchte dagegen konstatieren, daß in einem gewissen vitalen Sinn das Gegenteil der Fall ist. Denn die meisten Menschen haben beim Wort »Entspannung« die Vorstellung von einer gewissen Schlaffheit, eine Vorstellung, die Charlotte oft mit einem platten Reifen vergleicht oder mit einer Blume ohne Wasser; und das ist bei der geläufigen Praxis der Entspannung auch oft der Fall. Wir haben zuviel von der »Anspannung im modernen Leben« gehört und haben zu wenige Erinnerungen an die wunderbare Spannkraft gesunder Lebewesen – zum Beispiel unserer eigenen Kinder. Darum wird Liegen für uns ein *Vorgang* sein, genau wie Stehen. Wie bei allen unseren Tätigkeiten werden wir auf innere Offenheit für unsere eigenen Lebensprozesse und auf sensitiven Kontakt mit der Umwelt zielen. Ob das nun zu größerer Ermüdung oder zu größerer Erfrischung führt, kann jeder selbst entdekken.

Wir können mit einer ganz pragmatischen Frage anfangen. Hat jeder in der Gruppe das Gefühl, daß er genug Platz hat, um bequem liegen zu können? Sogar in einem großen Raum kann es bei einer Anfängergruppe vorkommen, daß die Teilnehmer so wenig Raumbewußtsein und so geringe Verbindung zu den anderen haben, daß sie alle kreuz und quer, wie Kraut und Rüben, durcheinander liegen und beträchtliche leere Flächen ungenutzt lassen. Auf diese Art ist es nicht möglich, klar und deutlich zu arbeiten. So werden wir also fragen, ob jeder meint, daß er genügend Platz für Arme und Beine hat, so daß zum Beispiel die Luft freien Zutritt zu den Achselhöhlen und den gespreizten Beinen hat und Raum vorhanden ist für die Blutzirkulation.

Viele Leute rücken jetzt hin und her, bis sie freier liegen können. Einigen wird aber bei einer solchen Frage bewußt, daß sie, obwohl sie reichlich Platz haben, dennoch ihre Beine zusammenpressen oder die Arme seitlich anpressen oder auch ihren Kopf oder Rükken gegen den Boden pressen.

Wenn wir sie jetzt auffordern, nicht einfach »loszulassen«, sondern sorgfältig den Unterschied zwischen Pressen und Nicht-Pressen herauszufinden, dann werden sie feststellen, daß das Pressen nicht nur eine »Spannung« ist, die gelöst werden muß, sondern daß es eine bestimmte Funktion hat. Übergeschlagene Beine können sich, wenn sie nebeneinander ausgestreckt daliegen, einsam und unsicher fühlen, oder sie haben den Drang, seitwärts zu fallen.

Fest an den Körper gedrückte Arme geben einem vielleicht das Gefühl des Schutzes. Das sind gute Gründe, die Respekt verdienen und nicht durch den Zwang zur Entspannung über Bord geworfen werden sollten. Aber es ist trotz alledem kein Ruhen. Es verbraucht Energie, wenn auch nicht viel, es behindert die Zirkulation, und es ist auch eine Barriere zwischen dem Menschen und dem Boden unter ihm.

Vorsichtige Versuche, die Arme und Beine ein wenig zu öffnen, ermöglichen vielleicht einen Strom von Wahrnehmungen, der vorher nicht zugelassen wurde –, und damit auch eine Flut von Energien. Diese ändern die Art, wie die Glieder liegen – sogar die Art, wie der ganze Mensch liegt –, und bringen häufig ein neues Gefühl von Belebung und Erfrischung mit sich. Das ist eine Erfahrung, die nicht spürbar geworden wäre, hätte man die Spannung einfach mechanisch »entspannt«, wie es mit den Fäden einer Marionette geschieht.

Etwas sehr ähnliches können wir entdecken, wenn wir einen Arm oder ein Bein ein wenig vom Boden abheben, in dieser Stellung eine Weile bleiben, um sein Gewicht zu spüren, und dann zum Ausgangspunkt zurückkehren. Wie fühlt sich die Fläche an, auf der wir ankommen? Wie lange brauchen wir, bis wir völlig angelangt sind? – Und wenn wir angekommen sind, erlauben wir uns dann, uns wirklich auszuruhen?

So einfach dieses Experiment klingt, so bedarf es doch für die meisten von uns einiger Praxis, bevor es richtig durchgeführt werden kann. Wir sind so trainiert auf Übungen, die die Muskeln stärken oder Spannungen lösen, etwa wie man die Saiten eines Instruments spannt oder lockert, daß wir sozusagen von außen an uns arbeiten anstatt von innen. Es ist soviel Betonung auf die *Ziele* unserer Handlungen gelegt worden, daß wir den Sinn dafür verloren haben, was es heißt, »auf dem Wege zu sein«, »sich zu nähern« und »anzukommen«, ein Gespür, das jeder Pilot oder Lotse haben muß, der landen oder den Hafen anlaufen will. In der Regel machen wir es so: Wir heben das Bein, senken es zum Teil wieder und lassen es dann fallen, wie man ein Stück Holz fallen läßt, nicht aber so, als hätten wir es mit lebendigem Fleisch und Blut zu tun.

Wir können, um das Experiment noch deutlicher werden zu lassen, die Schüler auffordern, nur das Gewicht des Beines anzuheben, ohne den Boden zu verlassen, so daß sie den Unterschied zwischen der bloßen Berührung des Bodens und einem vollen Zur-Ruhe-Kommen auf ihm spüren können. Häufig sind sie erstaunt, wenn sie entdecken, wie weit man das Bein hinuntersinken lassen muß, um wirklich zum Liegen zu kommen. Immer wieder berichtet einer hinterher, das Bein liege für sein Gefühl tief im

Boden, viel tiefer als das andere. Da zeigt sich, in welchem Maße die Zurückhaltung, die jetzt in dem einen Bein aufgegeben wurde, aber noch nicht in dem anderen, zur Gewohnheit geworden ist. Jemand anderes bekundet vielleicht das Gegenteil: Sein Bein fühlt sich leicht und schwebend an, nicht wie eingesunken. Dieses Bein war vorher schwer und leblos und hat nun mehr Leben. So offenkundige Gegensätze illustrieren die verschiedenen gewohnheitsmäßigen Verhaltensweisen, die wir entwickelt haben. Ich glaube, daß solche Entdeckungen bei jedem, wie alt er auch sein mag, einen tiefen Eindruck hinterlassen.

Nachdem wir eine Zeitlang so gearbeitet haben, werden die meisten spüren, daß ihr Bein trotz der aufgewendeten Energie lebendiger, länger ist als das andere; sie werden sich im ganzen sehr erfrischt fühlen. Das könnte man im eigentlichen Sinne *Arbeit im Ruhen* (work resting)[14] nennen. Was im allgemeinen unter »arbeiten« verstanden wird, ähnelt dem Wasserschöpfen aus einer Zisterne. Man hat ein bestimmtes Maß von Energie, und nach einer gewissen Zeit muß der Vorrat ergänzt werden. Diese »Arbeit im Ruhen« dagegen ist wie das Wasserschöpfen aus einem Brunnen, der ständig von unsichtbaren Quellen gespeist wird. Immer wenn ein voller Eimer hochgezogen wird, fließt die gleiche Menge aus den Tiefen der Erde nach, kühler und frischer als das geschöpfte Wasser.

## Ruhen als Beziehung zur Umwelt

Was wir soeben beim Heben und Sinkenlassen des Beins im Liegen probiert haben, kann genauso mit den Armen oder dem Kopf versucht werden. Viele Leute haben eine hartnäckige Verspannung im Nacken – von ihrem Rückzug in den »Panzer« –, die sie wahrscheinlich, wie meine jungen Freunde und ich, bei der Verteidigung in der Kindheit erworben haben. In Streßsituationen verschlimmert sich dieser Zustand, und selbst im Liegen wird er nicht aufgehoben. Das hat zur Folge, daß der Hinterkopf auf manchmal schmerzhafte Weise auf den Boden gepreßt wird, der jedoch unseren Eigenheiten nicht so nachgibt wie eine weiche Matratze oder ein Kissen, sondern ihnen entschiedenen Widerstand entgegensetzt. Sicherlich liegt der Grund dafür, daß viele von uns am Morgen müder erwachen, als sie beim Zubettgehen waren, darin, daß – wie Charlotte oft betont und wie wir selbst schnell entdecken können – die weichen Betten, die wir bevorzugen, uns erlauben, unsere Verspannungen die ganze Nacht lang zu behalten.

Eine harte Matratze oder, noch besser, der Fußboden machen viele dieser Verspannungen unerträglich und zwingen einen, sie wenigstens im Liegen zu lösen. Irgendetwas *muß* nachgeben, und der Boden tut es nicht. Im ersten Jahr, in dem ich bei Charlotte lernte, habe ich auf einer bloßen Sperrholzplatte geschlafen und trotz einiger kleiner Prellungen besser als je zuvor geschlafen. Wenn zwei beisammen schlafen und gern in des anderen Armen liegen, dann kann eine solche Unterlage sich als ungeeignet erweisen – aber selbst dann ist es der Mühe wert auszuprobieren, wie weit zwei Liebende in dieser Beziehung gehen können. Denn ein Sich-Hingeben wird nur gesteigert, wenn es auch die Umgebung einschließt.

Zurück zur Arbeit: Wenn man im Liegen auf dem Boden den Kopf heben und wieder senken will, so ist es leichter, wenn man seine Hände zu Hilfe nimmt. Das braucht in keiner Weise die Genauigkeit des Experimentes zu verringern. Arbeit an den Armen ist wie die an den Beinen – außer daß man es vielleicht leichter findet, jedesmal nur *ein* Bein zu heben als beide Arme gleichzeitig. Als Experiment ist noch interessant, die Wirkungen zu vergleichen, wenn man beide Arme gleichzeitig bewegt und wenn man sie nacheinander hebt und senkt.

In den vielen Jahren, in denen ich Zimmermann war, habe ich meine Arme und Schultern überanstrengt. Das geht Millionen so, die nur *einer* Beschäftigung nachgehen. Es ist immer ein Genuß für mich, auf dem Boden zu liegen, meine Arme ganz wenig zu heben und dann langsam sinken zu lassen und dabei in den verspannten Muskelregionen, wo die Arme in den Schultergürtel übergehen, die Veränderungen zu spüren. Sie erwachen langsam in eine Gegenwart hinein, in der keine Leistungen erwartet werden, sondern nur die Bereitschaft, sich nach außen dem tragenden Boden und nach innen dem dankbaren Spiel des Atmens zu überlassen.

In diesem Zusammenhang möchte ich den Leser dringend bitten, nicht nur das gleiche auszuprobieren, sondern manchmal, wenn er im Bett liegt, in dieser vertrauten Umgebung ein wenig zu experimentieren. Zwei äußere Faktoren werden dabei gegenwärtig sein: der Widerstand der Matratze und der Zug der Schwerkraft auf Glieder und Decke. Eines der vier Gliedmaßen allein oder in irgendeiner Kombination miteinander anzuheben mag eine Öffnung der gesamten inneren Welt zur Folge haben. Die Vorbedingungen sind Geduld, Interesse am Probieren und die Bereitschaft, weder eine Übung daraus zu machen noch Wahrnehmung durch Denken verdrängen zu lassen. Sind diese einfachen Bedingungen erfüllt, hat jede Bewegung ihre Wirkungen. Man mag auf dem Rücken, auf der Seite oder auf dem Bauch liegen – die verschiedenen Aufgaben, die verschiedenen Nuancen in der Reaktion können faszinierend sein. Und das gilt für jede Gelegenheit, bei der man inneren Prozessen ungeteilte und anhaltende Aufmerksamkeit zuteil werden läßt. In diesem Sinne benutze ich übrigens auch das Wort »Meditation« in diesem Buch: Das Ergebnis ist immer Erfrischung statt Erschöpfung.

Der Leser wird schon erkannt haben, daß es bei all den Beispielen, wie man eine »Ruhe«-Periode nutzen kann, sei es auf dem Boden, im Bett oder auf der Wiese, vor allem darauf ankommt, wie man sich zu der jeweiligen Umgebung verhält. Daher bestehen wir so darauf, daß die Experimente nicht als »Übungen« betrachtet werden sollen. Unter einer Übung verstehen die meisten von uns etwas, das man betreibt, um sich gemäß dieser oder jener Überzeugung oder Autorität zu vervollkommnen. Sie wird häufig in einer Art Vakuum unter Nichtachtung der Umgebung durchgeführt und entfernt uns von der realen Welt; sie führt uns oft zu einem narzißtischen Ziel. Eine ganz andere Bedeutung kann dem Wort »Praxis« zugewiesen werden; mir erscheint es einfach als das Gegenteil von Theorie. Beim Gewichtheben trainiert man bestimmte Muskeln, um sie zu kräftigen. Man kann das Gewichtheben aber auch praktizieren, um die Tätigkeit als solche zu erforschen und um zu entdecken, wie man sich bei einer bestimmten Aufgabe verhält. In diesem Sinne kann man seine Kenntnisse in Französisch durch die Wiederholung von Wörtern oder Formen, die man behalten will, trainieren – oder man kann die Sprache praktizieren, um ein Gefühl dafür zu bekommen und um sie in Gesprächen zu benutzen. So verstanden, führt uns die Praxis aus der Welt der Phantasie in die reale Umwelt. Obwohl ich ein bißchen »Übung« genauso genieße wie jeder andere auch, finde ich es also wichtig hervorzuheben, daß diese Bezeichnung für die Tätigkeiten, die ich hier beschreibe, völlig ungeeignet ist.

Wenn wir ein Bein heben und es wieder zum Boden zurücksinken lassen, so ist es nichts wirklich anderes, als einen Bogen zu spannen und den Pfeil ins Ziel fliegen zu lassen. Denken wird uns ebensowenig helfen wie das Lesen von Gebrauchsanweisungen. Wir können also nur an uns arbeiten, bis wir immer stärker von der Aufgabe erfaßt werden. Der Bogen hat in unseren Händen die Kraft, den Pfeil ins Schwarze zu schicken.[15] Herrigel hat sechs Jahre in Japan mit dem Studium des Bogenschießens verbracht, bis er *es geschehen lassen* konnte. Es mag auch uns sechs Jahre Praxis kosten, ehe wir durch und durch spüren können, was wir tun – wann wir wirklich und mit ganzem Herzen dabei sind und wann und wo wir noch uninteressiert sind oder übertreiben.

Wir praktizieren nicht Zen und werden daher auch nicht sechs Jahre lang daran arbeiten, ein Bein zu heben. Aber irgendwie tun wir es doch. In einem gewissen Sinne ist alles, was wir tun, dasselbe. Darin unterscheiden sich unsere Tätigkeiten von Übungen, die immer auf bestimmte, klar voneinander unterschiedene Ziele gerichtet sind. Uns interessiert nicht der gesunde Geist in gesundem Körper. Wir sind am vollen Funktionieren des lebendigen Menschen interessiert.

Uns geht es darum, anwesend zu sein. Als Kinder haben wir ganz spontan unsere ungeteilte Aufmerksamkeit allen Dingen geschenkt, selbst wenn sie sich jeden Augenblick veränderten. Dann hörten wir von den Erwachsenen etwas über unsere Verantwortung, etwas nicht einfach gedankenlos, sondern *richtig* zu tun. Seitdem ist unsere Aufmerksamkeit geteilt zwischen dem, was wir tun, und der Frage, ob wir es *richtig* tun. Viele von uns sind zwanghaft geworden in ihren Handlungen, und viele haben durch Mißerfolge resigniert – keine günstigen Voraussetzungen dafür, unbelastet an die uns gestellte Aufgabe heranzugehen. Wir sind nicht fähig, ihr in vollem Maße Aufmerksamkeit zu gewähren; zu viele Einflüsterungen des Gewissens lenken uns ab. Wir müssen das, was wir tun, mutig anpacken und bewußt spüren, wie wir es tun, und wir müssen nach und nach lernen, die wohlgehütete Vorstellung von dem richtigen und dem falschen Weg aufzugeben, weil sie uns einfach wegführt von der Aufgabe. Wir müssen mehr und mehr dahin gelangen, die reale Situation und das, was sie von uns verlangt, zu spüren. Nach und nach, mal mehr, mal weniger, fangen wir an, ganz bei dem zu sein, was wir tun; und vielleicht ergibt sich schließlich eine spontane Handlung, die von selbst aufsteigt aus unserer vollen Wahrnehmung der Situation: wenn der Pfeil mühelos ins Schwarze trifft oder das Bein völlig wach zum Boden kommt, der ihm Ruhe bietet.

Ich kann das Thema der Beziehung zum Boden nicht abschließen, ohne die interessante Möglichkeit zu streifen, die wir hier außerdem noch haben: das Liegen zu benutzen, um in unserem Becken wach zu werden. Hieran werden wir für lange Zeit mit Freude arbeiten (ebenso wie vielleicht der Leser). Wir liegen auf dem Rücken, beugen unsere Knie und bringen beide Beine auf dem Boden zum Stehen. Das allein verändert die Lage der Wirbelsäule in ihrer ganzen Länge, es läßt das Kreuz näher zum Boden kommen und bewirkt eine Dehnung in den Rückenmuskeln. Der Kopf wird sich wahrscheinlich eine neue, freiere Lage suchen, in der auch der Nacken mehr zum Ruhen kommen kann.

Die beiden Beine nacheinander in ihrer vollen Länge fühlend auf dem Boden auszustrecken oder auch nur einfach ein Bein aufzustellen sind lediglich zwei von vielen Möglichkeiten, neue Arten unseres Kontakts mit dem Boden zu entdecken, so daß man gerne eine lange Zeit mit dieser Tätigkeit verbringen möchte. – Der in seinem breiten Wahrnehmungsspektrum vielleicht interessanteste und deutlichste Versuch aber kann beginnen, wenn beide Beine genau da stehen, wo sie sich am freiesten und kräftigsten fühlen. Man hebt dann das Becken ganz leicht an, verharrt kurze Zeit in dieser Position und läßt es dann sachte auf den Boden zurücksinken und, soweit möglich, zum Ruhen kommen. Die Kombination der vielen Gelenke der Wirbelsäule, vom Rücken bis hin zum Becken, und der Hüftgelenke zwischen Becken und Beinen bietet, zusammen mit dem beträchtlichen Gewicht, das auf ihnen lastet, eine unvergleichliche Gelegenheit wahrzunehmen, wie es sich anfühlt, aus der langsamen Bewegung zur völligen Ruhe zu kommen. Daß solche subtilen Veränderungen beziehungsweise solche Deutlichkeit und Feinheit in dieser ganzen so lebenswichtigen Region von der Tiefe der Leistengegend über die Wirbelsäule bis hinauf zum Kopf vorhanden sein und gespürt werden könnten, hat sich wohl keiner von uns träumen lassen.

Mit Ausnahme des Kopfes ist dies der am besten ausgestattete Bereich im Organismus. Unsere stärksten Muskeln treffen sich hier neben den empfindlichsten Sensoren. Wichtige Funktionen wie die Fortpflanzung oder die lebensnotwendige Ausscheidung müssen hier frei und unbehindert gewährleistet sein; darüber hinaus müssen wir hier auch die Kraft haben, unser ganzes Gewicht frei zu bewegen, während wir unseren Aufgaben nachgehen. Kein Wunder, daß jede Bewußtseinsverfeinerung im Becken, jede Wiedererweckung seiner angeborenen Sensitivität und Beweglichkeit uns auf tausenderlei Weisen helfen kann: Sitzen wird deutlicher und realer, Stehen, Gehen und Laufen leichter, Tanzen lebendiger und der Liebesakt befriedigender. Und jede generelle Wiedererweckung an diesem Punkt, den wir manchmal weise unser »Zentrum« nennen, führt direkt zu gleichzeitiger Befreiung und Stille oben an unserer »Spitze«.

Nachdem wir nun das Liegen als Teil unserer Arbeit erforscht und einige seiner vielen Komponenten kennengelernt haben, können wir jetzt getrost die Arbeit auch Arbeit sein lassen und uns einfach ausruhen.

Genaugenommen kann jeder Tätigkeitswechsel Erholung bringen. Ein Tennisspiel kann nach einem Tag im Büro außerordentlich erfrischend sein, und nachher kann man sich bei einem Roman ausruhen. In meiner ersten Zeit als Zimmermann in New York, als die Gewerkschaften viele schwere Arbeiten, die andernorts von ungelernten Arbeitern erledigt wurden, von Zimmerleuten verlangten, war ich manchmal, wenn ich nach Hause kam, selbst für den Gedanken, abends noch irgendwohin auszugehen, zu erschöpft. Aber zweimal in der Woche schleppte ich mich dennoch in die Untergrundbahn und in die Kurse für modernen Primitiven Tanz. Hier, wo ich zum ersten Mal Bekanntschaft machte mit Trommeln aus dem Kongo und aus Haiti sowie mit schwarzen Gestalten, die sich wild und fremd bewegten, reagierten wir auf explosive Rhythmen mit der Geschwindigkeit und Energie von Dynamos: Wenn einer sich auf dem Boden herumrollte, blieb eine Pfütze zurück. Zwei Stunden später ging ich mit der richtigen Bettschwere nach Hause, aber ich war schon so ausgeruht und erfrischt wie nach einem heißen Bad.

Ungeachtet dessen ist der Schlaf die universelle Zuflucht vor der Ermüdung, die letztlich bei allen Tätigkeiten entsteht; und das erholsame Prinzip des Schlafens ist ein Liegen mit ruhigem Geist und ruhigen Muskeln, das den ununterbrochenen Strom des Stoffwechsels gestattet. Das ist, wie wir herausgefunden haben, etwas, das man erarbeiten und verwirklichen kann, wenn man wach ist. Wenn wir also jetzt auf dem Boden liegen, um zwischen unseren verschiedenen Experimentierperioden zu ruhen, dann dürfen wir die begründete Hoffnung haben, daß wir uns erfrischen können und nicht von Gedanken weggetragen werden.

## Sitzen

Ein guter Teil unserer Arbeit geschieht im Sitzen – manchmal auf Stühlen, gewöhnlich ohne sie. Aber obgleich unsere Lebensweise eine überwiegend sitzende ist, sind wir in unserem Kulturkreis dennoch meist nicht in der Lage, ohne Schwierigkeiten auf der Erde oder am Boden zu sitzen, wie es in vielen Teilen der Welt allgemein üblich ist und wie es während der ganzen Evolution die vorherrschende Praxis gewesen sein muß, seit unsere Vorfahren von den Bäumen heruntergestiegen sind. Sicher nicht deshalb, weil es unserer natürlichen Struktur entgegenstünde. Bei geselligen Anlässen wie Picknicks und Lagerfeuertreffen ist diese primitive Art des Sitzens für uns selbstverständlich. Und junge Leute, die um einen Gitarrenspieler herumsitzen, ziehen dies bereitwillig der Verwendung von Stühlen vor. Unsere Babys sitzen wie junge Hunde wach und mühelos auf dem Boden.

Mit dem Erwachsenwerden verlieren jedoch viele von uns Westeuropäern diese Fähigkeit. Wir haben uns eine physische Umgebung geschaffen, die sie nicht mehr notwendig macht, und so beginnen schon in der Jugend unsere Oberschenkel, unser Becken und unser Rücken, ihre Elastizität zu verlieren. Wenn wir auf dem Boden sitzen, geben unsere Muskelbänder ebensowenig nach wie unsere Kleidung; Rücken und Schultern beginnen bald zu schmerzen, unsere Knöchel drücken, unsere Arme umfassen die Knie, wir fallen zusammen oder spannen uns an, und wir müssen fortwährend unsere Stellung wechseln. Natürlich stört uns das nicht: Wir haben ja Stühle in Mengen. Aber das Problem besteht darin, daß die Elastizität, verliert man sie erst einmal im Sitzen, auch bei vielen anderen Dingen verloren geht.

Diese Tatsachen sind weithin bekannt, und es gibt viele nützliche Übungen, die man ausprobieren kann, vor allem die, die bei Tanz und Yoga praktiziert werden. Aber im Tanz wie auch beim Yoga neigt man dazu, das Strecken zu forcieren und daher nicht deutlich zu fühlen; und beim Yoga kommt noch hinzu, daß man sich daran gewöhnt, starre Körperhaltungen einzunehmen und sie beizubehalten. Man darf nicht vergessen, daß Yoga in einer Kultur entstand, wo jedermann ohnehin auf dem Boden saß und eine große Beweglichkeit der Muskeln völlig normal war. Yoga war, wie der Name sagt, ein Joch, eine Beschränkung, eine Befreiung nicht *zur* Bewegung, sondern *von* ihr, von der wechselhaften Welt der Sinne zur Vereinigung mit dem Ideal. Mag es noch so abgeschwächt sein in unserer westlichen Version, einiges von dieser Selbstvervollkommnung und Selbstkontrolle ist noch verbreitet im Yoga – und alle, die sich mit Yoga oder mit Tanz beschäftigen, stellen häufig fest, daß sie vieles verlernen müssen, um zu neuer und lebendiger Balance zu gelangen.[16]

Nichtsdestoweniger ist jede solcher Übungen, wenn sie mit Geduld und ohne Zwang praktiziert wird, hilfreich, um die wechselnden Grenzen der eigenen Beweglichkeit zu erforschen, nicht, um eine Haltung einzunehmen.

Weniger nötig sind solche Beweglichkeitsübungen dort, wo es bisher kaum moderne Toiletteneinrichtungen gibt – wie es in vielen Teilen der Welt und auch unter Trampern und Campern noch verbreitet ist – und wo Darmausscheidungen, wie es hundert Millionen Jahre lang geschah, im Hocken durchgeführt werden. Das »Squattoir« (squat = hocken), wie ich es nennen möchte, war einer meiner ersten lebhaften Eindrücke des großen alten Frankreich vor vierzig Jahren; ebenso eindrucksvoll fand ich bei unserem kürzlichen Besuch in Kyoto das japanische Äquivalent ohne fließendes Wasser. Es ist kaum überraschend, daß so hochzivilisierte Völker wie die Franzosen und die Japaner, die sich seit alters her in dieser Beziehung stets natürlich beweglich und direkt verhalten haben, solche Meister der Gastronomie sind. Und es versteht sich von selbst: In der Welt der »squatter« gibt es keine Industrie für Abführmittel.

Dies alles ist durchaus noch nicht Vergangenheit: Als ich kürzlich zwei Wohnkommunen in Neu-Mexiko besuchte, entdeckte ich eine der überraschendsten Toiletteneinrichtungen. In der offenkundigen Absicht, diesen lange degradierten Funktionen ihren Sinn und ihre Würde wiederzugeben, hatten beide Kommunen Räume, die in Hinsicht auf Licht und Größe außerordentlich feinfühlig gebaut waren und sowohl mit einer Toilettenschüssel wie auch einem einfachen Loch im Boden ausgestattet waren. Endlich hatte man die Möglichkeit der Wahl: entweder zum Zwecke der Entleerung auf einem Sitz zu sitzen, etwa so, wie man beim Essen sitzt, oder eben zwischen diesen beiden Vorgängen zu unterscheiden wie jeder Hund oder wie jede Katze, wie Moses, Perikles oder Cäsar.

Im täglichen Leben sitzen wir jedoch auf Stühlen – oder besser *in* Stühlen. Das ist der große Unterschied. Es ist lehrreich, in ein Museum zu gehen, wo ein Zimmer des siebzehnten oder achtzehnten Jahrhunderts nachgebildet wurde. Alles ist dafür bestimmt, *darauf* zu sitzen, mit nur einer kleinen Stütze für den Rücken. Man vergleiche das mit den Grand-Rapids-Möbeln der letzten fünfzig Jahre: übermäßig gepolsterte Sessel und Sofas, deren Entwurf darauf abzielt, zu umhüllen statt zu stützen, und auf denen das, was man normalerweise *sitzen* nennt, diese Bezeichnung nicht mehr verdient.

Mit dem Detroitwagen ist es das gleiche: Als ich kürzlich einen normalen amerikanischen Wagen fuhr, weil mein Volkswagenbus nicht zur Verfügung stand, wurde mir klar, daß von mir keine Muskeltätigkeit gefordert wurde außer der in der Werbung angezeigten »Fingerspitzen- (und Fußspitzen-)Kontrolle«. Der Sitz umschloß mich tatsächlich wie ein Mutterleib. Ich war zusammengerollt wie in der fötalen Lage – einer Lage, die so vermute ich, wohl als die des höchsten Komforts angesehen wird. Aber es war in keiner Weise bequem. Warum nicht? Es wurde mir klar, daß die Designer zwei Haupterwägungen außer acht gelassen hatten: Erstens hatte ich keine Nabelschnur und mußte selbst atmen, was in dieser Lage nur begrenzt möglich war; zweitens unterscheidet die Notwendigkeit, wach zu sein und auf sofortige Veränderungen zu reagieren, deutlich das Leben im Mutterleib von dem auf der Autobahn. In diesem Wagen wurde nur erwartet, daß Kopf und Glieder funktionierten. Der ganze Rest der Person wurde nur als Ballast betrachtet.

Eine der traurigsten Konsequenzen dieser generellen Entfremdung von unseren wirklichen Bedürfnissen ist die Art, in der wir unsere Kinder zwingen, lange Stunden in Pulten und Bänken zu verbringen, deren Form nicht auf die Funktionen ihres Organismus abgestimmt ist. In ihrer sonstigen Entwicklung normale Kinder leiden unter Erschlaffung und innerem Druck, dem sie in den Schulen stundenlang ausgesetzt sind und der ihr Sehvermögen, ihre Atmung, ihren Blutkreislauf, ihre intellektuellen Prozesse und, was am schlimmsten ist, ihren Sinn für die freie menschliche Existenz beeinflußt. In unserem Studio haben wir nur Hocker zum Sitzen. Andernorts versuchen wir, genügend flache Faltstühle zu bekommen. Die Stütze, die sie gewähren, entspricht der vollkommenen Klarheit ihrer Form. Wir lassen unsere Füße bewußt auf den Boden kommen, vermeiden es, unsere Beine übereinanderzuschlagen, und lehnen unseren Rücken an die Stuhllehne. Das letztere ist bei Hockern natürlich nicht möglich, und das gibt uns Gelegenheit für eine interessante Verdeutlichung: Wenn wir auf einem Stuhl sitzen, sitzen wir nicht nur einfach, sondern *lehnen* auch. Ein Teil unseres Gewichts wird vertikal gestützt und ein Teil horizontal. Sobald wir unsere Aufmerksamkeit darauf lenken, können wir spüren, wieviel Gewicht wir dabei auf die Stuhllehne übertragen (oder fühlt es sich sogar eher wie ein Pressen an?). Könnten wir sagen, daß wir uns in einer Beziehung zu dem Stuhlrücken befinden? Wir werden einmal versuchsweise so sitzen, daß wir zum Stuhlrücken einen kleinen Abstand halten und nur die Luft hinter uns spüren – und dann, wacher und wahrnehmungsbereiter, uns wieder anlehnen. Erstreckt sich unsere wache Wahrnehmung auch auf den Boden? In Becken und Beinen kann mehr Offenheit nötig sein, ehe wir das Gefühl haben, daß wir wirklich bis zum Boden reichen. Wir können damit experimentieren, indem wir unsere Fersen leicht heben und wieder zum Boden sinken lassen und unsere Knie ein wenig bewegen, um uns die Muskulatur, die die Beine mit dem Rumpf verbindet, bewußter werden zu lassen.

Nun versuchen wir, wirklich zu *sitzen*. Wir gehen jetzt ganz weg vom Stuhlrücken, spüren die Neuorientierung in unserer gesamten Körperstruktur, sobald der Rückenhalt aufgegeben wird, fühlen, wie wir mehr und mehr in die Vertikale kommen und gleichzeitig vom Sitz aufgenommen und aufgerichtet werden.

Wenn wir wirklich in Beziehung zu dem, worauf wir sitzen,

treten wollen, dann müssen wir in jenem Bereich viel wacher werden, der die Sitzfläche direkt berührt. Wir erheben uns ein wenig von dem Sitz, verharren einen Moment in dieser Position und suchen dann langsam den Weg zurück, ohne die Hände oder Augen zu benutzen. Können wir das? Ah! Eindeutig: Unsere Nerven sind dort unten genauso empfindsam wie auch überall sonst. Somit stellt sich die Frage: Sind wir vielleicht dort, wo wir auf den Stuhl auftreffen, doch nicht nur »gepolstert«, wie wir immer geglaubt haben? Keineswegs! Wir beginnen, eine deutliche Struktur zu spüren, die allem Anschein nach ebenso fest ist wie der Stuhl selbst. Um das näher zu verfolgen, heben wir eine Gesäßhälfte an und schieben unsere Hand darunter. Etwas zögernd sitzen wir nun auf der eigenen Hand. Da ist etwas in unserem Gesäß, das nicht nur fest ist, sondern hart. Können wir die andere Gesäßhälfte auch heben und auf beiden Händen zugleich sitzen? Autsch! Wir hätten uns nicht träumen lassen, daß es da unten so hart sein könnte! Zur Erleichterung verteilen wir das Gewicht auf beide Hände, um sie nicht zu zerquetschen. Was ist so hart da drinnen? Selbst unsere Fersen scheinen nicht so hart zu sein!

Vorsichtig nehmen wir die Hände unter den Gesäßbacken weg und kehren wieder auf den im Gegensatz zu den Händen keinen Protest erhebenden Sitz zurück. Es wird deutlich, daß ungeachtet der Singularbezeichnung »Gesäß« das Sitzen in Wahrheit aufgeteilt ist auf zwei Gesäßknochen. Wir können eine gleichmäßige und ungleichmäßige Gewichtsverteilung und damit einen geringeren oder größeren Druck auf den Sitz und natürlich auch auf unser Gewebe ausüben. – Wir können mit diesen Gesäßknochen sogar »gehen«. Mit ein wenig Praxis merken wir, daß wir auf dem Sitz hin und her wandern können, bis wir mit ihm ganz vertraut sind und vielleicht eine sehr angenehme Wahrnehmungsmöglichkeit in unserem Becken entdecken. Schließlich setzen wir uns an den ganz vorderen Rand des Stuhls, so daß unsere Oberschenkel nicht mehr aufliegen, sondern in den Raum hineinragen. Mittlerweile ist unser ganzes Becken schon viel empfindsamer geworden.

Wir haben nun unsere architektonische Basis, die Gesäßknochen, gefunden. Von hier aus erstrecken sich unsere Oberschenkel, und unsere klar geformten, voll wahrnehmungsfähigen Beine treffen auf den Boden, wo unsere Füße sensitiv und behaglich ruhen. Eine Fläche (ein Stuhl zum Beispiel) stützt den Rest unseres Körpers etwa in Kniehöhe, weiter oben jedoch haben wir keinen Halt mehr von außen.

Wir schließen wieder die Augen, um deutlicher wahrzunehmen. Was hält uns aufrecht? Vielleicht halten wir uns von selbst aufrecht? Wem hat man immer gesagt: *Sitz gerade!*?

Wir setzen uns gerade hin. Wir wollen uns wirklich aufrecht halten. Wie fühlt sich das an? Wir brauchen Zeit, um es herauszufinden, es wird nicht sofort deutlich. Ein Teilnehmer berichtet, er fühle sich steif im Rücken und Nacken. Ein anderer findet seinen Atem flach. Wieder ein anderer sagt, er fühle sich wie ein Bild, nicht wie ein Mensch. Wir behalten die Stellung bei, bis sie ermüdend wird, und gestatten dann langsam Veränderungen zugunsten größerer Bequemlichkeit.

Ein heimlicher Beobachter würde etwas später zu berichten wissen, daß »Bequemlichkeit« für verschiedene Leute in der Gruppe etwas ganz verschiedenes bedeutet. Einige sitzen noch in vertikaler Haltung, andere sind tief zusammengesunken. Wir probieren es weiter aus: Wir wollen nun alle zusammensinken, aber ohne es zu übertreiben, so, wie wir es gewohnt sind. Wie ist es jetzt? Vielleicht ganz gemütlich. Es ist jedenfalls das, was wir für »Entspannung« halten; es hat etwas von der Vertrautheit und Bequemlichkeit eines alten Schuhes.

Also wollen wir eine Weile so bleiben. Etwas ist ungewöhnlich an dieser Situation: Wir hören keine Vorlesung, wir essen nicht an einer Theke, wo wir immer krumm sitzen, wir sitzen auch nicht vor einem Fernseher. Wir sind nicht einmal aus Erschöpfung zusammengefallen. Wir sitzen einfach so zusammengesunken da, um zu spüren, wie das ist. Schließlich kommt die Frage: »Wer findet es immer noch gemütlich?« Es heben sich nur ein oder zwei Hände. »Was ist ungemütlich?« Viele Antworten kommen: »Ich kann nicht atmen.« – »Ich habe keinen Platz in meinem Magen.« – »Mein Rücken tut weh.« – »Ich fühle mich überall eingeengt!«

Welche Veränderungen müssen wir *jetzt* vornehmen, um mit mehr Wohlbehagen zu sitzen? Schließlich wollen wir ja nicht einfach blind etwas verändern, wie wir es so oft tun, sondern ganz allmählich spüren, wohin wir uns bewegen ... Wo ist in unserem Körperinneren mehr Raum nötig für all das, was sich dort befindet? Die Frage ist nicht: Wo meinen wir, mehr Platz haben *zu müssen*, sondern: Wo *spüren* wir, daß er *nötig* ist?

Wir wollen die Hände auf den Kopf legen. Auch im Schultergürtel ist Raum nötig, besonders, wenn unsere Hände leicht auf dem Kopf aufliegen und der Kopf nicht gegen die Hände drücken soll. Wie weit ist es, wenn wir uns nicht abmühen und einfach wach und offen dasitzen, von unseren Händen auf dem Kopf bis zur Sitzfläche unter unseren Gesäßknochen? Wo könnte man dazwischen mehr Raum zum Leben und Atmen brauchen? Wo weniger?

Bei den Teilnehmern stellen sich subtile Veränderungen ein,

zaghaftes Zurechtrücken, halbbewußtes inneres Suchen. Wie *breit* sind wir, wenn wir unsere natürliche Breite zulassen, ohne uns zu dehnen? Wieviel Platz nehmen wir von unserer Vorder- bis zu unserer Rückseite ein? Ist in unserem Rücken Leben spürbar? Bis wohin erlauben wir uns zu existieren – bis zum Gesäß hinunter, wo wir auf den Sitz treffen?

Einem Zuschauer würden die Gesichter jetzt ruhig wie im Schlaf erscheinen, ohne den gewohnheitsmäßigen Ausdruck, mit ruhenden Lidern, aber eine tiefe innere Wachheit ausstrahlend. Keiner ist mehr in seinen Gewohnheiten gefangen, jeder erfühlt etwas Neues. Wir lassen die Hände nun ihren Weg hinunter zu den Oberschenkeln finden und dort ruhen, so daß sich Rumpf und Kopf vom Sitz aus zu ihrer vollen Größe aufrichten. Es ist eindrucksvoll: Viele Hände kommen, vielleicht zum erstenmal, auf den Oberschenkeln zur Ruhe wie Schmetterlinge auf Blumen, ohne im letzten Augenblick hinabzufallen. Unsere Augen öffnen sich. Auf allen Seiten sitzen die anderen aus der Gruppe um uns herum, wie Kerzenflammen. Jeder von uns spürt es in sich selbst. Wir sind lebendig. *Wir sitzen.*

Bei einer anderen Gelegenheit können wir mit Partnern arbeiten – die Arbeit am Sitzen endet nie. Zum Beispiel: Einer sitzt auf einem Stuhl oder Hocker; der andere kommt mit seinen Händen sanft von hinten und vorn und findet den lebenden Menschen. Wo kann man inneres Leben spüren, wo brauchen wir Raum, um zu existieren? Solche Entdeckungsreisen können viele, viele Stunden füllen. Um das Werk der zahllosen Stunden in unserem Leben, die mit der Aneignung und Verfestigung hemmender Gewohnheiten angefüllt waren, auszulöschen, braucht man Zeit. Solange wir *dabei* sind, ist keine Zeit zu lang. Leer und fruchtlos wird es nur dann, wenn wir es als Übung für eine Vorstellung von Selbstvervollkommnung betrachten.

Wir können uns auch gegenseitig abklopfen und massieren oder mit den Fingern in den Zwischenrippenbereich und in die Schultermuskeln eindringen, um sie aufzuwecken und zu mehr Elastizität zu stimulieren; wir können, besonders im Sitzen, daran arbeiten, Kopf und Augen aufzuwecken – denn immer, wenn hier in unserem »Kontrollturm«, wie Charlotte ihn gerne nennt, mehr Frieden und Klarheit eintritt, wird sich überall mehr Wachheit und Freiheit ausbreiten.

Wenn es möglich ist, werden wir während unserer Arbeit gleichermaßen mal auf dem Stuhl und mal auf dem Boden sitzen. Ganz allmählich, Schritt für Schritt, kommen wir dem wunderbaren Sitzen der kleinen Kinder näher, das wir auch im Zoo bei den Affen sehen können und wofür keinerlei Möbel nötig sind; und wir können in Frieden, lebendig und mühelos existieren, offen für das Licht unseres Bewußtseins, das brennen kann, wie es seiner Natur entspricht.

# Vertiefung der Beziehung zur Umwelt

## Klopfen als Anregung

Wilde Tiere befinden sich ununterbrochen in einem Zustand von Sinneswahrnehmung, einfach durch die Realitäten ihrer Umgebung, für die sie der ganze Prozeß der Evolution mit vielen Fähigkeiten ausgerüstet hat und die diese Fähigkeiten durch ständigen und ausgewogenen Einsatz erhält. Wir dagegen sind als Individuen in einer hochorganisierten Gesellschaft zur Spezialisierung gezwungen. Wir werden Maschinenarbeiter, Geschäftsführer, Rechtsanwälte und so weiter und gebrauchen unsere Energien in unseren produktiven Stunden oft nur sehr beschränkt. In der Tat, je produktiver wir werden, um so wahrscheinlicher ist es, daß wir unser gesamtes körperliches Funktionieren ausschließlich auf die Bereiche begrenzt halten, die lediglich unseren sozialen und ökonomischen Rollen dienlich sind.

Die Praxis der sensory awareness würde all dies auf den Kopf stellen. Damit meine ich nicht die hier beschriebenen Kurse. Aber ich meine sehr wohl ein ruhiges Spüren und Durchdringen aller gestellter Aufgaben. So wie wir in den Kursen mit jeder sich bietenden Tätigkeit arbeiten, so gibt es auch im sozialen und wirtschaftlichen Leben keine Tätigkeit, die nicht entweder mechanisch oder aber mit voller Aufmerksamkeit und vollem Interesse ausgeführt werden könnte. Wir sind von Natur aus keine Maschinen, die eine Arbeit ausführen – ob es sich dabei nun um Maurerarbeiten oder um Computertechnik handelt. Jeder von uns stellt auf seine Weise immer wieder eine höchstentwickelte, sinnlich und kognitiv empfindsame Nervenorganisation dar. Das ist der Grund, warum wir so gerne Vögel und Eichhörnchen beobachten. Sie haben ihre Lebensweise und wir unsere, und bei beiden kann es tagsüber so etwas wie Lebensfreude und auch Müdigkeit nach befriedigender Arbeit geben, die uns am Ende des Tages zum Ausruhen drängt.

Wie die Dinge liegen, ist aber die Ermüdung der Gruppe von Leuten, wie sie sich am Ende des Tages zu unseren Kursen zusammenfinden, zum großen Teil auf Langeweile oder einen Zustand zurückzuführen, der nicht aus der Überbeanspruchung bestimmter Fähigkeiten, sondern aus der Unterbeanspruchung anderer erwächst. Am Tage wird das Bewußtwerden darüber, daß der Strom an Vitalität ständig blockiert ist und die Körperfunktionen in einem unzureichend ausgewogenen Verhältnis stehen, verhindert durch eine ständige Zufuhr von Ablenkungen wie Radio, oberflächliche Unterhaltung, Tabak, Kaugummi et cetera, und am Abend wird diese Betäubung in der Regel durch den Lärm aus dem Fernseher fortgesetzt. Wie schwierig muß es nun sein, auf derlei Ablenkungen zu verzichten und den zum Schweigen gebrachten und unbekannten Stimmen der eigenen Sinne Aufmerksamkeit zu schenken!

Häufig kann das Ruhen auf dem Boden bei dieser Art von Ermüdung kaum Abhilfe schaffen. Ein wirksameres Mittel ist die Stimulation. Es ist die gleiche Situation wie in den Schulpausen: Die Kinder verbringen etwa eine Stunde eingezwängt in ihren Bänken und müssen ihre Aufmerksamkeit auf Dinge richten, an denen sie oft gar nicht interessiert sind; dann dürfen sie für zehn Minuten im Schulhof herumrennen. Wer erinnert sich nicht an das Geschrei und Rufen, die Ausbrüche von Energie bei jeder Begegnung, jedem Ball- oder Kinderspiel?

Auch unsere Schüler brauchen ein bißchen Aufregung, damit die Arterien anfangen zu pulsieren, damit Verbrauchtes entfernt und Sauerstoff neu zugeführt werden kann. Mit anderen Worten, damit wir nach dem Überdruß des Tages erfrischt werden. Wenn jetzt ein Bär die Tür aufstoßen und hereinkommen würde, dann würde die Müdigkeit sofort verschwinden; dann könnten wir erleben, welche Energien sich entfalten, wenn sich, wie in einem Magneten, alle unsere Moleküle in eine Richtung ausrichten.

Es ist in der Tat die allmähliche Annäherung an einen Zustand, in dem alles im Organismus auf den zentralen Lebensprozeß des Atmens hin zusammenwirkt, der es manchen Menschen ermöglicht, ohne den normalen Bedarf an Schlaf und Nahrung Tag und Nacht in Meditation zu verharren.

Aber wir praktizieren weder buddhistische Meditation, noch sind wir in der Lage, uns auf Alarmsignale und Adrenalinfluten zu verlassen. Was können wir tun – wir, die hier zusammenkamen, um Ruhe und Wahrnehmungsfähigkeit zu erlangen?

Eines können wir wirklich tun: Wir können uns oder andere durchklopfen – natürlich nicht als Strafe, sondern als Stimulierung. Unsere ganze Oberfläche kann dabei aufgeweckt werden, ein zusammenhängendes Netzwerk von Nervenenden und Blutgefäßen, die alle unter der Haut ins Körperinnere führen.

*Die Art* zu klopfen ist etwas, das wir lernen müssen, gerade so, wie es an der Art, wie wir zum Liegen kommen, viel zu lernen gibt. Die wenigsten Menschen können einfach anfangen, sich oder andere mit Feingefühl und Unterscheidungsvermögen durchzuklopfen, genausowenig wie sie sich etwa hinsetzen und anfangen könnten, Klavier zu spielen. Doch solange der Klopfende nicht direkt gelangweilt, ängstlich oder aggressiv ist – und zuweilen selbst dann – wird das, was er tut, Nerven aufwecken und die Blutzirkulation beleben. Wir können also wohl oder übel einfach damit anfangen, uns von oben bis unten durchzuklopfen, wobei wir besonders auf die Bereiche achten, in denen Wasser gestaut zu sein scheint oder das Gewebe sich schläfrig anfühlt.

Nach einigen Sekunden tun wir gut daran, uns eine Pause zu erlauben, um wahrzunehmen, was wir bis jetzt getan haben und wie es weiter in uns wirkt. Wir können sogar feststellen, ob wir uns, ohne es zu merken, gestraft oder getröstet haben, anstatt uns aufzuwecken. Es ist verblüffend, den Unglauben und die Belustigung in den Gesichtern der Anfänger zu lesen und später ihr wachsendes Interesse und Vergnügen zu verfolgen, wenn sie zum erstenmal diese einfache Arznei gegen Stumpfheit kennenlernen. Wenn noch weitere Stimulation nötig erscheint, kann sich einer mit ausgebreiteten Armen hinstellen oder sich herunterhängen lassen, während ein anderer – oder besser noch zwei oder drei andere – ihre »Aufmerksamkeiten« auf ihn herniederprasseln lassen. Jetzt verwandelt sich häufig Vergnügen rasch in Begeisterung, weil der Empfänger unter dem Trommeln der Hände sich wie ein Korkstückchen fühlt, das in einem Glas Champagner auf- und niederhüpft.

Da bei einer solchen Tätigkeit schnell Enthusiasmus entsteht, der natürlich ansteckend wirkt, wird der Leiter häufig davor warnen müssen, daß es wie Schlagen klingt und sich wohl auch so anfühlt, und diejenigen, die die Klapse austeilen, sowie diejenigen, die sie erhalten, daran erinnern, ihr eigenes Atmen nicht zu vergessen. Viele werden, wenn sie »wach« geworden sind, einander attackieren, wie sie am Meer kaltes Wasser attackieren, mit angehaltenem Atem untertauchen und das Wasser herumspritzen würden, das heißt, sie werden soviel wie möglich *tun* und so wenig wie möglich *spüren*. In einem solchen Fall bringt das bewußte Atmen unmittelbare Veränderung mit sich, denn die Steifheit in Gelenken, Ellbogen, Schultern, in Nacken und Kopf, die durch sensitives Klopfen (und eine sensitive Reaktion auf das Klopfen) gelöst wird, geht einher mit der entsprechenden Starre in Brust und Bauch, die durch das Atmen gelockert wird.

Klopfen lernen bedeutet wach werden für die Eigenart und die Reaktionen des jeweiligen Gegenübers. Wir müssen sehr gegenwärtig werden, um zu spüren, was wir tun und wie wir es tun. Da unserer Erfahrung nach ein Schlag gewöhnlich Abweisung oder Bestrafung bedeutet, müssen wir ihm jetzt besondere Beachtung schenken.

Der Schlag, den der Erwachsene im Zorn dem Kind erteilt, ist gewöhnlich eine Reaktion auf eine reale oder eingebildete Bedrohung seiner selbst oder seiner Werte durch die Handlung des Kindes. Er spürt das Kind kaum; er spürt seine eigene Emotion und ihre Entladung. Wenn der Erwachsene den Schlag kaltblütig erteilt und sich nicht seines Zornes bewußt ist, sondern nur seiner Pflicht, das Recht zu erzwingen, dann wird er noch weniger spüren, und der Entfremdungseffekt wird beim Kind noch größer sein. Der kameradschaftliche Schlag auf den Rücken, den sich Freunde einander geben, kann mitunter gegenseitige Bestärkung und Freude am Kontakt bedeuten, er kann aber auch heißen: Unser Einverständnis verlangt von dir, daß du meine Überlegenheit anerkennst!

Unser Klopfen mag daher, ganz gleich wie freundlich es gemeint ist, eine Menge unbewußter symbolischer Bedeutungen in sich tragen und muß deshalb sorgfältig ausprobiert werden. Zum Beispiel: Ist es der Rücken unseres Gegenübers, den wir klopfen, oder sein Kopf? Und wenn es sein Rücken ist, ist es die Gegend der Schulterblätter oder die empfindliche Gegend der Nieren? Wie kann man die Augenlider, die Lippen, die vielen unterschiedlichen Gewebe in der Umgebung der Ohren klopfen, oder besser: leicht stimulieren? Spürt man, wo Muskeln sind, die eine solche Behandlung vertragen können, und wo Drüsen, bei denen es wohl besser nicht geschieht? In welchem Maße kann Klopfen in die unbekannten Regionen zwischen Schädel und Rückgrat oder zwischen Rückgrat und Becken einen neuen Vitalitätsstrom hineinbringen?

Falls der Leser bereits den Antrieb spüren sollte, das alles an sich selbst auszuprobieren, würde ich ihm raten, beim Kopf zu beginnen, wo es sofort möglich ist, den Unterschied zwischen den feinen Geweben, die Augen, Ohren, Nase und Kiefer umhüllen, und den benachbarten harten Knochen, wo diese Gewebe befestigt sind, zu fühlen und zu untersuchen. Und auch: Wie stark müssen wir die Region zwischen dem unteren Teil der Schädeldecke und dem Nacken stimulieren? Jeder von uns kann selbst spüren, wo und wie es nötig ist.

Charlotte ist davon überzeugt, daß es ursprünglich keine Bestrafung war, Kindern einen Schlag zu versetzen, sondern vielmehr der instinktive Impuls, sie für Dinge aufzuwecken. Wie es auch immer gewesen sein mag, sicher ist es in der Praxis des Zen der Fall, wo der Priester den Schultermuskeln jener Meditierenden, die in Gefahr zu sein scheinen, mit ihren Gedanken abzuwandern oder einzuschlafen, mit einem flachen, schweren Stock einen dröhnenden, schmerzenden Schlag versetzt. Dieser Schlag klingt in jeder Hinsicht wie eine schwere Bestrafung; er wird aber nichtsdestoweniger als Hilfe angesehen und häufig von dem Empfänger erbeten, indem er sich demütig vorher und nachher verneigt, ebenso wie der Priester, der den Schlag erteilt. Einen solchen Schlag wirksam, mit größtmöglichem Überraschungseffekt und ohne

Verletzung zu erteilen bedarf der gleichen Kenntnis und Hingabe und auch des gleichen Maßes an Praxis, wie es ein wohlgezielter Golfschlag verlangt. Diese Präzision ist natürlich bei einem Schlag mit der Hand auf das Gesäß eines Kindes nicht vonnöten. Ich glaube aber, daß im Impuls zu der Handlung jedes Kind den Unterschied spürt zwischen einem Schlag als Strafe für verbotenes Handeln und einem Schlag, der es zu größerer Wachheit bringen will.

Man kann Klopfen nach festen Regeln oder improvisierend angehen und in beiden Fällen gute Arbeit leisten. Aber in unserer Arbeit versuchen wir zu improvisieren. Voraussetzungen dafür sind die Notwendigkeit zu erkennen, die Fähigkeit zu fühlen und die Tat geschehen zu lassen. Die Energie, die dazu nötig ist, entwickelt sich aus dem Bereitwerden für die Tätigkeit und der Freude an ihr, wobei das unmittelbare Wahrnehmen des Notwendigen die Führung übernimmt. Um dies möglich zu machen, bedarf es einer gewissen Selbstlosigkeit. Das Klopfen ist dann leicht, sanft, lebhaft oder stark, je nach Bedarf; der Atem muß dabei frei fließen, die Lippen dürfen nicht aufeinandergepreßt, die Brauen nicht zusammengezogen werden.

Genau so kann ein afrikanischer Trommler Stunde um Stunde seine Töne und Rhythmen erklingen lassen, die wie die Meereswellen unaufhörlich wiederkehren, ohne daß er jemals in die leblose Monotonie des Metronoms verfällt und ohne daß er ermüdet. Ein solcher Trommler ist oft ein Mann in tiefer Meditation, versunken und völlig vereinnahmt von der Reaktion der Trommel auf seinen Anschlag und von seiner völligen Verbindung mit den Bewegungen der Tänzer durch die suggestive Kraft seines Instruments.

Eine solche Szene kann hinreißend sein. Alle, die dabei sind, werden von den lebendigen Rhythmen getragen, die hin- und herfluten in dem wechselseitigen Reagieren der Tänzer auf die Rhythmen und der Rhythmen auf die Tänzer. Alle Gesichter mögen von Schweiß glänzen, aber keiner ist müde. Die Augen ruhig, der Atem voll Freude; jedes Gelenk und jeder Muskel kommt zu sich selbst so wie ein Stern in einer klaren Nacht. Der Trommler schlägt die Trommel, weiter nichts. Aber in seinem Schlagen kann er so in Hingebung erglühen wie Buddha in seiner Erleuchtung.

Wir mögen davor bewahrt sein, daß wir unsere Partner als Trommeln empfinden und sie für die Rhythmen oder für den Ausdruck unseres Selbst benutzen! Dennoch geschieht dies nur zu häufig. Wir können uns aber mit ruhigen Augen und tragendem Atem auf das Klopfen einstimmen lassen und vielleicht für Augenblicke einswerden mit dem lebenden Gewebe, auf das wir einwirken.

## Einfacher Kontakt

Unsere Kurse haben keinen bleibenden Wert, wenn sie den Schüler nicht ermutigen, die Arbeit selbst fortzusetzen. Wenn man erst einmal die Möglichkeit spürt, daß Leben der Gegenstand einer nie endenden Erforschung sein kann, dann kann jeder Augenblick ein Augenblick des Seins werden, mit seiner eigenen Bedeutung. In solchen Augenblicken sind Ablenkung, ja sogar Interpretationen überflüssig. Die jeweilige Erfahrung reicht aus. Leben ist Rechtfertigung in sich selbst. Aus diesem Grund habe ich jene Experimente in unseren Kursen, bei denen man sich allein beschäftigt, in solcher Ausführlichkeit beschrieben, daß auch der Leser zuhause sie ausprobieren kann, wenn er Geduld und Interesse dafür hat.

Wir leben jedoch nicht allein. Jeder Blick, jeder Klang eines Wortes, jeder Brief ist eine Art Kontakt. Jede Gestalt im Supermarkt oder auf der Straße ist ein Energiefeld, zu dem wir, ob wir wollen oder nicht, in eine Art von Beziehung treten.

Menschen kommen in Kontakt oder distanzieren sich voneinander auf unendlich viele Arten, einfach und kompliziert. Über all dies können wir uns Gedanken machen. Ich möchte indessen da anfangen, wo mir der Anfang zu sein scheint.

Fast vom ersten Augenblick an bewegt sich das Leben eines Babys in einem bestimmten Rhythmus von Ruhe und Tätigkeit, sicher in bedeutendem Maße in seiner Verbindung mit der Mutter. In den Vereinigten Staaten mag die wirkliche Verbindung eher gering sein, aber in den ländlichen Gegenden Mexikos besteht sie fast dauernd, da das Baby, ob es gestillt wird oder schläft, den ganzen Tag in einem Tuch an der Brust der Mutter ruht.

In unserem Zeitalter des Konkurrenzkampfs ist das Erlebnis einer untätigen, ruhigen Verbindung in der Regel auf die seltenen Augenblicke des Sich-Verliebens oder der Verliebtheit beschränkt – etwa wenn die Liebenden Hand in Hand gehen oder aneinander gelehnt auf der Parkbank sitzen. Mit oder ohne gegenseitige Berührung gibt es solche Verbindungen häufiger in der Jugend oder im Alter als auf der »Höhe« des Lebens. Das ist ein Phänomen, das sehr gut in unsere Studien paßt. Ich werde also mit der Beschreibung eines Kurses beginnen, in dem ein *einfacher physischer Kontakt* erforscht wird.

Wir lassen uns am Anfang einige Augenblicke Zeit, um zu spüren, wie wir stehen. In Ruhe zu uns selbst zu kommen ist eine wichtige Vorbedingung dafür, zu einem anderen kommen zu können. Dann suchen wir einen Partner, möglichst einen, den wir noch nicht kennen und den wir nicht absichtlich wählen. Einer steht nun neben dem anderen; und wenn auch der andere erkennen läßt, daß er zu ruhigem Stehen gekommen und auf eine Annäherung vorbereitet ist, dann legt der Partner seine Hände irgendwo auf die Vorderseite und auf den Rücken des Stehenden; sagen wir, die eine Hand auf die obere Brusthälfte und die andere auf die gegenüberliegende Rückenseite, zwischen die Schulterblätter.

Was fühlt jeder von beiden zwischen den umschließenden Händen? Es bedarf Zeit, bis man so ruhig wird, daß man wirklich etwas spüren kann. Ändert sich etwas unter der Berührung? Sind da zwischen den Händen Anzeichen von Leben – und wenn ja, ist der Kontakt des Berührenden so, daß er das Leben, das er fühlt, nicht stört, ohne indes die Verbindung zu vermindern?

In der praktischen Arbeit werden nach solchen Fragen lange Pausen gewährt, so daß jeder Zeit hat, eine Antwort von selbst entstehen zu lassen. Ist es möglich, sich dem Spüren zu überlassen, ohne zu denken? Kann man einen Unterschied bemerken, wenn man hin und wieder aufhört zu denken, und spürt man auch die Anstrengung, nicht zu denken?

Nach einiger Zeit können wir weitermachen. Wir mögen mit unseren Händen zum unteren Brustbereich oder zum Zwerchfell vordringen, zu den gegenüberliegenden Seiten des Kopfes, zum Bauch; wir können sie vorn und hinten plazieren oder an beiden Seiten – und wir ruhen uns zwischendurch aus und korrigieren unser Stehen, so daß wir frisch sein können für jeden neuen Versuch.

Es ist verabredet worden, daß der eine seine Hände auf den anderen legt, *ihn aber nicht manipuliert.* Das mag nicht einfach sein. Darunter ist zu verstehen, daß die Hände nicht aktiv tätig werden sollen, zum Beispiel daß wir nicht streicheln oder massieren sollen; aber mit jemandem in vollen Kontakt zu treten ist etwas, das vielen von uns seit der frühesten Kindheit abgewöhnt worden ist. Man hat uns beigebracht, daß wir uns selbst und unseren Kontakt mit anderen unter Kontrolle haben sollen – selbst wenn wir versuchen, ihm die Botschaft zu übermitteln, daß wir ihn mögen oder nicht mögen. Unbewußt wird man schon deshalb seinen Kontakt kontrollieren und sich dadurch in die eigene Wahrnehmung einmischen und die des anderen dirigieren. Das ist, auch wenn es unbewußt geschieht, schon Manipulation.

Wir sind wirklich an der Arbeit, wenn wir einander berühren – wir arbeiten daran, unsere Hände nicht als Werkzeuge unseres Willens, sondern als Wahrnehmungsorgane auszuprobieren. Dazu muß ihre ursprüngliche Sensitivität und Beweglichkeit allmählich wiederentdeckt werden. Selbst wenn wir die Ungezwungenheit erworben haben, die Körperstruktur des anderen zu entdecken und uns ihr anzupassen, mag es immer noch nicht leicht sein, seine Balance wahrzunehmen und uns ihr anzupassen. Sind wir steif, während wir ihn berühren, dann gehen die feinen Nuancen des Gleichgewichts verloren. Sind wir beweglich und sensitiv, dann verhilft ihm das vielleicht zu einer innerlichen Befreiung, bei der seine Balance sich ändert, ein Vorgang, dem wir dann folgen müssen. Man befindet sich in ständigem Wechsel, denn hier handelt es sich nicht um ein mechanisches Halten des Gleichgewichts, sondern um ein ständig sich erneuerndes Sich-Ausbalancieren des lebenden Menschen.

Es kann sein, daß wir den Partner, wie auch immer wir ihm begegnen, in seiner Freiheit irgendwie stören. Er mag unsere Hände als hart empfinden, als schwer oder zu leicht oder als flatternd. Er mag sich »gehandhabt« fühlen, Einengung oder Druck empfinden oder – eine manchmal sehr enttäuschende Erfahrung – überhaupt keine wirkliche Berührung spüren. Demgemäß könnte man erwarten, daß solche Kontakte oft als unbefriedigend oder sogar als hemmend empfunden werden. In den meisten Fällen ist es jedoch gerade umgekehrt. Die schlichte Tatsache, daß einer dem anderen ruhig und ohne manipulieren zu wollen begegnet, ist in der Regel für den, der berührt wird, sehr bewegend. Er fühlt sich gut versorgt und geachtet. Und der Partner kann, wenn er wirklich bei dem, was er tut, anwesend ist, etwas von dem Wunder bewußten Kontaktes mit der unwillkürlichen, feinen Bewegung lebendigen Gewebes spüren.

Wahrscheinlich aufgrund besonders solcher Erlebnisse hat die Arbeit mit der sensory awareness in den letzten paar Jahren das Land erobert. Eine Nation von »Machern«, die einander selten ohne eine bestimmte Absicht berühren und deren Berührung, wenn sie nicht einfach aus Nachlässigkeit geschieht, zunächst bewußt und dann später, wenn sie zur Gewohnheit geworden ist, unbewußt kontrolliert wird, ist eingeladen zusammenzukommen, einfach um zu erleben. Sie schlagen sich nicht gegenseitig auf die Schultern, um zu bekräftigen oder zu bestätigen, sie berühren den anderen nicht verstohlen, um sich selbst zu bestärken, sie versuchen nicht, den anderen zu korrigieren oder zu entlasten, zu strafen oder zu verführen, sie berühren ihn nicht symbolisch wie beim Kuß oder Handschlag. Sie sind nur zusammengekommen, um den anderen zu erfahren und um in Kontakt mit ihm zu treten, in dem, auch durch die Kleidung hindurch, ein Austausch von Vitalität stattfindet, einfach weil wir alle lebendig sind und Energien abgeben und Sinne und Bewußtsein haben, um Leben wahrzunehmen, wenn wir nur soweit zur Ruhe kommen, daß dies möglich wird. Selbst wenn wir nur ein wenig von unserer Zweckbetontheit aufgeben können, kommt soviel Lebendigkeit zutage, daß wir alle ihre Auswirkung spüren.

Das Zulassen eines einfachen Kontakts läßt uns die natürliche Bestärkung erleben, die der Lebende für den Lebenden bereithält. Nichts anderes ist die Erfahrung von Mutter und Kind nach dem Stillen, etwa wenn sie es sanft in ihren Armen wiegt. Oder das gemeinsame Erlebnis zweier Überlebender einer Katastrophe; das Erlebnis des Friedens nach einer spontanen sexuellen Vereinigung. Oder die einfache Erfahrung, aus der unbelebten Welt des Hauses in die lebendige Welt des Gartens zu treten. Jetzt, vielleicht zum erstenmal, wird sie ausdrücklich von uns erbeten, so einfach wie man einen anderen um ein Glas Wasser bitten würde. Kein Wunder, daß fast ein jeder berührt, ja bewegt ist; und kein Wunder, daß wir jahrelang daran arbeiten können und es auch tun und langsam unsere verschlungenen inneren Wege, die den Strom solcher Erlebnisse hemmen oder zulassen, mehr und mehr öffnen.

Es mag bei diesen Experimenten in jeder Phase hilfreich sein, eine Unterbrechung zu gewähren, in der wir unsere eigenen Hände oder auch die Hände eines anderen näher kennenlernen, genau so, wie wir in einem früheren Kapitel unsere Füße untersucht haben. Selbst wenn unsere Hände nicht wie unsere Füße den ganzen Tag eingepackt sind, wir sie vielmehr dauernd benutzen, haben wir uns daran gewöhnt, sie immer mehr auf charakteristische Weise einzusetzen, so daß wir einander am Händedruck fast ebensogut erkennen wie am Klang der Stimme. Wenn unsere Hände aber wirklich ihren Weg zu den Formen, die sie berühren, finden sollen, dann müssen sie diese erworbenen Gewohnheiten aufgeben und ihr natürliches Potential wiedergewinnen. Dabei kann ein gründliches Eindringen in ihre Struktur und ein Durchkneten ihrer Muskulatur sehr hilfreich sein. Das Vergnügen, das die Wiederentdeckung der ursprünglichen Beweglichkeit begleitet, ist ein wirksames Mittel gegen die Gewohnheit, die stets diese Beweglichkeit zu verringern neigt. Wenn wir dann zurückkehren, um die Konturen unseres Partners zu suchen, wird sicher auch diese neue Lockerheit für uns von zusätzlichem Interesse sein.

Eine Reihe von Variationen dieses grundlegenden Experiments sind möglich, zum Beispiel die Hände zum Kopf des anderen zu bringen. Viel Empfindungsfähigkeit liegt verborgen in den Konturen der Stirn oder in der komplizierten Verbindung von Knochen und Muskeln, dort, wo Nacken und Schädel sich treffen. Hier, wo so viele Kopfschmerzen ihren Ursprung haben und wo so viele schmerzliche Erlebnisse sich eingenistet haben, existiert Gewebe, das auf solchen Kontakt dankbar reagiert. Das weiß jede Mutter, die den schweren Kopf ihres Kindes gehalten oder eine ruhige

Hand auf seine Stirn gelegt hat, wenn es Fieber hatte. Jeder Besitzer eines Hundes oder einer Katze und jeder Pferdeliebhaber kennt diese Stellen. Unsere Gewohnheit ist es natürlich zu streicheln, zu kraulen oder zu tätscheln, und sicher besteht unser Lohn in der wachen Reaktion des Tieres. Wenn wir aber versuchen würden, mit der gleichen Sorgfalt und Anteilnahme, auf die wir in unseren Kursen hinarbeiten, in Kontakt mit dem Tier zu kommen, ohne zu vergessen, daß sein Sinn für Zeit und Rhythmus sehr verschieden von dem unseren ist, so könnten wir wohl eine erstaunliche neue Beziehung und eine uns noch unbekannte Ähnlichkeit zwischen Mensch und Tier entdecken.

Eine ähnlich reiche Erfahrung mag es sein, wenn man die Füße oder die Knie eines anderen mit den Händen hält oder umschließt. Man lernt dann verstehen, warum eine Photographie nie eine Skulptur ersetzen kann. Denn durch die beweglichen Hände erreicht eine Dimension das Bewußtsein, die die Augen allein nicht erfassen können, ganz gleich, wie tief ihr Blick oder wie scharf ihr Brennpunkt ist.

Kontakt kann auch ausprobiert werden, wenn zwei miteinander in Berührung kommen – wenn sich zum Beispiel im Stehen die Handflächen von beiden treffen oder wenn sie gegenseitig ihre Schultern berühren. Die Augen können dabei geschlossen oder der Blick kann gesenkt sein, so daß wir nur unseres Partners Gestalt und sein Atmen wahrnehmen.[17] Unseres eigenen Atmens bewußt, können wir die Art, wie wir dem anderen begegnen, mit der Art vergleichen, wie wir zum Boden kommen – wobei wir sorgsam prüfen müssen, ob wir solche Vergleiche mit kritischem Verstand und Auge machen, wie man es uns gelehrt hat, oder ob wir es einfach wahrnehmen.

Und wenn die beiden Partner in Bewegung geraten, ist dann eine Bewegung möglich, in der keiner von beiden führt oder treibt, wo Augen und Geist ruhen, wo die beiden eine lebende Brücke bilden – vom Boden unter den Füßen des einen bis zum Boden unter denen des anderen?

Aber warum treffen sich unsere Augen nicht? Vermeiden wir diese Vollendung einer Verbindung zum anderen? In jedem der Kurse, die ich hier beschreibe, wird es Leute geben, die es als äußerst unangenehm empfinden, auf den Blick in die Augen des anderen zu verzichten. In diesem »Zeitalter der Begegnung« mag sich der Leser wohl fragen, warum ich rate, die Augen bewußt zu schließen oder zu senken.

Überdies: Ich rate zu einer nonvisuellen oder halbvisuellen Verbindung – ja sogar zu einer, die in halbgewollte beziehungsweise ungewollte Bewegung übergehen kann –, aber weise ich nicht mit einem so völlig auf die Sinne bezogenen Kontakt ins Sexuelle? Ich glaube, ich sollte dieses Kapitel mit einigen Sätzen bezüglich meiner persönlichen Anschauung über Augenkontakt und genitalen Kontakt abschließen – die beiden Arten, die mir sowohl die verbreitetsten als auch die meistbeachteten und lebendigsten zu sein scheinen. In beiden spielt auch die Unterscheidung zwischen einfach und komplex eine Rolle.

Genauso wie unsere Sexualität ist meiner Ansicht nach auch der Gebrauch der Augen zwanghaft geworden. Durch die Ängste und Unsicherheiten, die bei so vielen von uns in der Kindheit wurzeln, ungeduldig geworden, suchen wir lieber spektakuläre *Durchbrüche,* als daß wir unseren Weg in Ruhe und mit Geduld auf Pfaden erspüren, die unserer Natur und unserem Körper eher entsprechen. In unserem modernen amerikanischen Glauben, daß es für alles ein Schnellverfahren gibt, besteht eine weitverbreitete Tendenz, einen tieferen Kontakt durch direkten Einsatz der Augen zu erreichen – eine Art Durchtrennung des Gordischen Knotens. Sicher mag das sehr starke, oft unmittelbare Wirkungen haben. Aber das ist kein Erfühlen. Wenn man einander, außer in der Liebe oder in langerprobter Freundschaft (wo es manchmal, wenn auch selten, als Vorwurf oder Bestärkung nötig ist), nachdrücklich in die Augen schaut, dann hat das die Aufhebung, nicht eine Vertiefung des Fühlens zur Folge. Betontes Ansehen bedeutet häufiger, daß man sich dem anderen gegenüberstellt, als daß man ihn wahrnimmt, und eher, daß man ihn herausfordert, als daß man ihn zu einer Antwort einlädt – ganz zu schweigen von den vielen Gelegenheiten, bei denen man einfach versucht, den anderen mit dem Blick zu besiegen. Denn wir Amerikaner haben kaum mehr die Augen, die wir als Kinder hatten, noch unberührt von Konkurrenzkampf und Zielstrebigkeit. Wir haben nicht den einfachen, grimmigen, freundlichen oder ausweichenden Blick der primitiven Kulturen oder den offenen, forschenden Blick der Tiere. Wir können auf diese natürlichste aller Kontaktarten hinarbeiten, aber ich glaube nicht, daß wir dadurch etwas beschleunigen können. In unseren Kursen mögen wir, wenn wir uns überwunden haben einzusehen, daß es kein *Ausweichen* ist, wenn wir die Augen des anderen meiden, einen flüchtigen Blick auf ihn wagen, so wie wir einen schnellen Blick in die Sonne wagen würden, wenn wir die Belichtungszeit unserer Kamera der Helligkeit anpassen, die an einem klaren Tag blitzartig und an einem bedeckten Tag langsamer durch die Öffnung strömt. Mehr als das ist nach meinem Gefühl im allgemeinen nicht von Nutzen für unser Lernen – wenigstens nicht vor einem sehr fortgeschrittenen Stadium. Das »Eyeballing«, das heißt sich lange in die Augen zu sehen, mag als Technik bei

Kontaktübungen durchaus nützlich sein, aber es braucht einen anderen Film als den, welchen wir benutzen, eher einen emotionellen als den der Sinneswahrnehmung. In unserem Vergleich würde das Resultat mit größter Wahrscheinlichkeit eine Überbelichtung anstelle eines klaren Bildes sein.

Die Augen wurden früher die »Fenster der Seele« genannt. Wenn wir an uns selbst als Ganzheit gearbeitet haben und soweit gekommen sind, daß wir unsere Augen für die Augen des anderen wie Fenster sein lassen können, die offen sind für das Kommen und Gehen der Luft, ohne unseren Herzschlag oder Atem oder den des anderen zu hemmen, dann, und *nur dann*, möchte ich sagen, können wir mit unseren Augen sehen wie mit wahrhaftigen Wahrnehmungsorganen anstelle von Instrumenten der gegenseitigen Beeinflussung.[18] Das würde ich als »einfachen Kontakt« bezeichnen.[19]

Es könnte ähnlich als Ausflucht erscheinen, wenn ich sage, daß unsere Arbeit mit einem Partner in Ruhe und Gegenseitigkeit weder sexuell noch asexuell ist. Sie kann sicher ebenso grundlegend sein für Liebe wie für Freundschaft, Tanzen oder eine Unzahl von praktischen Tätigkeiten, wie zum Beispiel das Paddeln in einem Kanu oder der Transport eines Klaviers oder die Verlegung von Dachsparren – um einige zu nennen, in denen ich Erfahrung habe. Aber ebenso wie wir über einen langen Zeitraum hinweg auf die Entdeckung unserer angeborenen Fähigkeiten zu einer freien Begegnung der Augen hinarbeiten können, so führt unsere Arbeit mit einfachem Kontakt schließlich auch auf eine gleichwertige und gleichlaufende Freiheit in jener anderen wesentlichsten Beziehungsmöglichkeit, unserer Sexualität.

In einer Kultur, in der die Sexualität, ebenso wie *genaues Beobachten,* für das Kind scharf getrennt worden ist vom übrigen Leben des Organismus – gewöhnlich zunächst unterdrückt und dann dringend gefordert –, kann sie nicht so einfach ihren rechtmäßigen Platz finden. Für Menschen aber, die soweit gekommen sind, den Orgasmus ebenso wie eine volle Begegnung der Augen als etwas zu betrachten, das nicht nur zugelassen, sondern *erreicht* werden kann, wird das Erlernen des einfachen Kontakts von besonderer Bedeutung sein.

## Aktiver Kontakt

Es ist sicher ein starkes Erlebnis, sich gemeinsam mit einem anderen einem Energie-Strom zu überlassen, und ein noch viel stärkeres, wenn es nicht nur einer ist, sondern viele. Wer ist nicht überwältigt angesichts einer plötzlichen, unvorhergesehenen Kehrtwendung eines Vogelschwarms? Wenn viele zusammen singen oder sich bewegen – Chöre, singende Arbeitskolonnen oder tanzende Volksstämme –, dann können Energien freigesetzt werden, denen man nicht widerstehen kann und die dann entweder auf natürliche Weise von der Umgebung aufgenommen werden, so wie die Wellen das Ufer umspülen, oder die zuweilen, wenn sie von einem allgemeinen Bedürfnis gesteuert werden, wahre Wunder an Tatkraft bewirken. Diese Wechselbeziehung kann man auch beim einfachen Kontakt mit einem anderen Menschen, so wie es im letzten Kapitel beschrieben ist, entdecken, und es mag auch ein ähnliches, wenn auch ruhigeres, erhöhtes Seinsgefühl dabei entstehen.

Eine viel vertrautere Lebenssituation ist aber dann gegeben, wenn wir ganz bewußt und absichtlich für jemanden etwas *tun*, eine Lebenssituation, in der unsere Kontakte nicht einfach und gegenseitig sind, sondern vielmehr Vehikel, durch die einer handelt und für den anderen etwas getan wird. Das ist die spezifische Situation des Arztes, der Krankenschwester, des Therapeuten, des Masseurs und so weiter auf der einen Seite und des Patienten auf der anderen; des Beraters und seines Klienten; des Lehrers und Schülers. Es ist in der Tat die normale Funktion der meisten täglichen Wechselbeziehungen innerhalb und außerhalb des Hauses. Wir wirken vor allem dauernd auf unsere Kinder ein oder tun etwas für sie. Und alles, selbstverständlich, mit den besten Absichten.

Wenn wir an die vielen Fälle denken, in denen unterprivilegierte Kinder als Erwachsene unbeschadeter davongekommen sind als die privilegierten – wenn nämlich die Eltern, obwohl sie nicht in der Lage waren, ihnen materielle Güter oder Wege zum Erfolg zu verschaffen, sich an ihren Kindern als Menschen erfreuten und ihnen vertrauten –, dann müssen wir alle unsere guten Absichten neu bedenken und überprüfen. Es ist wahr, was man sagt, nämlich daß es die guten Vorsätze sind, mit denen der Weg zur Hölle gepflastert ist – und nicht etwa nur die nie verwirklichten Vorsätze, sondern mehr noch die, die wir verwirklicht haben.

Wir müssen daher im wesentlichen sensitiv und angemessen mit einem anderen umgehen lernen. Wir werden sehr bald bemerken, daß dies kaum anders ist, als mit Dingen umzugehen. Es ist nur komplizierter. In beiden Fällen hat unser Tun nur in dem Maße eine Funktion, in welchem unsere Wahrnehmung unvoreingenommen und unser Reaktionsvermögen unbehindert ist. Ob Boris Becker ein As schlägt oder eine hellwache Mutter ihr Baby feinfühlig und sicher hochnimmt, ist im Grunde das gleiche Phänomen – die volle und unmittelbare Reaktion auf eine gegebene Situation.

Es gibt in unseren Gruppen viele Arten, miteinander etwas zu tun oder Situationen zu schaffen, in denen wir uns als »Helfer« bezeichnen können. Zum Beispiel kann einer auf dem Boden liegen, während ein anderer seinen Arm oder sein Bein hebt oder senkt, in ähnlicher Weise, wie ich diesen Vorgang bereits als Experiment für eine einzelne Person beschrieben habe. Es gibt natürlich im vorliegenden Fall viel mehr Möglichkeiten, denn der Liegende kann die angebotene Hilfe annehmen oder sich gegen sie wehren, oder er kann die Arbeit allein tun oder diese drei Möglichkeiten irgendwie kombinieren. Auch der Helfer kann, häufig unbewußt, sich auf sehr verschiedene Arten verhalten.

Bei folgendem Experiment wird der Liegende gebeten, sich Zeit zu nehmen, ruhiger zu werden und eine Stellung einzunehmen, in der er bequem liegt. Er gibt ein Zeichen, wenn er soweit ist, daß der andere sich ihm nähern kann. Das schaltet die Reflexreaktion aus, die bei einer abrupten Annäherung zu erwarten wäre. Der andere, der sich dort hingekniet oder hingesetzt hat, wo er gut arbeiten kann, nimmt dann den Fuß und hebt das Bein ruhig ein paar Zentimeter vom Boden weg, wobei er dessen Gewicht wahrnimmt. Dieses Gewicht kann sich, während das Bein gehalten wird, spürbar verändern, je nachdem, ob der Liegende es seinem Helfer mehr anvertraut oder eher zu entziehen versucht; der Helfer mag sogar Spannung oder Entspannung in Leiste und Oberschenkel sehen, ebenso wie Veränderungen in der Atmung. Er trägt das von ihm gehobene Bein und fühlt, wenn möglich, was zwischen Bein und Rumpf vor sich geht – er bewegt es vielleicht vorsichtig ein wenig hierhin und dorthin, achtet darauf, daß er nichts erzwingt, und senkt es dann wieder zum Boden hin. Das ist das ganze Experiment; es dauert vielleicht fünf Minuten. In neun von zehn Fällen fühlt sich das Bein für den Liegenden leichter, länger und lebendiger an, sogar oft die ganze Seite, an der gearbeitet wurde. Was aber geschah in Wirklichkeit?

Wie bei der einfachen gegenseitigen Berührung kann auch hier wieder die Dankbarkeit dafür, daß wir von einem anderen mit Sorgfalt behandelt wurden – und nicht mit Grobheit manipuliert – überwältigend sein. Ein einfaches, sorgsames Schenken von Beachtung wird als Liebe empfunden. Wir sind noch weit entfernt von jeglicher ›Kunst des Liebens‹, wie Erich Fromm sein Buch betitelt hat: Wir werden auf sie hinarbeiten. Aber im Erlernen dieser Kunst werden wir weder nach Techniken verfahren noch uns mit Gedanken über Liebe beschäftigen. In einem Garten pflanzen wir nämlich keine Blumen, sondern wir begraben Samen. Wenn wir für die Erde sorgen, werden die Blumen von selbst aufblühen.

Auf die Frage, was sich ereignet hat, mag es bewegende Äußerungen über Vertrauen und Freundlichkeit geben. Aber wir müssen uns mehr mit bestimmten Einzelheiten auseinandersetzen. War das Bein schwer oder leicht? Häufig war es sehr leicht, und wenn man dem nachgeht, wird sich der Helfer daran erinnern, daß der Liegende viel von der Arbeit selbst getan hat, anstatt sich tragen zu lassen. War das dem Liegenden bewußt? Gewöhnlich nicht. Vielleicht taucht aber eine Erinnerung daran auf, daß der Helfer einem nicht genügend Sicherheit bot und unschlüssig schien, daß er beim Helfen die Stellung wechselte oder vielleicht zu hart zufaßte, was ein völliges Anvertrauen des Gewichts erschwert haben mag. Vielleicht waren seine Bewegungen auch zu schnell, und der Liegende hatte nicht genügend Zeit, die Situation voll wahrzunehmen und die Bewegungen zu akzeptieren und zuzulassen. So hat dann der Liegende die Führung übernommen, entweder durch Widerstand oder eigenes Agieren.

Wenn so vieles unzulänglich war, wie kann es dann in so vielen Fällen dazu kommen, daß der Liegende – hier und da bis zu Tränen – gerührt war? Vielleicht weil der Helfer sich genug Zeit ließ und dadurch spürte, was unangebracht war und einer Veränderung bedurfte, was wiederum den Liegenden veranlaßte, ebenfalls eine Veränderung vorzunehmen. Und da öffnete sich für einen Moment eine Tür, von der keiner wußte, daß es sie gab, und erlaubte einen flüchtigen Blick in die Welt wirklicher Beziehung.

Ebenso wie das Bein als zu leicht empfunden werden mag, so kann es auch als zu schwer empfunden werden. Der Grund ist fast nie, daß jemand der Aufgabe physisch nicht gewachsen ist. In beiden Fällen war wahrscheinlich der Liegende in dem Augenblick nicht in der Lage zuzulassen, daß etwas für ihn getan wurde. So leitete er die Tätigkeit selbst, oder die Muskeln in seinem Becken sperrten sich dagegen. Der Helfer seinerseits traf auf Widerstand, wurde womöglich ungeduldig und versuchte, das Bein zu schütteln oder den Widerstand zu brechen, wodurch er ihn nur verstärkte.

Überdies haben außerordentlich wenige Menschen wirklich geübt, etwas anzuheben, und haben sich auf das, was die Aufgabe verlangt, weder im Sitzen noch in irgendeiner anderen Stellung sorgfältig vorbereitet. Infolgedessen mühen sie sich ab und sind nicht in der Lage, die Ruhe und Sicherheit zu bieten, die zum Nachgeben einlädt. Einige werden auch noch feststellen, daß ihr Bein unsanft in das Hüftgelenk gestoßen wurde, anstatt dort feinfühlig gelockert zu werden.

Nach einigen Versuchen aber, bei denen die Teilnehmer Zeit hatten, sich an das Experiment zu gewöhnen und ihrer Aufgabe etwas sensitiver und differenzierter nachzukommen, wird fast jeder die neue Erfahrung dabei genießen. Wenn richtig daran gearbeitet wird, kann ein erfüllendes und schönes Experiment daraus werden. Denn wenn man auch nur versuchsweise die Tragkraft eines anderen annimmt, wenn man beginnt, sich dem anderen stärker zu überlassen, dann wächst tief in den Geweben die Erkenntnis, daß menschlicher Kontakt nicht notwendigerweise manipulativ sein muß, sondern daß er unterstützend und gebend sein kann.

Ich habe erwähnt, daß wir weder darauf aus sind, Techniken zu erlernen, noch nach einer »korrekten« Ausführung trachten. Gegenstand unserer Betrachtung ist die Erde, in der die Pflanze heranwächst. Scheint die Erde hart zu sein, so können wir Mittel finden, sie zu lockern; sehen wir Unkraut, so können wir es entfernen. Wir arbeiten einfach darauf hin, einer Aufgabe mit größerer Ruhe und mehr Gegenwärtigkeit zu begegnen, mit weniger Gedanken und offeneren Sinnen. In einem Experiment wie dem Heben des Arms oder des Beins eines anderen haben wir Augen, um zu sehen, und Hände, um zu fühlen, was nötig wird.

Ganz einfach ausgedrückt geht es um nichts anderes als darum, »völlig anwesend zu sein« – wie Charlotte einmal einen Workshop genannt hat. Nicht nur geistig, wie die Worte häufig interpretiert werden, sondern in allem: im Rücken, im Bauch, in Armen und Beinen, in Geist und Herz, völlig anwesend für das, was man gerade tut und wem und was man gerade dabei begegnet. Wenn das der Fall ist, dann wird auch der Atem mitmachen.

Zum Beispiel sind manche Arten zu sitzen völlig unangebracht. Sie machen eine wirkliche Teilnahme an der jeweiligen Arbeit unmöglich. Wenn aber das Interesse wächst und wenn man schließlich stärker auf die Aufgabe eingestellt ist, dann werden die meisten anfangen, von einer sitzenden oder knienden Haltung aus zu arbeiten, in der das Anheben des Beines auf natürliche Weise einen sanften Zug weg vom Rumpf zur Folge hat. Dies erhöht gleichzeitig die Fertigkeiten des Helfers, also auch den freien Fluß seiner Energie und den ungehindert strömenden Atem. Dann wird das Experiment von den Beteiligten als einfach und angenehm empfunden, und der Liegende wird sich in der Regel deutlich befreit fühlen und eine ganz neue Verbindung mit dem tragenden Boden spüren.

Das letztere ist von größter Wichtigkeit, denn die Empfindungen beim Geben und Empfangen sind nur ein Teil der weit umfassenderen Frage, wie wir im allgemeinen in unseren Beziehungen geben und empfangen, besonders in Verbindung mit der uns ständig umgebenden Luft und dem tragenden Boden unter uns. Der Helfer ist nur ein Mittel, wenn auch ein lebendiges. Er spürt und genießt seinen Anteil, uns für die gesamte Umwelt aufzuwecken.

## Arbeiten mit Gegenständen

Die Aufgabe, mit anderen zu arbeiten, weckt in den meisten Menschen Interesse. Wir finden es aber häufig schwierig, darin mit unserer ganzen Person aufzugehen. Anstatt den zu sehen und zu fühlen, mit dem wir arbeiten, sind wir mit Selbstbewertung beschäftigt. Machen wir es richtig? Sind wir sensitiv genug? Kommen wir bei dem anderen an? Empfindet er uns als freundlich, kräftig genug, sorgfältig und so weiter?

Alle diese Erwägungen sind Barrieren zwischen beiden, da sie die Aufmerksamkeit des Helfers auf sich selbst lenken und seinen Kontakt mit dem anderen vermindern. Ebenso hinderlich ist die Neigung, irgendeine gelernte Technik, wie man andere behandeln sollte, anzuwenden. Und eins der größten Hindernisse ist eine kritische Einstellung dem gegenüber, dem man als Partner hilft. Wesentlich ist die Wahrnehmung der Muskelreaktionen unseres Partners auf die Hilfe, die wir ihm bieten. Darin besteht seine nonverbale, gewöhnlich unbewußte Mitteilung an uns, mit der er direkt unsere Intuition anspricht. Nur aufgrund solcher Wahrnehmung können wir angemessen vorgehen. Ihn aber zu kritisieren oder zu bewerten, wie wir es gelernt haben, hieße, Gedankengebilde zwischen uns und ihn zu schieben und so die volle und direkte Verbindung, an der wir uns allein orientieren, zu verlieren.

So mag es hilfreich sein, erst einmal mit der Arbeit mit unbelebten Objekten zu beginnen, die uns nicht auf diese Weise beschäftigen. Jeder Gegenstand ist willkommen. Tatsächlich wäre es ideal, Dinge zu wählen, mit denen wir im täglichen Leben sowieso umgehen: Messer und Gabeln, Pakete, Möbel, Porzellan, Reißverschlüsse ebenso wie Arbeits- oder Spielmaterialien. Charlotte und ich arbeiten gern mit Steinen, von denen man so viele schöne Exemplare an Stränden und in Flußbetten überall in der Welt findet.

Was können wir von einem Stein lernen? Zunächst einmal: Er ist einfach da. Er hat keinen direkten Nutzen, er verrät weder eine Absicht noch eine Richtung, und er hat keine Interesse. Aber ohne Zweifel: Er existiert.

Wenn wir den Stein so halten, daß wir ihn deutlich sehen können, so mag er uns durch seine Form und seine natürliche Zeichnung anziehen. Wenn wir aber unsere Augen schließen, verändert sich alles: Zeichnung und Farbe sind verschwunden; sehr wahrscheinlich wird er plötzlich kalt. Wir fühlen wahrscheinlich etwas mehr von seiner Form und spüren sein Gewicht.

Wie könnten wir sein Gewicht deutlicher spüren? Viele werden den Stein nun leicht schütteln oder fester halten und versuchen, es zu berechnen. Aber gibt es irgendwelche Veränderungen, die wir in uns selbst zulassen könnten, um besser spüren zu können? Leitet zum Beispiel das Handgelenk die Wahrnehmung des Steines weiter? Und der Ellbogen? Und die Schulter? Vielleicht betrifft es sogar die Art, wie wir sitzen. Betrifft es auch unser Atmen?

Das kann schwierig und ermüdend werden. Anstatt daß uns das Gewicht des Steines deutlicher wird, spüren wir unsere eigenen Schwierigkeiten. Es ist das alte Problem, daß wir uns gehemmt fühlen, anstatt *in* uns selbst bewußt zu werden.

Wir wollen den Stein in die andere Hand legen. Für sie mag er eine klarere Form und ein deutlicheres Gewicht haben. Was spüren wir jetzt, wenn wir ihn nicht ansehen? Wie halten wir ihn? Jetzt bemerken wir vielleicht, daß wir den Stein mit Daumen und Fingern fest umschließen oder ihn pressen, während wir ihn doch lediglich tragen und spüren sollten. Wenn wir unseren Griff lokkern, können wir sein Gewicht noch auf der geöffneten Handfläche spüren, und der Stein hat nur noch die Handfläche unter sich, die er braucht, um nicht zu fallen.

Jetzt ist aber etwas anderes geschehen. Wo ist die Form? Wir haben sie verloren, als wir unseren Griff gelockert haben. Es war aber gerade seine Form, die ihm seinen Charakter gab.

Uns wird klar, daß wir den Stein, wenn wir ihn entdecken wollen, weder umklammern noch den Kontakt mit ihm verlieren dürfen. Wir müssen uns unserer Neigungen, entweder zu kontrollieren oder die Verbindung aufzugeben, bewußt werden. Manch einer, der für diese Erkenntnis reif geworden ist, wird begreifen, daß wir, wenn wir den Stein wirklich fühlen wollen, gleichzeitig uns selbst fühlen müssen – unsere eigene bewegliche, sensible, forschende Natur. Manche von uns beginnen nun, mit Handfläche und Fingern den Stein zu suchen, so wie wir vorher unseren eigenen Körper oder die Schulter eines anderen gesucht haben, wo wir, ohne zu drücken, von allen Seiten gekommen sind, um feiner wahrzunehmen.

Nach einiger Zeit werden wir wahrscheinlich eine Pause einlegen und uns ausruhen. Dann werden wir neu zum Sitzen kommen und unseren Stein wieder nehmen. Jemand bemerkt, daß die Temperatur des Steins sich in der Zwischenzeit geändert hat. Also ist ein Stein nicht unveränderlich. Wir finden auch, daß sich seine Form verändert, wenn wir ihn von verschiedenen Seiten berühren; er ist runder, wenn wir ihn auf der einen Seite, flacher, wenn wir ihn auf der anderen Seite halten.

Wir wollen ein neues Experiment versuchen, nämlich den Stein drücken. Er widersteht dem Druck. Was spüren wir jetzt außer seiner Härte und dem Druck, den wir nicht nur auf den Stein, sondern auch auf unser eigenes Gewebe ausüben? Wir wollen den Druck immer mehr verringern, bis der Stein wieder einfach in unserer Hand ruht. Ist mit seinem Gewicht etwas geschehen? Manche werden vermutlich sagen, der Stein habe, als sie ihn drückten, überhaupt kein Gewicht mehr gehabt.

Experimente dieser Art können von entscheidender Bedeutung für uns sein. Wir sind tief verstrickt in eine Kultur von Normen, Statistiken und Messungen, in der wir uns der Welt nur indirekt, wie durch einen Neckermann-Katalog nähern. Es ist ja zweifellos praktisch, Kauf und Verkauf beispielsweise über das Gewicht zu regeln oder das Fieber eines Kranken zu messen. Wir suchen das abstrakte Symbol um seiner selbst willen: Fußballtreffer, Persönlichkeitsfragebogen und so weiter. Um mit den Worten Korzibskys, des Begründers der General Semantics, zu sprechen: Wir verwechseln die Landkarte mit dem Land selbst.

Mit anderen Worten: Wir beurteilen die Dinge nicht mit unseren Sinnen und Erfahrungen, sondern mit Hilfe eines dritten, rein schablonenhaften Faktors. Unser Stein wird den Zeiger einer guten Waage stets auf den gleichen Punkt bringen; das steht aber in deutlichem Gegensatz zu dem, was wir gerade entdeckt haben: daß das Gewicht eines Steines sich ändern kann. Als wir Kinder waren, waren unsere Erfahrungen unzweideutig, so daß derselbe Schnee in einem Augenblick Entzücken bedeutete und im nächsten ein Unglück; daß der Weg zur Schule kurz war an einem Tag und lang an einem anderen, und daß der Stein, der uns sehr leicht schien, als es uns gutging, sehr schwer werden konnte, wenn wir krank waren. Und wir stellten fest, daß überall direkt unter der Oberfläche unserer konventionellen, »objektiven« Welt eine vergessene Welt überwältigender Echtheit liegt, die keine fremde Welt, sondern *unsere* ist.

Es ist deutlich geworden, daß das, was wir von einem Stein

wahrnahmen, davon abhing, *wie wir uns ihm gegenüber verhielten.* Als wir einen Weg zu einer stärker fühlenden und volleren Verbindung mit ihm fanden, nahmen wir mehr wahr, so wie es auch bei der Arbeit mit dem Partner der Fall war; und in ganz ähnlicher Weise wurde der Boden weicher oder nachgiebiger, als wir selbst mehr nachgaben.[20] Form und Gewicht des Steines, die für unsere Wahrnehmung zu verschwinden drohten, als wir den Stein drückten oder uns zu entspannen versuchten, kamen als wesentliche Charakteristika wieder zum Vorschein, als wir herausfanden, was nötig war, um ihn wahrzunehmen und einfach zu tragen. Wenn wir nun unser Geschirr oder unsere Kleider waschen, oder die Zutaten für das Kochen vorbereiten, dann können diese wichtigen Arbeiten – die von unserer Kultur als unangenehm und minderwertig abgestempelt worden sind und derer uns die Industrie vollständig berauben möchte – ebenso interessant wie Autofahren sein und viel befriedigender als Fernsehen werden.

Charlotte gab vor einigen Jahren in New York ein Seminar zusammen mit Alan Watts über die japanische Teezeremonie. Zuerst sprach Alan morgens über die Geschichte der Zeremonie und ihre Verbindung mit dem Zen. Dann arbeitete Charlotte mit der Gruppe eine Stunde lang daran, zur Ruhe zu kommen, vom Stehen zum Sitzen zu kommen und im Sitzen die Hand auszustrecken, um einen Stein auf dem Boden zu berühren. Das Nachmittagsprogramm fand unter einer ähnlichen Aufteilung von Theorie und Praxis statt. Am nächsten Morgen legte Alan seine buddhistischen Gewänder an, stellte die hibachi, die Schalen und Schöpfkellen und andere Kultgegenstände des alten Rituals bereit und veranschaulichte die Eigenart und Funktion jedes einzelnen. Dann arbeitete Charlotte, wie ich es soeben beschrieben habe, an der Wahrnehmung des Gewichtes von Steinen: sie aufzuheben und wieder zum Boden zu bringen, und schließlich, wie man sie in der Gruppe weitergibt und empfängt und sich dabei voreinander verneigt. Gegen Mittag war eine gehobene Stimmung und ein Gefühl der Verbundenheit unter den verschiedenen Leuten deutlich spürbar. In der letzten Sitzung dieses Nachmittags bat Alan drei Teilnehmer, sich vor die Gruppe ihm gegenüber auf japanische Art mit untergeschlagenen Beinen hinzusetzen, während er Wasser zum Kochen brachte, die Schüsseln vorschriftsmäßig reinigte, mit dem Bambusspan das hellgrüne Teepulver abmaß, das siedende Wasser mit der Bambuskelle schöpfte, den Tee zu Schaum schlug und jede Schale wie ein Sakrament erhob, bevor er sie mit einer Verneigung seinen sich ebenso verneigenden Gästen darbot.

Nur wenige Teilnehmer hatten dergleichen jemals außerhalb eines Tempels gesehen. Sie schauten mit Ehrfurcht zu. Nach Beendigung der Zeremonie machten wir für eine Viertelstunde Pause, um die Beine zu strecken und frische Luft zu schnappen. – Die Gruppe kam wieder zusammen. Als alle saßen, brachten Helfer zwei große Schüsseln in den Raum, ungefähr dreißig kleine Teller und eine Platte mit Gebäck. Charlotte bat einen Teilnehmer, einen Teller zu nehmen, sein Gewicht zu spüren und ihn weiterzugeben. So wanderten die Teller von Hand zu Hand, jeder spürte ihr Gewicht, setzte seinen nieder und gab andere weiter, immer sogfältig ihr Gewicht spürend. Ein anderer Teilnehmer reichte dann die Platte mit Gebäck herum. Jeder, dem das Gebäck angeboten wurde, legte die Handflächen zusammen und verneigte sich im japanischen gassho, ehe er einen Keks nahm, und jeder hielt den Keks in der Hand, bis alle bedient worden waren. Dann bissen wir alle hinein, schmeckten ihn und aßen schließlich. Viele berichteten hinterher, daß sie nie vorher einen Keks wirklich geschmeckt hätten.

Die Teller waren natürlich nicht richtig beschmutzt, aber jetzt begann dennoch der wichtigste Teil des Experiments. Die Schüsseln wurden mit Wasser gefüllt, eine mit Seifenwasser, die andere mit klarem, und einige Geschirrtücher wurden bereitgelegt. Der Teilnehmer, welcher der Schüssel mit Seifenwasser am nächsten saß, stand auf, tauchte seinen Teller hinein, wusch ihn, tauchte ihn dann in die Schüssel mit klarem Wasser und trocknete ihn sorgfältig mit dem Geschirrtuch ab. Alle anderen beobachteten ihn gebannt. Als er den trockenen Teller auf den Boden gestellt, das Tuch zusammengefaltet hatte und wieder zum Sitzen gekommen war, erhob sich der nächste.

Bei dreißig Leuten war natürlich nicht genügend Zeit, daß jeder die ganze Prozedur allein durchlief, deshalb hatte sich bald eine kurze Schlange vor der Schüssel mit Seifenwasser gebildet. Charlotte fragte, ob die Stehenden nur warteten, bis sie an der Reihe wären, oder ob sie nicht die Wartezeit nutzen wollten zu prüfen, ob sie für den Teller in ihrer Hand voller gegenwärtig werden könnten, ob ihre Arme und Schultern sich für ihn öffnen und ihr Atem helfen könnte, ihn zu tragen.

Denken war unnötig. Jeder konnte selbst sehen und fühlen, sei es angesichts der wunderbaren Gebrauchsgegenstände und des Rituals der Teezeremonie, sei es in dem schlichten Abwaschen und Abtrocknen eines einfachen Porzellantellers, daß alle Elemente der Wahrnehmung und der Reaktion beteiligt und alle Anmut und Magie menschlicher Gegenwart anwesend waren.

Später stießen wir unter ganz anderen Umständen in Los Angeles auf einen Mann, der nie ein solches Seminar besucht hat. Der Mann war der Koch in einem Restaurant, das auf Steaks und Salate spezialisiert war, und zu seiner Domäne gehörte der ganze Bereich, der sich auf die Theke, an der wir saßen, erstreckte, ebenso wie auf die angrenzenden Theken, wo Teller in Spülautomaten gestapelt waren und große Salatschüsseln standen, auf den Ofen, voll mit backenden Kartoffeln, den Kühlschrank, gefüllt mit verschiedenen Sorten von Steaks, und den schwarzen Grill mit dem schimmernden Stahlrahmen, wo sechs bis zwölf Steaks gleichzeitig gebraten werden konnten. Kellnerinnen erschienen und verschwanden, brachten Bestellungen, die sie schweigend auf ein drehbares Gestell legten, und servierten die Speisen, während zwei Hilfskräfte neue Teller hereinbrachten und alte hinaustrugen, Kartoffeln schnitten und butterten und dann und wann mit kühnem Schwung ein Steak auf den Grill warfen.

Die Männer waren alle schwarz, hochgewachsen und muskulös; sie hätten Preisboxer oder Tänzer sein können. Einige Kellnerinnen waren schwarz, einige weiß. Aber obgleich sie alle flink und voll mit dem endlosen Strom der Kunden beschäftigt waren und offenkundig wegen ihrer Geschwindigkeit und Tüchtigkeit angestellt worden waren, wirkte doch die ganze Szene wie um die zentrale Gestalt des Kochs herum aufgebaut, der sich mühelos wie ein zwischen Steinen plätschernder Bach in jede Richtung und oftmals in mehrere Richtungen gleichzeitig bewegte, während jeder Arm selbständig, je nach den vielen Einzelheiten seiner Tätigkeit, immer aber im Zusammenspiel mit dem anderen Arm, handelte.

Der ganze Mann stand und bewegte sich in jenem völligen Gleichgewicht eines Fisches im Wasser, und obwohl seine Bewegungen schnell wie die eines Fisches waren, so war doch nicht der kleinste Anflug von Hast oder Dringlichkeit an ihm sichtbar. Seine Augen waren, immer wenn man sie sehen konnte, völlig ruhig. Seine Lippen und Wangen waren locker, seine gesamte Gestalt ein Bild des Wohlbefindens. Keine Sorgenfurche, weder Gedanken noch Konzentration runzelten das Gesicht. Aber jedes Steak wurde auf den Moment genau hingelegt oder weggenommen, und jeder gefüllte Teller wurde für die Kellnerinnen nicht nur ohne Klappern, sondern völlig lautlos auf die Theke gestellt. Man konnte sehen, daß dieser Mann jede Bewegung spürte und bis zu ihrem Ende genoß und wie das Ende jeder Bewegung mit der Leichtigkeit und Unbeirrbarkeit des Atems eines Schlafenden in den Anfang der nächsten hineinfloß.

Jahrelang suchten Charlotte und ich, wenn wir in Los Angeles waren, diesen Schauplatz wieder auf und warteten, wenn irgend möglich, auf Plätze in der ersten Reihe. Wenn man Arbeit als einen Tanz betrachten würde, dann habe ich nie einen vollendeteren

Tänzer gesehen. Auf einer Bühne, wo er von einer Jury hätte beurteilt werden können, wäre er wohl ein Weltstar geworden. So war er nur ein vollendeter Koch.

Als wir in einem späteren Jahr wiederkamen, war er befördert worden. Es war ersichtlich, daß jeder an ihm die Souveränität und Präsenz bemerkt hatte, die er offenkundig ebenso für Menschen wie für Dinge besaß, und daß er daher zum Manager avanciert war. Er stand elegant gekleidet in der Nähe der Registrierkasse und empfing die Kundschaft; und wir konnten sehen, daß sein Blick trüber und seine Taille umfangreicher geworden war. Er stand noch mit Anmut da; aber seine Werkzeuge waren ihm genommen und die Bedeutung seiner Tätigkeit war zerstört worden. Für jeden anderen war es ein Zeichen des Erfolgs; für uns war es Anlaß zur Trauer. Hinfort verloren die Steaks etwas von ihrem Wohlgeschmack, und mit der Zeit hörten wir auf, dort hinzugehen.

Dieser Mann hatte zu den vielen konkreten Seiten seiner Tätigkeit auf eine Weise in Beziehung gestanden, wie wir es in der Arbeit mit den Steinen lernen wollen. Er reagierte, ohne nachzudenken, vollkommen und unmittelbar auf alles, von dem er sah, daß es ihn anging, und er spürte alles, was er berührte. Er *machte* nicht die Arbeit; er reagierte lediglich von ganzem Herzen auf das, was die Situation von ihm forderte. Seine Sinne waren offen, sein Geist ruhig und im Hintergrund wach für den Fall, daß er gebraucht wird, und seine Energien waren frei verfügbar.

Der Anblick dieses Mannes bei seiner Arbeit hat Charlotte und mich in einer tiefen Weise die Wirklichkeit dessen, was wir anstreben, erfahren lassen: ein Verhalten, in dem die Arbeit im Studio und das tägliche Leben grundlegend verwandt sind.

## Arbeit an der Schwerkraft

Wenn es einen Aspekt gäbe, den man aus dem einheitlichen Bewegungsablauf des Kochs, den ich soeben beschrieben habe, herauslösen könnte, dann wäre das vielleicht seine instinktive Vertrautheit mit der Schwerkraft. Die Anziehungskraft der Erde auf ihn und auf alles, das er anfaßte, wurde durch seinen Energieaufwand so vollkommen ausgeglichen, wie zwei Linsen eines Fernglases einander ausgleichen, wenn der Brennpunkt richtig eingestellt worden ist. Nirgendwo in seinen Bewegungen war er unsicher, nirgendwo war Übermaß. Das Ausstrecken seines Armes und die Feinfühligkeit seiner kraftvollen Hand, wenn er ein Steak auf dem Grill umdrehte, war von ästhetischer Schönheit; wenn er einen Teller auf die Theke stellte, war der Moment, in dem das Porzellan die Tischplatte traf, völlig gefühlt. Das Überwältigende daran war, daß diese Perfektion offenkundig in keinem Sinne als Vorführung beabsichtigt war, sondern einfach und zwangsläufig aus der Verbindung des Mannes mit den Kräften stammte, mit denen er umging.

Leider muß unsere Arbeit zum größten Teil in einem leeren Raum stattfinden. Das, worauf es uns ankommt, wird den Leuten viel eher bewußt, wenn sie mit vertrauten Tätigkeiten des täglichen Lebens arbeiten können. So war es günstig, daß es uns im Esalen-Institut einmal gelang, ein ungewöhnliches Experiment auszuprobieren.

Normalerweise gab es eine Art Kleinkrieg zwischen dem Angestelltenstab, der dazu neigte, Esalen als seine private Kommune zu betrachten, und den »Seminaristen«, die die geordnete bürgerliche Welt draußen für ein Wochenende verließen und das Personal wohl häufig zu Recht als Avantgarde-Proletarier betrachteten. In unserem Fall schien sich der Kampf in einem bißchen »Extralärm« zu äußern, wenn die Tische im angrenzenden Raum gerückt und die Stühle fürs Fegen hochgestellt wurden.

Eines Tages war das Küchenpersonal knapp an Arbeitskräften, und wir vereinbarten, daß zu einer verabredeten Zeit unsere Klasse in den Speiseraum kommen und alle sechzig bis achtzig Stühle auf die Tische stellen sollte, damit das Personal fegen könnte; danach würden wir die Stühle wieder auf den Boden zurückstellen. Das war für das Personal eine so offenkundige Ersparnis an Zeit und Aufwand, daß das Angebot angenommen wurde. Die Kursteilnehmer hatten mit Steinen gearbeitet, und als der Augenblick kam, war es nur einfach und natürlich, von Steinen zu Stühlen überzugehen. Jeder von uns nahm sich einen Moment Zeit, um mit dem Gewicht des Stuhles in Fühlung zu kommen und eine gute Verbindung zum Boden zu finden. Obwohl jede Erwähnung des Themas Lärm oder Ruhe sorgfältig vermieden worden war, wurden die Stühle fast ebenso geräuschlos hochgehoben wie sie anschließend auf den Tischen landeten. Natürlich waren einige Mitglieder des Küchenpersonals dazugekommen, um zu sehen, wie die unerfahrenen Seminaristen mit einer Arbeit aus dem realen Leben fertigwürden, und was sie sahen, überraschte sie. Nachdenklich fegten sie, und wir wurden wieder hereingerufen. Wieder geschah das gleiche. Die Stühle in unseren Händen verließen die Tische wie aus einem eigenen Impuls heraus und kamen sanft und sicher auf ihren

Plätzen unten an. Wir hätten alle vom Fleck weg angestellt werden können. Und für ein oder zwei Tage nahm der Krieg zwischen den Gruppen merklich ab.

Ich hätte mir gewünscht, es wäre möglich gewesen, auch das Fegen noch zu übernehmen und uns nach und nach in alle Tätigkeiten einzuarbeiten, die um uns herum im Speiseraum und in der Küche vor sich gingen. Bei der Komplexität von Esalen und der Kürze unseres Aufenthalts wäre eine solche Invasion natürlich völlig unmöglich gewesen. Aber im Zen-Kloster in Tassajara, Kalifornien, wo wir jedes Frühjahr eine Woche lang arbeiten, finden einige unserer Schüler tatsächlich ihren Weg in alle Arbeitsaktivitäten und mischen sich so harmonisch mit den Zen-Schülern und -Mönchen, wie die kleinen Wasserläufe sich mit dem Tassajarabach vereinigen. Was in den meisten Fällen als Eindringen in Küche und Speisekammer empfunden würde, wird hier zu einem natürlichen Zusammenwirken. So arbeiten Menschen, wenn in der Arbeit keine Konkurrenz besteht, wenn man einfach wahrnimmt, daß etwas zu tun ist, und dies dann gemeinschaftlich ausführt. Elsa Gindler, die Begründerin unserer Studien, hat mit ihren Schülern öfters am Fegen und Moppen des Fußbodens gearbeitet, wobei die aufgewandte Energie in ein direktes Verhältnis zu der vorhandenen Arbeit trat.

Aber wir können auch mit unseren Steinen gut arbeiten. Die Schwerkraft hat keine Vorlieben. Die gleichen Kräfte und Elemente sind auch hier im Spiel. Wenn wir also wieder sitzen und einen Stein nehmen, können wir zu einem neuen Anfang kommen.

Wenn wir den Stein in der Hand halten und seine Form und sein Gewicht spüren, können wir vielleicht als erstes fühlen, wie sich unser Sitzen verändern muß, um mehr innere Freiheit und leichteres Atmen zu ermöglichen. Das mag auch das Gewicht des Steines beeinflussen. Was *ist* das Gewicht? Nicht wieviel beträgt es, sondern *was* ist es? Wenn das unsere Aufmerksamkeit zu beschäftigen beginnt, dann scheint das Gewicht unseres Steines nichts anderes zu sein als die bei dem einen Stein stärkere, beim anderen schwächere Tendenz, uns irgendwohin zu führen. Wohin würde er uns führen, wenn wir ihm folgen würden? Natürlich hieße folgen: uns nicht einmischen! Wir machen einen Versuch: Es ist nämlich gar nicht so leicht, sich nicht einzumischen! Wir haben zu viele Knie und Ellbogen, zuviel Gewicht, mit dem wir uns auseinanderzusetzen haben.

Um herauszufinden was geschieht, können wir einen Teilnehmer bitten, in der Mitte zu sitzen und allein zu arbeiten, also den Stein seinem Gewicht zum Boden hinunter folgen zu lassen, während wir anderen zusehen. Der Stein sinkt unregelmäßig. Ein anderer probiert es. Diesmal geht der Stein deutlich schräg abwärts. Wie erklärt sich der Unterschied?

Wir beobachten das Verhalten des Experimentierenden. Ist er bei seinem Experiment voll gegenwärtig? Nicht ganz. Zunächst einmal runzelt er die Stirn. Das mag bedeuten, daß irgendetwas in ihm beschäftigt ist mit der Kontrolle von irgendetwas anderem und daher nicht dem Stein folgt. Außerdem scheint seine Schulter verkrampft zu sein, als ob sie etwas unter seinen Arm pressen würde, was nicht da ist. Er scheint auch nicht bequem zu sitzen, was ihn vielleicht ablenkt von den geringen Veränderungen, die nötig werden, während der Stein sinkt. Vielleicht schätzt er auch den Weg nach unten mit den Augen ab, so als könne er sehen, wohin das Gewicht ziehen *sollte,* und so ist seine Aufmerksamkeit geteilt und von der Richtung abgelenkt, wohin es *zieht.*

Wir stellen fest, daß es ein Wunder wäre, wenn jemand wirklich so durch und durch beweglich und beeinflußbar wäre, daß er dem Stein gestatten könnte, ihn zu führen.

Warum arbeiten wir dann daran, wenn es eine unmögliche Aufgabe ist? ... Aber wir wollen es noch einmal versuchen.

Wir sitzen mit geschlossenen Augen da und halten den Stein. Wohin führt er uns? Nun fragt der Leiter vielleicht: »Sind Ihre Augen ruhig?«

Nein, sie sind es nicht. Hinter den geschlossenen Augenlidern können wir fühlen, wie sehr sich die Augen mühen zu sehen, was vor sich geht.

Oder er fragt: »Lassen Sie Ihren Atem zu?« Während jede Frage langsam in uns hineinsinkt, erwacht in uns wirklich etwas und sucht vielleicht neue, unvorhergesehene Anpassungsmöglichkeiten. Es scheint, daß wir uns innerlich für den Stein aufschließen: Er wird uns gegenwärtiger; wir können wahrnehmen, wohin er uns führen würde, und anfangen, ihm zu folgen. Das ist nicht alles. Wenn wir etwas von unserer Tendenz zu kontrollieren aufgegeben haben, obwohl es uns sehr wertvoll war, sind wir auch etwas lebendiger geworden. Das konnte geschehen, weil wir angefangen haben, uns der Aufgabe mehr zu widmen. Vielleicht ist es auch nicht so wichtig, die Aufgabe zu erfüllen, als sich ihr einfach zu widmen, ob es nun unmöglich erscheint oder nicht.

Für einen gelegentlichen Betrachter werden diese feinen inneren Veränderungen unsichtbar sein. Aber für jemanden, der auf unsere Weise sehen kann, strahlt jetzt wohl jeder von uns – mögen die Steine auch noch schwanken und stocken – eine Aura von Ruhe und Gegenwärtigkeit aus.

Wir können einen anderen Ansatz wählen: Wir können den Stein auf unseren Kopf legen.

Als Vorbereitung dafür kommen wir zum Stehen. Stehen hat etwas damit zu tun, unser Gewicht sich zum Boden hinunter verteilen zu lassen. Wenn wir fühlen, daß wir uns einmischen, nehmen wir uns Zeit, dieses klarer wahrzunehmen und unsere Einmischung, soweit wir dazu in der Lage sind, aufzugeben. Veränderungen in der Balance mögen nun folgen, mehr Nachgeben in Rücken und Nacken, mehr Elastizität in Fußgelenken und Füßen und so weiter.

Wenn wir nun den Stein auf unseren Kopf legen, kann dann dieses geringe zusätzliche Gewicht bewußt durch uns hindurch bis zum Boden gelangen? Egal, ob dieses Gewicht nun oben auf unserem liegt oder nicht, der Boden empfängt es in jedem Fall. *Wir* sind es nur, die in Spannung geraten, wenn wir den Weg versperren. Ganz offenbar können wir den Stein ja nicht mehr umklammern, wie wir es konnten, als wir ihn in unserer Hand hielten. Aber manch einem wird vielleicht bewußt werden, daß sein Nacken seinen Kopf umklammert, als wolle er verhindern, daß der Stein fällt; oder daß er seinen Atem anhält oder sich in irgendeiner anderen Weise ängstlich verhält. Wenn uns dergleichen bewußt wird und wir finden, daß wir es genausogut aufgeben können, dann tritt eine Erleichterung ein, die andere Veränderungen zur gleichen Zeit mit sich bringt.

Wenn wir natürlich einfach versuchen, uns zu entspannen, dann verlieren wir nicht nur Verkrampfungen, sondern auch die Spannkraft, die wir brauchen; kurz, wir verlieren den Kontakt zu Boden und Stein. Wenn der Stein nicht ganz flach ist, wird er wahrscheinlich fallen – das ist gut, denn es mag uns wachrütteln. Wenn wir aber nur das aufgeben, was unserem Erfühlen einer besseren Verbindung zwischen Stein und Boden im Wege steht, dann wird uns das zu einem ausgeglicheneren Stehen führen und uns in eine deutlichere Beziehung zu der gesamten Umgebung treten lassen.

Unser Gewicht plus das des Steines geht durch unseren Körper hindurch dorthin, wo es einfach und sicher empfangen wird; unsere volle naturgegebene Gestalt steht aufrecht. Auf uns ruht der Stein. Unter uns liegt die Erde.

Was haben wir bis jetzt während der Arbeit mit unserem Stein entdeckt? Unter anderem hat der Stein Temperatur, Form und Gewicht, wobei jede dieser Eigenschaften unserem eigenen Zustand entsprechend wahrgenommen wurde. Für jeden Aspekt seiner Existenz haben wir entsprechende Wahrnehmungsmöglichkeiten und die nötigen Gelenke und Muskeln, die uns dahin bringen, wo wir mit dem Stein in wirkliche Verbindung kommen können.

Wir haben hauptsächlich mit Gewicht gearbeitet und gefunden, daß sich mit unserem Verhalten zum Stein auch die Wahrnehmung seines Gewichts änderte. Das traf aber nicht für die Richtung zu, in die das Gewicht uns führte. Wenn auch der Weg, auf dem wir dem Stein folgten, unseren Beobachtern unregelmäßig oder schwankend vorkam, uns schien er stets *abwärts* zu gehen. Wenn unser Richtungssinn nicht mit dem der anderen übereinstimmt, dann muß irgendwo eine Beeinträchtigung der Wahrnehmung vorliegen. Denn wenn wir den Stein fallen lassen, ist jedem deutlich, daß er nur in eine Richtung fällt. Unsere Schwäche ist offensichtlich nicht visueller Natur, es mangelt uns auch nicht am Vertikalgefühl, sie muß vielmehr kinästhetischer Natur sein, das heißt, sie liegt in unserer Fähigkeit, unsere Muskelaktivität zu spüren und einfach dem Gewicht des Steines zu folgen. Wir sind nicht feinfühlig genug zu unterscheiden, wann wir der Schwerkraft folgen und wann wir eine andere, nämlich unsere eigene Kraft einsetzen.

Etwas so Allgegenwärtiges wie dieser Zug der Schwerkraft, der den Stein immer in die gleiche Richtung fallen läßt, muß es wert sein, weiter verfolgt zu werden. Genauer genommen sollte ich es *Anziehungskraft der Erde* nennen, denn das beinhaltet alles, was wir persönlich erfahren. Auf ihre subtile Art ist diese Anziehungskraft immer am Werk. Darüber hinaus können wir uns durch ein wenig Nachdenken klarmachen, daß die Richtung dieser Zugkraft, in der der Stein fällt und in die wir uns, mehr oder weniger deutlich, auch gezogen fühlen, sich in Hinsicht auf ihre Beständigkeit von allen anderen Richtungen unterscheidet. Bei Tag und Nacht, bei Nebel oder Sonnenschein, sie ist immer da, unabhängig vom Kompaß, von der aufgehenden oder untergehenden Sonne oder vom Polarstern. Sie hat keinerlei Beziehung zu irgendeinem unserer fünf Sinne und ist für uns nur durch das alles durchdringende innere Reaktionsvermögen, das propriozeptive und kinästhetische Nervensystem, wahrnehmbar, ohne das wir weder aufrecht stehen noch uns zu irgendetwas um uns herum in Beziehung setzen könnten. Wenn wir uns Zeit nehmen, zu größerer Ruhe und Wachheit zu gelangen, beginnen diese Wahrnehmungskräfte in uns zum Leben zu kommen.

Jedes Kind und jedes Tier folgen instinktiv der Anziehungskraft der Erde; wir sehen, daß Pflanzen eine Balance zwischen der Anziehungskraft der Erde und der Lichtquelle suchen. Die Richtung dieser Zugkraft ist eindeutig. Es ist tatsächlich die einzige Richtung, in der es immer etwas gegeben hat, zu dem wir kommen können – genaugenommen etwas, auf dem wir bei fühlsamer Anpassung zum Ruhen kommen können. Vielleicht ist das einer der Gründe, warum die Erde Mutter genannt wird und warum etwas in uns sich danach sehnt, zu ihr zurückzukommen. In diese Grundrichtung, *hinunter*, die letzthin immer hinunter zur Erde bedeutet, würde der Stein uns sicher und gewiß führen, wenn wir ihm folgen würden.

Beim Arbeiten mit dem Stein auf unserem Kopf haben wir noch etwas anderes entdeckt. Als wir begannen, uns der Balance zu nähern, die nötig ist, um das Gewicht des Steins durch uns zum Boden hindurchzulassen, begannen wir zur gleichen Zeit, uns spontan aufzurichten. Die inneren Durchgänge, die sich für die Anziehungskraft der Erde auf den Stein in uns öffneten, öffneten sich auch für den Energiestrom, der nötig war, um Höhe und Breite und Tiefe in uns aufrechtzuerhalten, die unsere Organe und Gewebe zu ihrer ungehinderten Funktion brauchen. Gegen unsere erworbenen Tendenzen zur Kontrolle und Einengung waren wir genötigt, im gleichen Augenblick, in dem wir nach unten der Zugkraft der Erde nachgaben, auch nach oben und außen unseren inneren Bedürfnissen nachzugeben. Hierin unterscheiden wir uns nicht von jeder gesunden Blume und jedem Grashalm.

Das Gleichgewicht ist für menschliche Wesen genau wie für alle anderen irdischen Lebewesen also nicht allein eine Balance von Seite zu Seite wie bei ausgeglichenen Waagschalen, sie schließt vielmehr ein ebenso sorgfältiges Ausbalancieren zweier Kräfte in der Vertikalen ein, ein Prozeß, der völlig spontan geschieht, wenn er nicht durch Krankheit oder Verhaltensprägung verhindert wird. Als aufrechte Lebewesen bieten wir der Zugkraft der Erde einen Widerstand und sind deshalb auf die spontane Energieerzeugung in unserem eigenen Organismus angewiesen. Vieles von dem Wirken dieses *Metabolismus* (Stoffwechsels), wie er genannt wird, kann spürbar werden. Er ist es, der das Gefühl von Leichtigkeit und Wohlbefinden auslöst. Solange wir nicht krank sind, wird die zum Stehen notwendige Energie automatisch erzeugt. Wir stehen wie auch alle Tiere mit unserem vollen Gewicht, aber frei und mühelos und in voller Größe, jedoch ohne uns nach oben zu rekken. Wenn wir von einem Kind verlangen, gerade oder aufrechter zu stehen, wie man es auch von uns in so vielen Fällen verlangt hat, versuchen wir, den voll ausreichenden ungewollten Prozessen, die uns von Natur gegeben sind, gewollte Prozesse aufzuzwingen. Das hieße eine Lilie vergolden. Wenn diejenigen unter uns, die eine militärische oder aristokratische Haltung haben, sich darin üben, ihrer natürlichen Tendenz zu folgen, müssen sie nichts an ihrer Haltung ändern. Alles, was sie verlieren würden, wäre ihre Versklavung durch ein Vorbild und ihre Isolierung von der Welt der Wirklichkeit.

Beim Stehen mit oder ohne Stein ist nur das bewußte Spüren wesentlich, auf welche Weise unsere angeborenen Energien frei fließen können und in welche Richtung sie reagieren müssen. Dafür kann der Stein auf unserem Kopf hilfreich sein. Wenn wir in Ruhe seiner gegenwärtig werden, spüren wir sein Gewicht ständig durch uns hindurch nach unten drücken und eine ebenso starke und entgegengesetzte Energie in uns hervorrufen, nämlich nach oben hin, die unsere Glieder und unser Körperinneres auf natürliche Weise zur Erde hin ausrichtet – die uns gleichzeitig an sich zieht und gegen die eigene Anziehungskraft abstützt.

Den Weg *nach unten* kennen heißt ihn *nach oben* kennen. Den Weg nach oben kennen heißt frei stehen: nicht andersherum.

## Arbeit im Freien

Die beste Gelegenheit für das Studium der Schwerkraft bietet sich nicht innerhalb unserer Kurse, sondern im täglichen Leben: Treppen herauf- oder hinuntergehen, Lasten tragen, den Tisch decken, Geschirr hereinbringen oder abwaschen, aufstehen oder sich setzen, tanzen oder, vielleicht am besten von allem, auf unebenem Boden wandern. Unsere Sommerschüler in Maine haben oft mehr von den holperigen, waldigen Pfaden und von den felsigen Klippen gelernt als von all jenem, das wir ihnen im Studio bieten konnten. Unser größter Anteil hat tatsächlich immer darin bestanden, sie ins Freie zu führen und es dann auf die eine oder andere Weise zu bewerkstelligen, daß sie rein »praktische« Sorgen wie Wachträume aufgeben und nur die Auseinandersetzung mit der unmittelbaren Gegenwart zulassen konnten. Hierin werden wir kräftig unterstützt von der lebendigen Gegenwart der Natur.

Beim Wandern kümmern wir uns nur um den Weg; das heißt

aber nicht, daß man ständig auf Steine und Wurzeln zu achten hat, wenngleich es am Anfang sicher hilfreich sein mag. Unser Ziel ist es, wegzukommen von einem *nur* geistesabwesenden oder *nur* wachsamen Zustand. Wenn ich beim Autofahren auf der Seventh Avenue in New York stur »die Augen auf dem Weg halten« würde, dann wäre das ebenso verhängnisvoll, als wenn ich einschlafen würde. Im New Yorker Straßenverkehr mußte ich lernen, für alles, ob es steht oder sich bewegt, offen und wach zu sein, nach allen Seiten und auch nach hinten. Ich »gucke« nicht hin: Ich versuche nur, ganz da zu sein.

Das gleiche gilt für das Wandern durch die Wälder oder über Felsen. Wir brauchen nicht *mehr* hinzusehen, wo wir gehen, als ein Reh oder eine Ziege es tun. Wir haben die gleichen Fähigkeiten wie sie; uns fehlt nur die Praxis. Wenn wir wach sind, sehen wir, was wir sehen müssen, und stolpern nicht. Ebensowenig brauchen wir uns die Abhänge hinaufzumühen oder stockend bergab zu gehen. Vielleicht möchten wir hie und da ein bißchen schneller oder langsamer gehen; wir springen vielleicht die Felsen hinunter oder klettern auf Händen und Füßen hoch; wenn wir das Terrain sehen, passen sich unsere Balance und unsere Energie ihm automatisch an.

Beim Skilaufen nehmen wir das als selbstverständlich hin. Ohne sofortige und ständige Neuanpassung in Balance und Energie an die schnell sich ändernden Konturen der Hänge könnte kein Skiläufer je einen Berg hinunterkommen. Skilaufen ist meiner Meinung nach die beste aller möglichen Sportarten für das Studium von sensory awareness. Aber wir sind in diesem oder jenem Sinne alle Skiläufer, wenn wir es sein möchten und uns die Zeit dazu nehmen. Je offener unser Blick und je glatter unsere Stirn, desto leichter und müheloser gelingt es uns.

Dann und wann halten wir an der Küste von Maine eine ganze Kursstunde draußen ab. Die Gruppe trifft sich vor dem kleinen Hotel, und wenn wir alle versammelt sind, brechen wir auf zu der hohen, fichtenbewachsenen Klippe, Burnt Head genannt. Es ist vereinbart, den ganzen Weg hin und zurück schweigend zu wandern. Bei unserem Marsch mit insgesamt dreißig Leuten auf dem Feldweg den Hügel hinauf werde ich mir meiner Beine bewußt; sie erinnern mich an die kräftig nach vorne ausgreifenden Beine der Pferde, die ich geritten habe. Die anderen, die links und rechts, vor und hinter mir aufwärts steigen, erscheinen mir wie ein Reitertrupp oder ein Pilgerzug. Aber diese Assoziationen sind flüchtig und verlieren sich schnell in der komplexen Empfindung des wechselnden Terrains unter den Füßen und der verschiedenen Energien, die ich und die anderen aufwenden, wenn es mal steiler und mal flacher wird. Ich fühle, daß mein Atem stärker wird, während ich klettere; ich spüre es auch bei den anderen. Wenn man nicht spricht, strengt man sich weniger an, haushaltet ökonomischer. Wandern wird ein Wahrnehmungsexperiment.

Der Weg läßt die Häuser hinter sich und schrumpft beim Eintritt in die Wälder zu einem Pfad. Viele von uns ziehen die Schuhe aus. Unter den Füßen spüren wir Veränderungen: Gras, feuchte Erde, Fichtennadeln, Wurzeln, Steine. Von den Schuhen befreit, wird uns jede neue Oberfläche, auf die wir treffen, bewußt. Hier und da hält einer einen Augenblick an, spürt die Feuchtigkeit oder genießt die erfrischende Kühle des Bodens. Temperatur und Akustik verändern sich auch. Unter den dicht wachsenden Bäumen bedeutet Stille nicht einfach nur Abwesenheit von Geräuschen; Stille ist in sich lebendig. Man nimmt die unzähligen Organismen bewußt wahr, die Bäume, das Unterholz, die Pflanzen, die Gräser. Man kann sie fast wachsen spüren: Man kann ihre Stille und ihre Gegenwart spüren. Wir können unsere eigene Stille spüren, während wir wandern: jeder von uns mit einer neuen Würde, die man erlangt, wenn man einfach existiert, atmet, wenn das Herz schlägt, wenn man sorgsam auf den Pfad achtet und seinen Weg geht.

Einer nach dem anderen verlassen wir die schützenden Wälder und kommen zu den Granitfelsen hoch über dem Ozean. Zwischen ihnen stehen, jedem Wetter ausgesetzt, kleine, spitze Kiefern. In Löchern und Felsritzen wachsen Gräser und Lorbeerbüsche. Da gibt es winzige Wiesenflecken, in deren Gras wilde Rosen und Margariten wachsen. Einige Fuß unter uns ist der weite Ozean, eine glitzernde Fläche, die sich in endlosen Wellen kräuselt, die ewig heranbranden und sich schließlich an den Felsen in weißen Schaumkronen brechen. Wenn der Schaum zerfließt, zeigt dunkler Seetang die Flutlinie an. Um uns herum segeln Möwen unter dem blauen Himmel oder über dem dunkleren Blau des Meeres und dem Grau der Klippen. Auf diesen Felsen ist die Luft in Bewegung, und die See rauscht. In so geringer Entfernung finden wir hier eine ganz andere Welt vor als in den Wäldern, die wir verlassen haben.

Wir haben uns, jeder für sich, schweigend einen Platz gesucht, wo wir sitzen, stehen oder uns auf den warmen Felsen ausstrecken. Keiner spricht. Nicht nur wegen unserer Vereinbarung: Die Macht dieser Umgebung hält uns in ihrem Bann.

Und doch, trotz der Stille, ja der Ehrfurcht gegenüber der Natur, die in der Gruppe offenbar war, zeigen sich Einbrüche: Offensichtlich sind einige schon von Sonne und Wind in den Schlaf gewiegt worden. Andere haben ihre wahrnehmende Verbindung mit der Landschaft verloren und fragen sich nun, was als nächstes kommt. Für viele wechselt die Szene, mal ist sie wirklich, dann wieder nicht, sie wird mehr und mehr zur Ansichtskarte, zum Stereotyp konventioneller Schönheit und Inspiration und wird nicht mehr individuell erfahren. Hier und da zeigt ein altes, verwittertes Zigarettenende an, daß auch für andere Leute die Szene zu stark gewesen sein mag, um unverfälscht genossen zu werden.

Wie können wir zu uns selbst zurückkommen, eine gemeinsame Grundlage finden? Die Frage beantwortet sich selbst: *Es ist unser gemeinsamer Boden.* Was könnte angemessener sein nach dieser Flut von Empfindungen, die von außen her kamen, als jeden zu bitten, die Augen zu schließen und bewußt auf dem zum Stehen zu kommen, was gerade unter ihm ist, sei es nun nackter Fels oder lebende Vegetation?

Diese Aufforderung bringt uns in ein Gefühl von Gegenseitigkeit zurück. Wir sind nicht mehr nur passiv. Es mag für manche wichtig sein, den Boden erst zu untersuchen; für andere ist er dort, wo sie sind, sicher. Ein Element teilen alle: das Fehlen eines von Menschen gemachten Fußbodens.

Überall ist die Oberfläche der Erde uneben. Jeder Fuß und jedes Bein müssen ihren Stand finden und dementsprechend die Ganzheit unseres Körpers, so daß wir nach und nach zu einem unebenen Stehen kommen, das dennoch mühelos sein mag. Unsere bloßen Füße, erfahren durch die Arbeit in den Kursen, sind nun wach und finden die Form der Felsen und Gräser, an die wir unser Gewicht abgeben und deren Unterstützung wir benutzen können, um frei zu stehen.

Da das Sehen ausgeschaltet ist, werden uns der Wind und das Rauschen der Brandung sehr bewußt. Wir bedecken unsere Ohren mit den Händen. Durch das Dämpfen der Geräusche von außen werden wir überflutet von unserem inneren Rauschen. Nach einiger Zeit entfernen wir die Hände wieder von den Ohren. Das Brausen des Meeres erfüllt uns. Selbst die Erde unter uns erscheint uns nicht so mächtig. Wir öffnen die Augen. Himmel und Meer dehnen sich endlos vor uns aus. Unsere Füße suchen Sicherheit in dem Halt unter uns. Es ist nicht mehr nur eine Ansichtskarte.

Mit offenen Augen können wir uns langsam dort drehen, wo wir stehen, und jeder Oberfläche, auf die wir treten, sensitiv begegnen. Überall sind andere lebendige Organismen, manche wie wir; auch sie drehen sich und finden ein neues Verhältnis zur Schwerkraft, andere stehen aufrecht wie Kerzen in einem Kandelaber – wie zum Beispiel die kleinen Tannen mit ihren ringförmig ausgebreiteten Ästen und den nach oben schießenden Spitzen. Der Wind streicht durch die Tannen und bringt viele leichte Bewegungen in ihre Zweige, die unaufhörlich wieder zu ihrem Ruhepunkt zurückkehren. Auch wir mögen unsere unablässige innere Reaktion auf die Gegenwart der Luft spüren, die sanfte Bewegung beim Einatmen und die winzige, aber nie fehlende Ruhepause beim Ausatmen.

Es ist an der Zeit, unsere Erlebnisse in Worten mitzuteilen. Wir sitzen dicht beisammen, während einige ihre Erfahrungen aussprechen. Dann legen wir uns alle auf die vielen so verschiedenen Oberflächen, die sich hier bieten.

Wir sind, wenn auch vielleicht unbewußt für manche, verschiedenen Arten der Wahrnehmung begegnet. Anfangs, in einer Situation, in der die Sinneseindrücke zu vielfältig sind, um sie bewältigen zu können, haben wir uns auf einzelne Ausschnitte beschränkt, wie man es etwa beim Fotographieren mit der Kamera tut. Die Gestalten[21] bilden sich und lösen sich auf, jede nimmt zu ihrer Zeit ihren Platz ein und tritt wieder zurück: Jetzt spüren wir die Tragkraft der Erde und unsere Anpassung an sie; jetzt kommt die Welt auf uns zu über die Schwelle der Ohren; jetzt sind die Augen das Eintrittstor zu uns. Selbst beim Austauschen der Erlebnisse sind wir ausgerichtet, diesmal auf Worte und Stimmen.

Gerade hat jemand geäußert: »Ich konnte fühlen, wie die Erde mein Gewicht empfing und wie ich die Luft in mich aufnahm.« Dies ist nicht sein gewöhnlicher Stimmklang, nicht seine sonst übliche Ausdrucksweise: Er spricht mit einer Direktheit und Einfachheit, die unsere Augen auf ihn zieht. Das ist eine Aussage, die leicht pompös und kitschig klingen könnte, aber sein Gesichtsausdruck ist so echt wie seine Stimme. Es ist, als spräche die Erfahrung selbst durch ihn – sein gewöhnlich gekünsteltes Gehabe ist zurückgetreten. Wir glauben ihm. Tief in uns antwortet etwas. Er hat uns für einen Augenblick jene größere Welt zum Bewußtsein gebracht, mit der wir, auch wenn wir es selten erkennen, untrennbar verbunden sind.

In dieser einladenden Landschaft könnte man die Studioarbeit mit vielen Variationen fortsetzen. Aber es wäre sinnlos, die Umgebung, deretwegen wir gekommen sind, zu ignorieren. So bleiben wir bei dem, was sich hier speziell anbietet. Die Erde hier ist unregelmäßig: Wir können uns an den Händen fassen und mit geschlossenen Augen nach links oder rechts im Kreis herumgehen, wobei wir darauf achten, nicht zu straucheln oder uns die Zehen anzustoßen. Wir können die Hände und die Balance unserer beiden Partner wahrnehmen, durch die wir gestützt werden und die wir stützen – alles ohne Anstrengung oder Übertreibung. Jetzt ist, wie so oft, eine gute Gelegenheit, den Atem zu spüren und ihm freies Spiel zu lassen. Oder wir können alle aufs Geratewohl über die Felsen und Hügel gehen und die Freundlichkeit spüren, mit der einer gelegentlich dem anderen seine Hand zur Hilfe reicht, wenn es steil oder schlüpfrig wird. Oder wir können auf allen vieren die Hänge hinauf- und hinunterklettern und die Neuverteilung von Gewicht und Energie spüren, wenn wir Hände und Füße wirklich zu Hilfe nehmen.

Wir können immer und immer wieder mit dem Sehen experimentieren, indem wir unsere Augen schließen, dem Raum zwischen ihnen mehr Ruhe gewähren, auch den Lidern Zeit geben, ruhiger zu werden, und sie dann langsam sich öffnen lassen, ohne bewußt zu schauen, nur so, daß wir die Blätter und Gräser im Vordergrund oder die Wellen, die weit unten gegen die Felsen schäumen, oder den Horizont zwischen Meer und Himmel zu uns hineinlassen. Wir könnten Anleihen bei den formalen Studien der Meditation machen und fünf oder zehn Minuten damit verbringen, nur auf einen Gegenstand zu schauen – vielleicht einen Zweig oder eine Blume – und den Verwandlungen zu folgen, die sich ereignen, wenn unsere Gedanken ruhig werden und wenn wir uns in ihre unbekannte Welt führen lassen.[22]

Viele werden begeistert sein, wenn wir uns auf eine andere Weise unserer Umgebung bedienen und Kiefernnadeln und Lorbeerblätter abbrechen und sie zwischen den Fingern zerreiben, um ihren Wohlgeruch freizusetzen, den wir selbst riechen oder einander zum Riechen anbieten können. Auch das ist, bei aller Köstlichkeit, ein Erkunden unserer Natur und unserer Erziehung. Saugen wir den Duft zum Beispiel aktiv mit der Nase ein, wie wir es bei jedem sehen können, der etwas prüft, und wie es auch die Tiere machen, oder lassen wir den Geruch einfach auf uns zukommen?

Was würde geschehen, wenn wir unsere Nase nicht aktiv benutzten? Wir machen einen zweiten Versuch, um es herauszufinden. Das Aroma kommt bei ruhigem Einatmen zu uns, ganz von selbst, so selbstverständlich wie der Duft eines Kuchens, der im Ofen bäckt. Zum Vergleich schnuppern wir wieder. Gewiß, wir riechen den Duft auch so. Es besteht aber ein Unterschied. Beim Schnuppern ist der Geruch irgendwie auf die Nasenlöcher begrenzt, wo er beurteilt wird; unsere Augen sind nicht ruhig, der Atem ist kontrolliert. Wenn wir dagegen den Duft einfach zu uns kommen lassen, kommt er zwar langsamer, vielleicht auch schwächer, aber er breitet sich in uns aus. Etwas von der Essenz von Bäumen und Sträuchern verbindet sich mit uns. Wir beginnen zu entdecken, daß wir selbst im Riechen die Wahl haben, entweder offen für die Welt zu sein oder sie künstlich zu begrenzen. Wie bei einem Picknick im Freien alles viel besser schmeckt, so erleben wir in der frischen Luft und umgeben von der Vegetation fast alles intensiver: die Felsen, die Blumen, das Meer und die einsamen, schnell vorüberschießenden Möwen. Das haben wir nicht erworben. Es ist ein freies Geschenk. Aber es kann uns nur gegeben werden, wenn wir wirklich da sind, um es zu empfangen – und das sind wir nicht, wenn wir nur damit beschäftigt sind, wie wir es an uns reißen können.

Als wir die Gruppe baten, einen schriftlichen Bericht von einer solchen Kursstunde zu geben, schrieb ein Teilnehmer: »Ich erlebe alles durch und durch. Aber von mir zu verlangen, mein Erlebnis zu berichten, ist so, als wollten Sie mich bitten, Ihnen einen Becher voll mit der Brandung zu bringen, die wir gestern an die Felsen schäumen sahen!« Als Antwort eines sehr wortgewandten Landschaftsarchitekten war dies wohl von allen der prägnanteste Bericht.

Am Burnt Head liegt neben den felsigen Klippen und den Wäldern noch eine kleine Wiese, ungefähr ein Quadratkilometer groß, mit Gräsern, wilden Blumen und Lorbeerbüschen. Ein Pfad führt dorthin und verschwindet in ihr. Nach einer Stunde auf den Klippen gehen wir manchmal durch die Bäume auf die Wiese, um noch ein anderes Stück Natur zu entdecken.

Wo wir auch stehen, sitzen oder liegen, in gewissem Sinne ist es ein Gewaltakt. Unter uns befindet sich hier weder ein Holzfußboden noch nackter Felsen noch Erde, nicht einmal ein Rasen mit kurzgehaltenem, elastischem Gras oder eine von Tieren abgefressene Weide. Hier unter unseren Füßen ist die Erde schon voll bewohnt mit Lebewesen, die nach oben streben und Licht und Luft suchen; wir haben keine andere Wahl, als uns einer Szene aufzudrängen, die ohne uns schon vollkommen war.

Während wir den kleinen Pfad verlassen und uns auf der Wiese verteilen, werden einige von uns vielleicht wieder in Gedanken versunken und mehr oder weniger geistesabwesend sein. Unter diesen Wanderern werden viele Gräser zertreten. Andere dagegen, deren Sinne wach geblieben sind, treten nun völlig gegenwärtig in das sonnengesprenkelte Blattwerk und die Stille der Wiese. Ihnen steigt eine neue Leichtigkeit in Blut und Glieder, und trotz ihres Gewichts gehen sie mit sanfterem Schritt. Auch von ihnen wird die Vegetation zur Erde gepreßt, aber nach ihrem leichteren Schritt richtet sie sich schneller wieder auf. Man könnte sagen, diese Pflanzen seien verletzt, aber nicht beleidigt worden.[23]

Während wir uns versammeln und jeder einen Platz zum Stehen sucht, gelangt die Gegenwart für uns alle nach und nach in den Blickpunkt. Etwas von dem Lebensprozeß der Myriaden von Lebewesen um uns herum, ein Gefühl für ihre Wechselbeziehungen zu Erde, Luft und Licht dringt in unseren Blutstrom ein, etwas von ihrer Natur mischt sich mit unserer.

Manch einer wird sich hier und da einer neuen Feinheit seines Atmens bewußt, oder er fühlt eine Andeutung von dem Austausch zwischen der Luft und den Poren seiner Haut. Vielleicht werden wir jetzt alle aufgefordert, unsere Augen zu schließen und den Atem zu spüren. Mit dem wachsenden Gefühl für unsere Zusammengehörigkeit mit der Natur werden wir vielleicht bisher unbekannte innere Veränderungen spüren. Im Becken vielleicht, im Nacken oder Schultergürtel wird sich bei manchem ein alter Knoten ein wenig lösen; das Stehen kann sich verändern; das Eis einer alten Angst taut langsam und setzt kleine Bäche von Energie frei, die Feuchtigkeit in die Augen oder Ströme von Empfindsamkeit in die Fußsohlen bringen. Man spürt Impulse von Liebe für Leben und lebendige Dinge.

Wenn wir jetzt unsere Augen öffnen, dann wird vielleicht die Wiese in ihrer Stille strahlend erscheinen. Gehen wir ein wenig hin und her, dann treten wir mit neuem Feingefühl und Respekt auf, sind in bewußterer Verbindung mit der Luft und mit unserem eigenen Gewicht und nehmen genauer wahr, wie wir in Kontakt kommen mit dem, worauf wir treten.

Nun können zwei Leute vielleicht zusammenkommen, so daß die Hände eines jeden irgendwo den anderen berühren. Auch hier ist Leben. So wie wir mit den bloßen Füßen die Wiese berühren, kommen wir mit bloßen Händen, feinfühlig, suchend und uns anpassend, ohne eine Absicht. Unsere Augen sind nicht prüfend, sondern ruhig. Unsere Poren sind offen. Unsere Energien fließen hin und her, so sanft und durchdringend, wie die Luft durch unsere Nasenlöcher fließt. Leben bedarf unserer bewußten Öffnung, um frei zu funktionieren, und wir praktizieren dieses Öffnen. Keiner findet es schwierig, unseren Schweigepakt einzuhalten, wenn die Gruppe sich schließlich wieder auflöst; einige bleiben noch da und meditieren, andere gehen durch die Bäume zu den Felsen oder zurück ins Dorf.

## Wort und Stimme

In den vorausgegangenen Kapiteln habe ich zwei Äußerungen von Schülern erwähnt. Der erste berichtete in schlichten Worten, wie er die Luft in sich aufnahm und wie die Erde ihn empfing. Der zweite stellte schriftlich fest, daß die Erfahrung ebensowenig verbalisiert werden könne, wie der Schaum des Seewassers in einem

Becher eingefangen werden könne. Beides waren authentische und direkte Mitteilungen; und beim Sprechen konnte den Worten des Sprechers durch den Ton seiner Stimme noch zusätzlicher Ausdruck verliehen werden. Aber in der Regel machen wir beides nicht. Wir bleiben weder stumm angesichts eines Ereignisses, das mit Worten nicht ausdrückbar ist, wie Kinder es tun, noch lassen wir das Erlebnis unmittelbar zu Wort kommen. Das ist der Grund, warum der Ton unserer Stimme wie auch der Gesichtsausdruck, der ihn begleitet, oft aus jeder unserer Schichten, nur nicht aus unserer Tiefe kommt.

Gesichtsausdrücke eines Kleinkindes sind, so schnell sie auch wechseln mögen, völlig eindeutig. Kein schelmisches Lächeln, keine sorgenvoll gerunzelten Brauen stehen zwischen dem, was es fühlt und dem, was wir sehen. Kein bedeutungsvolles Lachen und kein sarkastischer Ton interpretieren seine Gefühle für unsere Ohren. Es spricht direkt. Ja ist ja, und nein ist nein.

Aber diese Phase ist gewöhnlich nicht von langer Dauer. Im Gegensatz zu den instinktiven lautlichen Mitteilungen der frühesten Kindheit wie Schreien oder Brabbeln, die Gefühle übermitteln, ist Sprechen, das aus einzelnen konventionsgebundenen Lauten besteht, die wir Wörter nennen, eine reine Imitation. Und während wir lernen, Wörter und Wortkombinationen, die wir hören, zu imitieren, imitieren wir gleichzeitig unwillkürlich die Modulationen, Stimmklänge und Betonungsvariationen, die den individuellen oder kulturellen Hintergrund der Wörter bilden. Das ist natürlich der Grund, warum der Akzent eines Menschen dazu führen kann, daß einem anderen die Haare zu Berge stehen. Es ist auch ein Grund dafür, daß unsere Worte so selten mit unseren tiefen Gefühlen übereinstimmen. Sprechen war jedoch, wie ich annehme, die erste typisch menschliche Art der Verständigung, ist auch immer noch von einzigartiger Bedeutung und bringt eine Vielzahl von nützlichen nonverbalen Komponenten mit ins Spiel, die alle Ausdrucksmöglichkeiten der Tiere weit übertreffen.

Es ist möglich, daran zu arbeiten. Als ich in der Schweiz bei Elsa Gindlers Kollegen Heinrich Jacoby[24] studierte, verbrachte die Gruppe die gesamten drei Stunden der Vormittagssitzung mit dem Aussprechen eines einzigen Satzes. Jacoby begann damit, daß er jemanden bat, etwas festzustellen; und nach einer Anzahl unbefriedigender Versuche sagte einer angesichts des strahlenden Tages und der weißverschneiten Alpen in der Ferne: »An einem so klaren Tag kann man die Berge sehen.«

Wir haben den ganzen Morgen daran gearbeitet herauszuspüren, was jeder von uns nonverbal dieser Feststellung hinzufügte oder von ihr abzog bei dem Versuch, sie zu wiederholen. Nach und nach konnte es jeder von uns hören, wenn es bei den anderen mehr oder weniger echt klang. Und mit der Zeit, als wir an der Reihe waren, begannen wir zu spüren, was dabei in uns selbst vorging.

Sicher wirkt jede Geste oder Feststellung unnatürlicher, wenn man auf der Bühne zu stehen scheint. Wie kann ich vor anderen eine Beobachtung so wiederholen, als käme sie wirklich in dem Moment spontan von mir? Selbst wenn der Leser es allein ausprobiert, wird es ihm wahrscheinlich immer noch so vorkommen, als spräche er vor einer Zuhörerschaft.

Wir versuchten aber nicht, spontan zu sein. Wir wiederholten nur eine einfache Feststellung, deren Gültigkeit jeder von uns selbst nachprüfen konnte, und versuchten, uns dessen bewußt zu werden, was sich gleichzeitig in uns abspielte. Was dabei vor sich ging, war nicht einfach die Folge von Befangenheit vor einer Gruppe. Es war das für jeden einzelnen typische Befangensein, das sich bei jedem ein bißchen anders ausdrückte. Es war genaugenommen das, was auch bei unserem normalen Sprechen passiert, nur in gewisser Weise etwas übertriebener. Der Zwang und die Verlegenheit, die diese Übertreibungen ausmachten, waren natürlich leicht spürbar; die Form aber, in der sie sich ausdrückten, war, während man sie auch mit dem dafür notwendigen Interesse bei anderen leicht wahrnahm, doch sehr schwierig bei sich selbst zu erkennen. Wir haben unsere eigenen Ausdruckseigenarten so häufig gehört, daß wir sie gar nicht mehr bewußt wahrnehmen.

Bei der Beschäftigung mit der eigenen Stimme kann die Verwendung eines Tonbandgeräts von unschätzbarer Hilfe sein. Ich erinnere mich noch an eine Erfahrung aus dem Sommer 1948, als Tonbandgeräte gerade erst in Gebrauch kamen. Meine erste Frau und ich waren mit meinen Eltern zusammen bei meinem Bruder und meiner Schwägerin zum Essen eingeladen. Wir saßen zu sechst in einer heiteren Gesprächsrunde beisammen, während unter dem Tisch ein Tonbandgerät in Betrieb war, was aber nur unsere Gastgeber wußten. Nach Tisch verriet mein Bruder in einer Gesprächspause, was er getan hatte, und fragte, ob wir die Ergebnisse hören wollten.

Es gab in jenen Tagen keine große Klangtreue, aber jeder erkannte unfehlbar die Stimme aller anderen an ihrem normalen Klang und ihren besonderen Eigenheiten. Nur die Wiedergabe der eigenen Stimme traf jeden von uns wie ein Schock. Und was unserer Meinung nach eine zivilisierte Unterhaltung gewesen war, klang wie eine Schlacht. Es war, als hätte niemand den anderen ausreden lassen, sondern hätte sich Hals über Kopf in die Unterhaltung gestürzt, sobald er annahm, daß man ihn hören könnte.

Mein Vater wurde blaß. Meine Stiefmutter lauschte verblüfft

und ungläubig. Ich für meinen Teil war überwältigt. Charakteristische Modulationen, die ich an der Stimme meines Vaters und meines Bruders nicht mochte, traten in meiner eigenen Stimme sogar noch stärker hervor. Nur mein Bruder und seine Frau, die gewußt hatten, was kommen würde, waren begeistert. Außer ihnen hatte keiner von uns je seine Stimme ebenso wie die Stimmen der anderen über denselben Kanal gehört.

Viele Leser werden hier eine wirksame Therapieform erkennen, die seit kurzem weit verbreitet ist: Selbstkonfrontation mit Hilfe des Videorekorders. Aber auch das Tonband allein kann schon große Entdeckungen bringen. Unsere Stimme ist unnatürlich, weil sie unbewußt imitiert. Wir sind so wie jeder andere an sie gewöhnt, sie ist zu unserer »zweiten Natur« geworden. Vom Tonband erreicht sie unser Ohr von außen und nicht nur, wie gewöhnlich, von innen; überdies ist sie auch des Kontextes und der Situation entkleidet, denen unsere Beachtung galt, als wir sprachen. Unsere Stimme kommt also sozusagen »objektiv« bei uns an, und wir können endlich einmal nicht nur unsere Worte, sondern auch alle die unbewußten Obertöne hören, die sie begleiten, alle die Eigenheiten, die wir uns angewöhnt haben, um in unserer speziellen Lebenswelt zurechtzukommen. So drückt sich also nur auf eine andere Weise der Umwelteinfluß auf uns aus, und so führt uns unsere Beschäftigung mit der Stimme direkt zu unseren grundlegenden sozialen Verhaltensweisen.

Sprechen ist nur eine besondere Art zu klingen, und in unseren Kursen können wir mit Klängen genauso arbeiten wie jeder Sprachpädagoge oder Gesangslehrer. Aber wie immer gehen wir auch hier umgekehrt vor als allgemein üblich: Wir spüren, was geschieht, und lassen alle übernommenen Regeln unbeachtet. Wir können es in unsere Praxis umsetzen, indem wir einfach das Ausatmen einen Ton tragen lassen – ah, oh, ohm und so weiter – und vielleicht mit den Händen fühlen, wo an uns von innen heraus entstandene Vibrationen spürbar sind. Oder wir können mit unseren Händen bei einem anderen die Vibrationen zu spüren versuchen. Es ist erstaunlich zu entdecken, welch großes Ausmaß die Vibrationen in den eigenen Stimmbändern besitzen und wie ausgedehnt das Gewebe in uns ist, das mitschwingt. Wenn die Gruppe diese Töne gemeinsam hervorbringt, entstehen rasch natürliche Harmonien, selbst wenn wir übereingekommen sind, daß keiner in die ihm vertrauten Muster verfallen soll. Von hier zum Sprechen ist es ein ganz natürlicher Schritt – immer in der Übereinkunft, daß wir nicht versuchen, besonders originell zu sein oder uns bewußt zu unterscheiden, daß wir das Gewohnte strikt vermeiden und nur beim Erforschen bleiben.

Jetzt können Wortklänge, zum erstenmal vielleicht, nicht nur als konventioneller, sondern auch als körpereigener Ausdruck gespürt werden, etwa wie beim Hervorbringen von Tönen oder beim Singen. Jeder hat seine Eigenart: Bei jedem hat der Klang der Worte ein Timbre, das seinem Kiefer, seinem Kehlkopf, seiner Schulterzone, seinem Zwerchfell, seinem Bauch – kurz: ihm selbst entspricht und für ihn typisch ist. Davon haben wir schon immer gewußt. Wir können unsere Freunde eher an der Stimme erkennen als an fast allen anderen Ausdrucksweisen und werden eine Stimme am Telefon erkennen, die wir jahrelang nicht gehört haben. Wir haben aber nicht gewußt, daß jeder von uns noch eine andere Stimme hat, die ebenso unsere, ja noch in einem viel tieferen Sinne unsere eigene ist und die nur in ganz wenigen Augenblicken wie eine seltene, aber unscheinbare Blume zum Vorschein kommt. Solche Momente können gleich wieder in Vergessenheit geraten, oder sie können mit der unerklärlichen Hartnäckigkeit eines unbedeutenden Traumfragments in der Erinnerung hängenbleiben. Das sind die Momente, in denen wir spontan gesprochen haben, nicht bedingt durch den Ausbruch innerer Zwänge, sondern durch den gleichen einfachen Kontakt, den wir schon beim Berühren erforscht haben. Das geschieht, wenn jedes Bedürfnis, uns an andere anzupassen, von uns abgefallen ist und wir einfach *wir selbst* sind.

So wie wir jahrelang daran arbeiten können, unsere Fähigkeit zu einfachem Kontakt wiederzuentdecken und wiederherzustellen, so können wir auch daran arbeiten, unsere eigene Stimme zu finden. Das ist schwieriger, weil wir gewöhnt sind, sie ständig, in jeder Situation, zu gebrauchen, während einen anderen zu berühren schon etwas Besonderes ist. Der erste Schritt ist anzufangen, unserem eigenen Sprechen zu lauschen.

Man kann in einem Kursus gelegentlich am Anfang die Namen der Anwesenden verlesen und es am Ende – nach der Arbeit – wiederholen. Dann bemerkt man oft überraschende Unterschiede in der Art der Reaktion. Oder man kann im Kreis stehen, Hand in Hand oder die Arme auf den Schultern des anderen, und alle nacheinander den eigenen Namen aussprechen lassen – einen Namen, den der Träger in vielen Fällen nicht völlig akzeptiert. Wenn einer seinen Namen ausspricht, können die anderen ihn als Bekräftigung wiederholen, wobei jeder ihn voller und schlichter als Klang kommen läßt. Daran können wir arbeiten, bis jeder seinen Namen mehrere Male ausgesprochen hat – nicht weil er an der Reihe war, sondern weil er das Bedürfnis hatte, das auszuprobieren. Das kann sehr hilfreich sein. Es ist nicht immer leicht, den eigenen Namen klar und einfach auszusprechen. Und wenige können ihren Namen einer Gruppe ohne einen Anflug von Herausforderung oder, noch wahrscheinlicher, von humorvoller Geringschätzung sagen. In höflicheren Zeiten wurde dieser Akt durch den Zusatz »zu Euren Diensten« erleichtert. Ist aber diese grundlegende Hürde überwunden, dann sind alle weiteren Aussagen ein wenig einfacher geworden.

## Schmecken

In den früheren Jahren von Esalen gaben Charlotte und ich während der Osterwoche dort einen Kurs. Milde Frühlingsluft, gemischt mit einem schwachen Geruch von Meer und duftenden Büschen, strömte durch die offenen Türen des großen Raumes, wo wir versammelt waren. Draußen lag eine weite, hölzerne Terrasse hell in der Sonne, umgeben von einem dichten Zypressenhain und einem leichten Drahtzaun, durch den in der Ferne die Linie sichtbar war, wo Meer und Himmel sich trafen. An diesem Morgen hatte Charlotte daran gearbeitet, die Augen mehr zur Ruhe kommen zu lassen und den Atem zu spüren. Bei vielen von uns beherrschte Atmen das Bewußtsein. Wir saßen in völliger Sammlung und Versunkenheit im weiten Raum, fast unerreichbar für Geräusche aus der Küche und die Schritte einiger Neugieriger auf der Terrasse.

Nach etwa einer halben Stunde solch stiller Arbeit wurden wir gebeten, uns hinzulegen. Ich zögerte, diese Meditation zu unterbrechen. Auch andere spürten, wie ich später erfuhr, daß sie diese Arbeit noch viel länger hätten fortsetzen können. Doch Charlottes gutes Beurteilungsvermögen wurde mir offenkundig, als ich merkte, wie dankbar ich die Unterstützung des Bodens in der ganzen Länge meines Körpers annahm.

Wir ruhten einige Minuten und setzten uns dann in einem Kreis zusammen. In der Kreismitte stand plötzlich ein kleiner Teller mit geschälten Mandeln und eine Schüssel mit Apfelsinen auf dem Boden.

Charlotte lächelte strahlend. Mit der Freude einer Gastgeberin ging sie zu dem Teller, nahm ihn vom Boden auf und bot jedem eine Mandel an. Manche aßen sie nach alter Gewohnheit sogleich auf. Andere hielten sie in den Fingern, rochen oder knabberten daran. Denen, deren Mandel schon verschwunden war, nachdem Charlotte die Runde gemacht hatte, bot sie eine neue Mandel an, mahnte aber dieses Mal, sie nicht wieder gleich zu essen. Eine Atmosphäre von Erwartung füllte den Raum.

»Können Sie das Gewicht der Mandel in Ihrer Hand spüren?« fragte Charlotte, als sie den Teller wieder auf den Boden gestellt und sich zu uns gesetzt hatte. Mit der Feinfühligkeit, die wir während unserer vorherigen Tätigkeit an diesem Morgen erworben hatten, schien es wirklich so, als ob wir es könnten.

»Wie nahe müssen Sie die Mandel an Ihre Nase bringen, um sie riechen zu können?«

Überall in der Gruppe waren sichtbare Zeichen von Interesse zu erkennen.

»Was können Sie in Ihrem Mundinneren spüren?« Hier und da ein belustigtes Lächeln, halbwahrnehmbares Schlucken. Der Speichel floß schon. Charlotte war wie ein kleines Mädchen, das einem Hund gerade außerhalb seiner Reichweite etwas Gutes hinhält und ihn damit neckt. Sie nutzte bis zum letzten die Magie des Kontaktes aus, und doch, trotz all ihrer Neckereien, arbeitete sie sehr ernsthaft daran, uns all dies bewußter werden zu lassen.

»Können Sie Ihre Zähne fühlen? ... Ihre Zunge? Probieren Sie die Mandel«, sagte Charlotte, »aber schmecken Sie sie! Was geschieht mit ihr, wenn sie in Ihren Mund kommt?«

Ich konnte spüren, wie die halbe Mandel, die ich abgebissen hatte, zwischen meinen Zähnen zermahlen und mit Speichel vermischt wurde. Das schwache Aroma des ersten Geschmacks verschwand und hinterließ einen fremdartigen, fast bitteren Restgeschmack. Ich war nicht sicher, ob ich ihn mochte. In Wahrheit stahl er sich in mein Bewußtsein; er wurde aufdringlich.

»Wie lange können Sie die Mandel schmecken?«

Obwohl sich der Geschmack nach seinem ersten Aroma völlig verändert hatte, hatte er sich nicht verringert. Ich wünschte, er würde es tun. Überdies war ich nicht bereit zu schlucken. Das Schlucken geschah nicht einfach so wie sonst. Ich wartete auf einen Willensakt. Ich nahm die andere Hälfte der Mandel in den Mund, und als ich zu kauen begann, rutschte die schon dort befindliche dünne Paste mit einem halbgesteuerten Reflex des Kehlkopfes hinunter in mein Körperinneres.

»Bitte heben Sie die Hand, wenn Sie mit dem Essen fertig sind.« Langsam, nach einer ziemlich langen Zeit, begannen die Hände sich zu heben. Es dauerte mehrere Minuten, ehe die letzten Nachzügler fertig waren.

»Möchten Sie gerne immer so essen?« Ausdrücke der Verblüffung, sogar Skepsis, wurden jetzt in der Gruppe laut. »Es würde sicher die Lebensmittelrechnungen senken!« bemerkte jemand.

Niemand hatte erwartet, daß eine Tätigkeit, die wir so viele tausend Male wiederholt hatten, solch eine Möglichkeit für neue Erfahrungen bieten könnte. Für mich war es so: Was ich für den

Geschmack einer Mandel gehalten hatte, mußte als oberflächliche Äußerlichkeit beiseite geschoben werden. Nun mußte ich meine wirkliche Beziehung zu ihr herausfinden. Wenn es ein »natürliches« Schmecken und einen »natürlichen« Moment im Prozeß des Kauens gab, bei dem die Einverleibung dieses Fremdkörpers von selbst geschah, dann hatte ich das noch nie herausgefunden. Wie würde sich diese neue Entdeckung auf die Verdauung und Ernährung auswirken?

Als die Vergleiche und Diskussionen abgeebbt waren, klopften wir uns leicht von oben bis unten ab. Dann bat Charlotte einige, eine Apfelsine zu nehmen und mit dem Schälen anzufangen und sie dann anderen zu reichen, die sie weiterschälen würden. Als Daumen und Fingernägel sich mit unterschiedlichem Erfolg in die dicke Schale gruben, breitete sich ein beißender, bittersüßer Geruch in der Luft aus. Die Orangen gingen von Hand zu Hand, und jeder behielt das Stück Schale, das er abgeschält hatte, in der Hand. Als sie schließlich abgeschält waren, wurden sie geteilt, bis alle der etwa dreißig Anwesenden mit mindestens einem Schnitz und auch einem Stück Schale versorgt waren. Der Duft der Frucht und der scharfe Geruch der Schale waren für alle wahrnehmbar.

»Gelangt der Duft zu Ihnen«, fragte Charlotte, »wenn Sie ihn einfach einatmen, oder müssen Sie ihn einsaugen?«

Der verlangende Gesichtsausdruck, der bei einigen Gruppenmitgliedern durch die Vorbereitung der Apfelsinen hervorgerufen worden war, entspannte sich etwas. Die Augen wurden sanfter, die Gesichtszüge ruhiger.

»Was geschieht, wenn Sie die Frucht näher zu sich heranbringen?«

Wieder schien ich nur aus Mund und Nase zu bestehen. Im Gegensatz zu der Erfahrung mit der Mandel war die Gegenwart der Apfelsine sehr stark spürbar. Der Speichel strömte um meine Zunge herum und zwischen die Zähne.

»Was geschieht, wenn Sie hineinbeißen?«

Dieser Biß war schwieriger. Die Haut widerstand einen Moment meinen Zähnen, brach dann, und der Saft spritzte in meinen Mund. In der Süße war ein Anflug von Säure, und als ich kaute, verlor sich der zarte Geschmack zwischen den unterschiedlichen Strukturen von Fleisch und Haut. Während ich diese ungleiche Mischung zu einer Masse verwandelte, die meine Speiseröhre aufnehmen würde, wurde mir plötzlich die Gleichartigkeit meiner Zähne mit denen von Pferden und meines Speichels mit dem von Hunden bewußt. Diese Zähne sind wirklich zum Zerreißen und Zerstören geschaffen. Und genau so sicher waren sie dazu geschaffen, organisches Gewebe auf sein nächstes Daseinsstadium vorzubereiten.

Es war ein frohes und zugleich ernstes Ereignis. Als es zu Ende war, wurde eine Papiertüte herumgereicht, in die jedes Stückchen Abfall in voller Bewußtheit hineingeworfen wurde. Charlotte nahm sie schließlich in Empfang, stellte sie weg und beendete damit die Stunde. Sie hatte einen Weg gefunden, eine Tätigkeit mit Bewußtwerden anzureichern, die außer Atmen die alltäglichste aller Tätigkeiten ist und gleichzeitig vielleicht das zentralste Geheimnis in sich birgt: die Überführung von Lebendigem von einer Form in eine andere.

In Wirklichkeit war es nur ein weiteres Beispiel von »Meditation im täglichen Leben« oder für das Gewahrwerden von etwas, das wir ohnehin ständig tun. Aber wenn ich Teilnehmer dieses Kurses später wiedertraf, war es mehrmals dieses Erlebnis, an das sie sich am lebhaftesten erinnerten und das sie am nachhaltigsten beeinflußt hatte.

Die Reichweite der sensory awareness läßt sich gut illustrieren in dem Kontrast zwischen der Vormittagsstunde, die ich eben beschrieben habe, und der Stunde, die ich am Nachmittag gab. Auch diese Stunde war schön und interessant; aber auf eine grundlegende, wenn auch subtile Weise verließ sie das Reich der Wahrnehmung und betrat das der Symbolik und der Philosophie. In dieser gravierenden Hinsicht unterscheidet sich die folgende Beschreibung von allen anderen in diesem Buch. Ich habe sie keineswegs als ein weiteres Beispiel unserer Arbeit festgehalten, sondern als Beispiel einer Art von Abweichung vom reinen Wahrnehmen, die außer für mich auch für viele andere nur zu verführerisch ist.

Am Nachmittag war ich, wie gesagt, an der Reihe, die Leitung zu übernehmen. Die Hänge bei Esalen sind übersät mit aromatischen Sträuchern und Bäumen: Beifuß, Pinien, Zypressen und Eukalyptus. Ich bereitete zwei oder drei große Teller vor, und wir boten einander Blätter und Zweige zum Riechen an. Die Stunde floß nach den morgendlichen Experimenten mit dem Schmecken ganz natürlich weiter, nur daß jetzt jeder zugleich Gastgeber und Gast, Gebender und Empfangender wurde.

Schließlich gingen wir auf die Terrasse hinaus. Die salzige Luft stieg sanft von der See zu den Bergen auf. Von dem direkt über uns liegenden Hang leuchteten unzählige kalifornische Mohnblumen zu uns hernieder. Wir gingen hinüber, und jeder pflückte sich eine. Nachdem wir auf die Terrasse zurückgekehrt waren, standen wir dann einen Augenblick mit geschlossenen Augen da, spürten den Stiel der Mohnblume in unseren Fingern und nahmen den schwachen Duft wahr, der mit dem Atem zu uns kam. In Ruhe ließen wir unsere Augenlider sich wieder öffnen. Aus unseren Fingern strahlte uns der goldene Kelch der Blume wie ein Sonnenaufgang entgegen.

Es war aber nicht nur ein schöner Frühlingstag in einer lieblichen Umgebung. Es war Karfreitag, der letzte Tag unseres Workshops, aber der erste Tag des Osterwochenendes. Mich überkam der Drang zu predigen, sei es auch ohne Worte. Mein weiteres Handeln galt einzig diesen Daten des Kalenders und all den damit verbundenen emotionalen Werten. Es basierte, wie sich bald zeigen wird, weder auf vergangenen noch auf zu dieser Zeit gegenwärtigen Erlebnissen, sondern einzig und allein auf philosophischen Betrachtungen – daran änderte sich auch dadurch nichts, daß es mir gelang, diese Betrachtungen zu lebendigen, sinnlich wahrnehmbaren Erfahrungen zu gestalten.

Wir standen eine Weile, wo wir waren, senkten unseren Blick zu der Blume in unseren Händen, und dann bat ich jeden, seine Blume zu zerdrücken und die Veränderungen zu sehen und zu spüren, bei denen diese volle Form der Blüte in eine fast farblose breiartige Masse verwandelt wurde. Wir gingen langsam zum Abhang und warfen die Reste unserer Blumen in die Büsche und Sträucher rings um uns. Wieder schlossen wir unsere Augen und öffneten sie nach einer Weile wieder. Vom Hang leuchteten zahllose Mohnblumen auf uns herab.

Ein Kind hätte wohl gefragt, warum wir die Blumen ohne Grund zerstört hatten. Aber weder ich noch die Kursteilnehmer waren Kinder. Als wir zurückkehrten, konnte ich nur einen einzigen Gedanken fassen und die Gruppenteilnehmer fragen, ob es ihnen möglich wäre, *das Denken aufzugeben* und ihre Aufmerksamkeit einzig auf die Veränderungen in ihrer Umgebung zu lenken. Barfuß kamen wir von der kühlen Erde auf die heißen, flachen Bohlen der Terrasse und betraten den Raum, dessen Wände die See, die blühenden Hügel und die Brise ausschlossen und so den Raum begrenzten, der nun für uns noch vorhanden war. Auch hier, wo Geruch und Blickfeld so verringert waren, war noch Boden, auf dem wir stehen konnten, Luft zum Atmen und wir, die lebendigen Zentren von Wahrnehmung und Funktion.

Nach einem wahrscheinlich für viele verwirrenden Abstecher in eine persönliche Symbolik der Kreuzigung machte ich nun den Versuch, uns zu unseren Sinneswahrnehmungen zurückzuführen, die Charlotte nie verlassen hatte.

## Der Kenner

Die Experimente mit dem Schmecken und Riechen führten mich zu bestimmten Erkenntnissen. Nach den Veränderungen beim Schmecken der Mandel und der Orange wurde eins offenkundig, nämlich wie viel von dem, was ich für Geschmack gehalten hatte, von flüchtiger Art und in Wirklichkeit Geruch gewesen war. Ich hatte natürlich oft davon gehört, aber nun war es zu einer Erfahrung geworden. Ich hatte in diesem bescheidenen Versuch einen Schritt getan, ein »Kenner« zu werden.

Ich begann bewußter, mit Aroma zu experimentieren. Bei Orangen wurde mir deutlich, daß mir neben ihrem Duft fast nur ihre Süße angenehm war – vorausgesetzt, daß diese Süße immer durch eine gewisse Säure ihren Charakter erhielt. Bei geschälten Mandeln war der Geschmack von fast überhaupt keiner Bedeutung: Ich genoß das schwache Aroma, während ich sie zermahlte, vor allem aber die Art, wie sie zwischen meinen Zähnen knackten. Zerkaut verloren sie jegliches Interesse.

Es wurde mir auch klar, daß Geschmack und Geruch – für die Tiere, ungeachtet ihrer Vorlieben, eher Kriterien zur Identifikation als zum Genuß – in einer Welt, in der mehr und mehr Nahrungsmittel fabriziert und etikettiert werden, immer weniger Funktionen haben. Nur für wenige besteht heute noch die Notwendigkeit zu riechen, ob etwas frisch ist, so wie es vor den Tagen des Kühlschranks, der Tiefkühlung und der Massenproduktion allgemein gehandhabt wurde; und wenn auch vielleicht sehr viele zweifelhafte Gerüche aus der Speisekammer verbannt sein mögen, eine ebenso große Anzahl von köstlichen Düften ist mit ihnen zusammen verschwunden. Düfte, die einst Gegenstand ausgiebiger Erkundung durch jeden einzelnen waren, werden mehr und mehr von Computern ausgesucht, die weder Geschmackssinn noch Urteilsvermögen besitzen.

Aber mit jedem neugeborenen Kind eröffnet sich eine ganz neue Möglichkeit. Meine eigenen Geschmacksmaßstäbe, soweit sie mir noch bewußt sind, gehen mehr als fünfzig Jahre zurück. Ich habe selten Pfirsiche oder Brombeeren gegessen, die es mit denen aufnehmen können, die ich damals gepflückt habe. Es ist nicht einfach der Zauber der Vergangenheit, denn ich erinnere mich an spanische Apfelsinen vom Jahr 1934, an eine italienische Dattelpflaume anno 1937, Aprikosen vom Baum eines Freundes in Kalifornien 1947 und sogar an ein deutsches Schweinekotelett von 1930 genauso, wie ein alter Franzose aus Burgund sich an Weine erinnern mag. Diese ereignisvollen Daten sind aus einem sehr realen Grund der Erinnerung würdig: Ich bekomme nämlich selten eine Frucht, die jemand gepflückt hat, weil sie ihrem Aussehen und Duft nach gerade reif war.

In meiner Kindheit habe ich viel vom »ausgeprägten Geschmackssinn« gehört – was Verfeinerungen der Geschmacksnerven bei Erwachsenen bedeutet, die von den naiven Geschmacksknospen eines Kindes noch nicht gewürdigt werden können. Aber auch später kann ich mich bei meinen Reisen durch die romanischen Länder an nichts erinnern – außer vielleicht Alkohol –, was bei der einfachen arbeitenden Bevölkerung nicht gleichermaßen von Erwachsenen und Kindern geschätzt wurde. Nahrung war dort Nahrung, und gute Nahrung war gute Nahrung.

Ein vollkommenes Beispiel für erworbenen Geschmackssinn ist der Geschmack von Tabak, der natürlich überhaupt kein Geschmack, sondern Geruch ist. Ich habe vor vielen Jahren das Rauchen aufgegeben, nachdem ich mir ein Vierteljahrhundert suggeriert hatte, daß die Zigaretten so schmeckten, wie die Werbung behauptete; und die ein oder zwei, die ich seither geraucht habe, hatten die gleiche Übelkeit erregende Eigenschaft, die sie besaßen, als ich mich im Alter von zwölf Jahren mannhaft mit ihnen abquälte. Damals war mir gesagt worden, Zigaretten seien schlecht für mich, und mir war durchaus bewußt, daß vieles von dem, was schlecht sein sollte, in Wirklichkeit gut sein mußte, zumal die meisten Erwachsenen es ganz offensichtlich genossen. Umgekehrt war vieles, das »gut für mich« war, offenkundig schlecht. Darin war meine Erfahrung die gleiche wie die von Tom Sawyer und vermutlich wie die von vielen Millionen meiner Landsleute. Unglücklicherweise bedarf es bei einem solchen Anfang oft eines ganzen Lebens, um ihn zu korrigieren – ein Luxus, den sich nicht jeder leisten kann.

In der Geschmackswelt meiner Kindheit gab es zwei allgemein anerkannte Schrecken: Rizinusöl und Lebertran. Jeder in meinem Alter mußte sie nehmen: Rizinusöl als Heilmittel für Bauchschmerzen, wobei in der Regel die Torheit betont wurde, die die Bauchschmerzen verursacht hatte, und Lebertran für eine »gute Gesundheit«, wobei nun mit der gleichen Betonung auf das allgemeine Gesetz verwiesen wurde, daß Gutes nur durch Leiden erreicht werden könne. Meine Freunde und ich fügten uns bald bei allem »Guten«, das wir erwischten, der Unausweichlichkeit des Schlechten.

Eine Generation später erlaubte mir das Leben überwältigende Entdeckungen über meine beiden alten Feinde. Die erste stellte sich ein, als mein eigenes Kind Percomorph-Öl verschrieben bekam. Das wurde nicht löffelweise, sondern tropfenweise verabreicht, da es viel stärker war als das Öl aus meiner eigenen Kindheitserfahrung. Es war sogar noch unangenehmer, wie ich feststellte, als ich es probierte, und wenn man es einmal im Munde gehabt hatte, haftete der Geschmack ewig darin. Als jedoch unser Sohn es angeboten bekam, nahm er es mit Behagen ein. In unserem kleinen, modernen Kindergarten mögen fast alle Kinder Percomorph-Öl, und viele schlürfen es, wie ein bon vivant Wein schlürft. Was ist der Grund? Einfach der, daß das Öl ihnen genau wie alles andere angeboten und ihnen nie aufgezwungen wird.

Die andere Entdeckung kam, als ich zum erstenmal Robert Flahertys schönen Dokumentarfilm ›Nanuk, der Eskimo‹ sah, einen der frühesten in seiner Art. Auf dem Handelsplatz der Hudson Bay hatte an dem Tage, an dem die Schätze des weißen Mannes ankamen und verkauft wurden, ein kleiner Eskimojunge von sechs Jahren sich mit Süßigkeiten derart vollgestopft, daß ihm übel wurde. Glücklicherweise war Hilfe bei der Hand. Ein riesiger Löffel voll Rizinusöl wurde an seine Lippen gehalten. Er öffnete sie; der Löffel wurde sanft hineingeschoben; der kleine Junge sog die dicke Flüssigkeit in kleinen Schlucken nach und nach ein. Ich wappnete mich in meinem Sitz gegen das Mitgefühl. Aber während ich sogar spüren konnte, wie das Öl über seine Zunge lief und der Geruch seine Nasenflügel füllte, erwachte ein Ausdruck in seinem Gesicht, der zu unvergeßlichem Entzücken aufblühte. Was auch immer mit seiner Übelkeit und mit den dafür verantwortlichen Süßigkeiten noch geschah, zumindest in der Minute, in der die Kamera auf ihm verweilte, war alles Kranksein gewichen, und alles war gut.

Dem Englischen fehlt die Unterscheidung zwischen den zwei Arten des »knowing«, wie sie in den romanischen Sprachen und auch im Deutschen geläufig ist: zwischen dem »Wissenden«, dessen Kopf mit Informationen angefüllt ist, und dem »Kenner«, der die Welt kennt, wie man einen Menschen kennt. Der Wissende ist ein Mensch des Lernens, der Kenner ein Mensch des Unterscheidens. Die Welt des einen besteht aus einer Anhäufung von manchmal recht zweifelhaften Fakten anderer Leute, die Welt des anderen aus seinen eigenen Sinneserfahrungen.

Babys sind die geborenen Connaisseurs: Viele Kinderfotos lassen erkennen, wie Babys ohne den Hintergrund von Erfahrung oder Information die ihnen dargebotene Nahrung entweder bereitwillig annehmen und *auskosten,* oder sie mit den entsprechenden Abwehrgesten zurückweisen. Das Kind läßt sich Zeit und Gelegenheit, etwas kennenzulernen, so wie das englische Wort »knowing« in dem französischen Wort Connaisseur gemeint ist. Wir dagegen haben stereotype Reaktionen, die wir beiseite schieben müssen, um zu entdecken, was darunter verborgen ist: Gegenwärtigkeit, Wachheit und Empfindsamkeit. Unter den Schablonen, weit unter ihnen, sind wir selbst anwesend, wach und sensitiv – wenn wir tief genug gehen. In den Babys können wir uns selbst sehen, wie wir gekostet haben, wie wir vielleicht wieder kosten werden.

Die Magie des sogenannten guten Geschmacks, den jeder respektiert, sei es zwangsweise oder von Natur aus, und der auf dem Kunstmarkt, in Entwürfen, Dekorationen und Mode in den USA einen hohen Preis verlangt, ist kein Geheimnis, das man sich mühevoll von anderen aneignen muß. Es ist die allumfassende und völlig alltägliche Magie unseres sensorischen Nervensystems, in dessen Mitte der Geschmackssinn liegt: Dieser unterscheidet ständig, genießt oder weist zurück, wenn man ihm die dazu erforderliche Freiheit gewährt und er liefert fortwährend differenzierte Beobachtungen und Beurteilungen, die nur zu oft von Eltern oder Lehrern verworfen werden, deren eigener Geschmack abgestumpft und deren ursprüngliches Unterscheidungsvermögen durch Maßstäbe anderer verdrängt worden ist.

Aus dieser einfachen tierhaften Funktion, die durch die Zivilisation lediglich verfeinert und differenziert wurde, stammt das Wort »Geschmack«, das benutzt wird, um jenes Urteil über menschliche Leistungen auszusprechen, das keinen Einspruch duldet.

Es ist also ein Irrtum zu glauben, Connaisseurs seien eine seltene und privilegierte Gruppe von Erwachsenen, die Muße und Interesse (oder meinen wir damit Zeit und Geld?) haben, ihr Leben mit differenzierten Vergleichen von Speisen und Getränken und Kunstwerken zu verbringen. Jede Familie hätte ihren Connaisseur, wenn wir Eltern so klug wären, ihn gewähren zu lassen. Wir wären alle selbst Connaisseurs, wenn wir nur unsere natürlichen Gaben respektieren würden. Kein Kunstliebhaber, der ein Bild nachempfindet, kein Musikliebhaber, der einem schönen Streichquartett genußvoll lauscht, ja kein normal empfindsamer Mensch, der innehält beim Gesang eines Vogels oder der einen Sonnenuntergang genießt, tut etwas anderes als das Baby, das seinen Saft kostet, wenn es ihm nur erlaubt wird. Geschmack ist nicht lehrbar, denn er kommt von allein auf natürliche Weise; man kann nur davon abgelenkt werden.

Würde das nicht erklären, warum alle primitiven Kulturen Kunstwerke von solch exquisiter Form und Farbe schaffen? Keine Experten sind da nötig, um auf Werte hinzuweisen, die ein jeder selbst sehen kann.

Unsere Kurse in sensory awareness bestehen zu dem Zweck, in jedem von uns den Connaisseur zu kultivieren. Aber weit besser wäre es – wenn man die Möglichkeit dazu hat – von seinem eigenen Kind zu lernen und sich von ihm beeinflussen zu lassen. Ein solches Studium würde bedeuten, daß man seine Vorurteile aufgäbe und sich die Zeit nähme, die nötig ist, um Wesen und Sein des Kindes kennenzulernen. Wer das kann, der wird, davon bin ich überzeugt, ein wahrer Connaisseur des Lebens werden.

## Gähnen und Strecken

Etwas anderes, das Babys uns lehren können, ist Gähnen. Wer noch kein Baby oder besser, weder Katze noch Hund gähnen gesehen hat, der hat es verpaßt, Zeuge einer totalen Körpererfahrung zu werden. Als ich anfing, Charlottes Kurse in New York zu besuchen, und zum ersten Mal ermutigt wurde, mein Gähnen nicht zu verbergen, sondern es zu erlauben und zu genießen, wurde mir schmerzvoll bewußt, in welch begrenztem Maße mir das Gähnen überhaupt noch möglich war. Der Impuls, ungehemmt zu gähnen, kam oft genug, aber jedesmal erschien er mir wie eine Knospe, die sich vielversprechend öffnen will und dann auf geheimnisvolle Weise daran gehindert wird. Die Öffnung von Kiefer und Kehle war da, das Einatmen auch, und dann, als Nacken und Schulterbereich mit hinzutreten wollten, kam das abrupte Ende, so als ob ein Boot beginnt, in der Brise zu treiben und dann durch seinen Anker zurückgehalten wird. Es fing so schön an und wurde so rüde zum Stillstand gebracht. Ich bemühte mich ganz vergeblich.

Ich habe Charlotte einmal gefragt, ob sie glaube, daß wir New Yorker jemals lernen könnten, wie Katzen und Hunde zu gähnen. Ihre Antwort war unmittelbar und orakelhaft: »Hunde und Katzen sind auch New Yorker.« Das war eine schwierige Antwort, aber ich habe für mich darüber nachgedacht und gebe sie weiter.

Die strenge Hand auf meiner Schulter, die das knospende Gähnen drinnen festhielt, war die Hand einer Form von »Gesetz und Ordnung«, die in vielen Kulturen fehlt, bei uns aber stark ausgeprägt und etabliert ist. Wir verbergen unser Gähnen nicht nur, weil es manchmal Langeweile ausdrückt oder weil wir uns schämen zuzugeben, daß wir schläfrig sind, sondern weil wir, würden wir es nicht verbergen, eine Spontaneität offenbaren würden, die unsere gesellschaftlichen Normen kaum billigen könnten. Wir sprechen in der Tat davon, daß wir das Gähnen »unterdrücken«, selbst »ersticken« – so wie man wohl einem Aufstand begegnet.

Wenn wir aber unser Bedürfnis zu gähnen akzeptieren und es beachten, so kann es zu einem sehr verläßlichen Sicherheitsventil werden und als Hinweis dafür dienen, daß es Zeit ist, einen neuen Anfang zu machen und uns einer ausgewogeneren Tätigkeit zuzuwenden oder vielleicht einem offeneren Austausch - je nach den entsprechenden Umständen. Wenn jeder die Echtheit eines Gähnens in einer Situation erkennen würde, dann könnten wir uns alle ein gutes Gähnen oder Lachen erlauben.

Lachen ist in gewissem Sinne die andere Seite der Medaille. Es ist eine alleine oder gemeinsam mit anderen begangene Feier des Überlebens und des Wohlergehens in einer Welt von Gefahren und Absurditäten. Jeder weiß, daß Gähnen und Lachen gleichermaßen ansteckend sind; sie sind zwei der besten Rettungsboote, die wir auf unserer langen Reise miteinander teilen können.

Wir versuchen ebensowenig, mit Gähnen direkt zu arbeiten, wie wir mit Lachen oder Weinen direkt arbeiten würden. Diesen fundamentalen Reflexen kann man sich, ebenso wie der Wahrheit, nur indirekt nähern. Wir arbeiten sozusagen an unserem Haus, damit es für sie bereit ist, falls sie uns einen Besuch abstatten; sie gehören aber zu einer tieferen Ordnung der Dinge als unsere Ideen und Absichten, und antreiben oder verbessern lassen sie sich nicht.

Es gibt indessen eine Tätigkeit, die dem Gähnen nahe verwandt ist, die sogar in einem gewissen Maße eng damit zusammenhängt und die eine Art von allgemeiner und universaler Sehnsucht nach Freiheit darstellt. Fast jeder, der sich bewegt, führt auch sie aus: Es ist das *Strecken,* bei dem Löwen, Wölfe und Babys ebenso beredt sind wie bei ihrem Gähnen. Wer hat nicht schon den Genuß und die Kraft bemerkt, mit der eine Katze sich streckt und ihre Krallen zeigt, oder die Wollust, mit der ein Hund Glieder und Rücken reckt, bevor er sich erhebt? Beim Erwachen am Morgen, wenn unser Geist noch halb in jener Welt ist, die wir nie unserem Willen unterwerfen können, und wenn wir noch nach Schlaf riechen, dann strecken auch wir uns oft spontan aus der Lage heraus, die wir innehatten, und bereiten uns so unwillkürlich auf den neuen Tag vor.

Wie am Liegen müssen wir wahrscheinlich auch am Strecken arbeiten, ehe es wieder erholsam wirkt, auch während wir hellwach sind. Sehr vielen von uns hat man das Strecken beigebracht – als ob es für diese einfachste und spontanste Ausdrucksbewegung eine korrekte *Verfahrensweise* geben könnte. Wir müssen völlig anders anfangen. Wir müssen zunächst zu genügend innerer Ruhe kommen, so daß wir spüren können, was in diesem Moment wirkliches Bedürfnis ist. Dann wird Strecken eine Entdeckung und keine Vorführung, eine Meditation und keine Übung werden. Sind wir wahrer Stille nähergekommen und können wir in ihr den ersten Anflug einer Bewegung spüren, werden wir uns nach der von ihr vorgegebenen Zeit richten und ihr folgen, während sie entsteht, Kraft gewinnt und uns auf ihren eigenen Wegen führt, in unberührtes Land, das noch keine »Sachverständigen« betreten haben.

Dieses höchst intuitive Strecken, das lediglich ein bewußtes Äquivalent des gleichen Vorganges bei Babys und Tieren ist (dem wir uns jedoch durch mechanische Imitation von Babys oder Tieren allenfalls annähern), kann von jedem zu jeder Zeit, selbst in Gesellschaft anderer Menschen, praktiziert werden. Vieles von dem, was man selbst spüren kann, ist dem Auge der anderen so verborgen, daß es sich unbemerkt bewegen und strecken kann. Es ist sogar der Mühe wert, das einmal unter Menschen auszuprobieren. Dann ist man nämlich genötigt, sich mit Geschick und Feinfühligkeit zu strecken – eine Praxis, die auch dann von Wert ist, wenn man allein oder mit einer Gruppe am Strecken arbeitet, wo man versucht sein könnte, in alle möglichen Übertreibungen zu verfallen. Solche Übertreibungen verwischen den Unterschied zwischen dem, was wirklich als notwendig gespürt (und zugelassen) werden kann, und dem, was man sich als notwendig vorstellt und deshalb mit Gewalt herbeiführt. Ein Strecken, bei dem sich der Körper nur so weit ausdehnt, wie die Gewebe es erlauben, das also seinen Weg nicht erzwingt, läßt den Körper zu einem harmonischeren Funktionieren erwachen und bringt echtes Wohlbefinden.

Ich bin überzeugt, daß der Leser sich in einem hohen Maße entspannt und beglückt fühlen wird, wenn er dann und wann für zehn oder fünfzehn Minuten das Strecken ausprobiert. Ich würde *Stehen* dafür als Ausgangspunkt vorschlagen, obwohl auch jeder andere möglich ist. Es kann und sollte wie eine wirkliche Meditation praktiziert werden, das heißt wie etwas, dem man seine volle und rückhaltlose Aufmerksamkeit widmet. Die verbreitete Angewohnheit, in der Vorstellung eines Sich-Aufgebens seinen Körper hin- und herzuschleudern oder in der Vorstellung des Sich-Gehenlassens alles nur Mögliche zu entspannen, ist eine Form der Selbstkontrolle genauso wie jede andere Verhaltenstechnik, der man folgt. Es mag zufriedenstellen, so wie das Gefühl befriedigen kann, man habe beim Tango die richtigen Schritte vollführt oder sei beim Rock'n'Roll herumgesprungen. Aber ebenso wie das bloße Vollführen von Schritten kein Tanzen ist, so sollte das »Sich Aufgeben« in keiner Weise verwechselt werden mit dem sensitiven Erspüren seiner selbst, das spontane Bewegung zur Folge hat.

Jeder Augenblick, in dem der Leser sich diesen Entdeckungen wirklich widmet, wird bedeutungsvoll sein. Wie bei allen Meditationen ist Stärke und Geduld erforderlich, denn die Stimmen der Vergangenheit werden laut werden und sich Gehör zu verschaffen suchen: der gute Rat, die verschiedenen Techniken, die Vorbilder von Menschen, die man gesehen und bewundert hat. Es ist schwer, diese Stimmen auszuschalten und in der unvertrauten Stille zu warten, bis der Organismus seine eigenen Bedürfnisse ausspricht. Aber man muß unbeirrt in der Stille verharren und auf diese Stimme warten. Man kann sie immer erkennen, denn sie drängt nie, sie sagt nur: »Ich bin da.« Man kann sie an der Freude erkennen, die das Hören begleitet – und daran, daß man die Hand sich öffnen lassen kann, wenn es die Hand ist, oder das Kreuzbein, wenn es das Kreuzbein ist, oder den Kiefer und die Luftröhre, wenn es ein Gähnen ist, oder nach und nach die ganze Struktur aus Skelett und Muskulatur, wenn es unseren gesamten Körper betreffen sollte.

## Greifen und Darreichen

Eine weitere, dem Strecken sehr nah verwandte Praxis in unseren Kursen ist das Greifen. Wie viel oder wenig wir auch gähnen und uns strecken, Greifen ist etwas, zu dem wir uns in unserem täglichen Leben ständig veranlaßt sehen, wenn wir es auch nicht immer mit ganzem Herzen tun.

Wenn wir jetzt mit gekreuzten Beinen auf dem Boden sitzen und wenn in geringer Entfernung von uns ein Stein liegt, so können wir ihn nicht ohne eine Bewegung erreichen, die unseren Rumpf und die Hüftgelenke mit ins Spiel bringt. Selbst die Muskeln in unseren Beinen werden nachgeben müssen. Es mag nötig sein, eine bewußte Entscheidung zu fällen: entweder in größtmöglicher Unbeweglichkeit zu verharren, soweit eine solche Situation es gestattet – vielleicht strengen wir uns sogar an, jede unnötige Bewegung zu vermeiden –, oder die Einladung zu einer mehr den ganzen Körper einbeziehenden Reaktion zu akzeptieren. Das ist natürlich kein physisches, sondern ein psychisches Problem. Es ist eine Frage der inneren Einstellung.

Vielleicht werden wir einfach gebeten, den Stein aufzuheben. Bei zwanzig Leuten ruft eine solche Aufgabe zwanzig verschiedene Reaktionen hervor. Einer gehorcht nur zu gerne, ein anderer zögert, einer ist aggressiv, ein anderer schüchtern, einer bewegt sich flink, der andere schwerfällig. In wenigstens einem gewissen Maße wird die individuelle Stimmung und der Charakter jedes einzelnen in der Bewegung offenbar.

Alle jedoch teilen miteinander die relativ mechanische Schwierigkeit auszugreifen, während sie mit gekreuzten Beinen auf dem Boden sitzen. Unsere grundlegende Entscheidung betrifft, ungeachtet unserer individuellen Verschiedenheit, unser Vorgehen, ob wir das Minimum, das von uns verlangt wird, ausführen, oder ob wir außerdem bewußt spüren wollen, was wir tun. Nichts ist damit gewonnen, daß wir den Stein einfach aufheben; aber zu empfinden, wie wir es tun, mag wertvolle Entdeckungen bringen. Dadurch wird vielleicht offensichtlich, wie wenig wir es gewohnt sind, dort nachzugeben, wo es nötig wäre, um ein freies und unser Inneres nicht einschnürendes Ausgreifen zu ermöglichen. Es mag uns langsam klarwerden, daß wir solche Aufgaben seit Jahren sozusagen uns selbst zum Trotz erledigt haben, uns also, wenn auch nur kurz, *gezwungen* haben und Bauch und Rücken gegen den wachsenden Widerstand von Becken und Beinen angestrengt haben.

Vor dem Hintergrund unserer Entscheidung über das adäquate Vorgehen werden manche von uns anfangen, mit einer bewußten Streckung des Beckens nach dem Stein zu greifen, so wie man es bei Übungen für Tanz und Yoga häufig beobachten kann. Jetzt taucht die schon erwähnte Frage auf, in welchem Maße wir uns von der Aufgabe, *einfach nach dem Stein zu greifen*, weg- und zu einem mechanischen Forcieren schlaffer Muskeln hinführen lassen, etwa um gelenkiger zu werden. Das ist eine sehr delikate und subtile Frage. Als einfachste Antwort würde ich geben: Die Alternative liegt darin, daß wir entweder der *Idee* eines korrekten Ausgreifens folgen, was wir uns einfach antrainieren können und wie man auch einen Hund trainiert, oder daß wir uns Zeit nehmen auszuprobieren, wo wir als lebendige, atmende Organismen uns einer gegebenen Aufgabe gegenüber mehr anpassen können.

Diese Alternative existiert vielleicht noch gar nicht, wenn wir anfangen. Vielleicht müssen wir mit einer »Übung« anfangen. Sobald wir aber damit begonnen haben, wird sich die Alternative anbieten und werden die zwei Möglichkeiten deutlicher und klarer zu differenzieren sein. Wie in unserer gesamten Praxis unterscheidet sich der Weg des Einfühlens immer deutlicher von dem Weg des Vorbildes.

Der Leser muß aber nicht mit gekreuzten Beinen auf dem Boden sitzen, um mit dem Ausgreifen zu experimentieren. Bevor er das Buch hinlegt oder nach der Lampe greift, sollte er seine Aufmerksamkeit seinem Atem zuwenden: Wo nimmt er die Atembewegung in sich wahr und wo möchte das Atmen vielleicht noch ungehemmter vor sich gehen? Wenn er dann mit irgendeiner Absicht ausgreift, sollte er es langsam genug tun, um wahrzunehmen, wie die Bewegung auf ihn einwirkt und wie vielleicht eine freiere Bewegung auf seinen Atem Einfluß nehmen könnte. Das wird wiederum die Art beeinflussen, in der er das, was er gerade in der Hand hat, aufhebt oder niedersetzt, ganz gleich wie schwer oder leicht es sein mag.

Wir greifen im Laufe des Tages ständig nach etwas, ob wir stehen oder gehen: Wir öffnen und schließen Türen, wir nehmen Dinge auf und stellen sie wieder an ihren Platz, wir drücken Fahrstuhlknöpfe, wir schütteln Hände. Es geht vor allem die Hausfrau an, wenn sie kocht und das Essen serviert – oder auch den Hausmann, wie es häufig bei Charlotte und mir der Fall ist. Man mag vielleicht eine gefüllte Pfanne auf den Herd stellen oder Teller aus dem Küchenschrank nehmen. Oder man stellt ein Gericht auf den Tisch, wobei es hier wesentlich um seine Beziehung zu all den anderen Tellern und zu den Gästen geht.

In der unverzüglichen, spontanen Lösung all dieser Fragen durch unseren Koch aus Los Angeles, der sich in seiner ganzen Person völlig von seiner Arbeit leiten ließ, lag seine Vollkommenheit.

Jedem, der sich entweder für Bewegung oder für die Beziehung von Mensch zu Mensch interessiert, würde ich raten, einmal als Kellner zu arbeiten. Die Hälfte der guten Tänzer, die ich kennengelernt habe, haben ihren Lebensunterhalt als Kellner oder Kellnerinnen verdient. Was Bewegung anbelangt, ist das die einzig wahre Beschäftigung. Er sollte aber entweder in eine Lunchbar mitten in Manhattan gehen, wo über Mittag jede Sekunde in Gold aufgewogen wird, oder, im Gegensatz dazu, in ein entferntes savoyardisches Dorf, wo das Mahl aus dem Garten und aus dem Fluß hinter der Hoftür des Restaurants kommt und dem, der es zubereitet ebenso kostbar ist wie dem, der es verzehrt. Denn kein Kellner kann sich völlig freimachen von dem gierigen und entfremdeten Verhalten gegenüber dem Ritual des Essens, das in so vielen amerikanischen Restaurants überhand genommen hat. Wenn er nicht durch die Umgebung an den seiner Arbeit innewohnenden Wert erinnert wird, kann er kaum mit ganzem Herzen für sie bereit sein.

In einer Umgebung aber, wo man diesen grundlegendsten aller organischen Prozesse respektiert, bei dem eine Form des Lebens für eine andere zubereitet und von ihr konsumiert wird, da gerät die Arbeit für den sensitiven Kellner zu reiner sensory awareness. Wahrscheinlich liegt in dieser sozialen und individuellen Bedeutung der Grund dafür, daß die Kellner in den guten Restaurants überall in der Welt die allereinfachste Kleidung in Weiß und Schwarz tragen, die Sauberkeit und Unaufdringlichkeit verkörpert und die Freiheit psychologischer Auslegung zuläßt. Was sollen wir dann davon halten, was Amerika seinen eigenen Kellnerinnen antut, wenn es sie in Miniröcke kleidet und womöglich noch ihren Busen entblößt, um uns und sie von ihrer wirklichen Funktion abzulenken?

Wir können nicht alle professionelle Kellner und Kellnerinnen werden. Ich wüßte aber gerne, ob nicht der Leser selbst schon dann und wann eine wirkliche Freude empfunden hat, wenn er seine Freunde, seine Kinder oder seine Gattin bedient hat. Wenn ja, war es nur das freudige Gefühl, eine Gabe – vielleicht das Werk seiner eigenen Hände – anzubieten und diese Gabe vor dem Empfänger niederzusetzen? Oder spielte da noch ein anderes Element hinein: die Freude an der Bewegung, als er die Schüsseln und Teller wegnahm und sie – sorgfältig und voll Respekt für die Anwesenheit der anderen, aber nichtsdestoweniger schnell und flink – zum Spülbecken brachte? Hier gibt es die Möglichkeit, sie entweder aufs Geratewohl abzuladen oder sich intuitiv der Situation zu widmen, hier zu sortieren und abzuschaben, dort vielleicht zu spülen, ohne aber je die Tischgesellschaft zu vernachlässigen. Falls einer diese Erfahrung gemacht hat: Entstand nicht ein sehr befriedigendes Gefühl von harmonischem Funktionieren aus ihr?

Wenn der Leser das nächste Mal den Tisch deckt oder Geschirr zum Spülbecken bringt, wird es vielleicht für ihn ein bewußtes Experiment werden. Er mag sich dann Zeit nehmen, seinen Atem wahrzunehmen, während er sich bewegt, und das Gewicht und die Form der Dinge, mit denen er umgeht, zu spüren. Was geschieht, wenn er einfach in der Bewegung nur seiner Beziehung zum Boden oder seinem Weg durch das Zimmer Beachtung schenkt? Alle solche Tätigkeiten, die mit dem Hinstellen und Fortnehmen von Dingen in Übereinstimmung mit der Gesamtsituation zu tun haben und die Geistesgegenwart (aber selten Gedanken) erfordern, können genau so erspürt werden wie etwa das Greifen nach einem Stein.

Würde dies aber nicht zu einem unerträglichen Narzißmus bei der Bedienung anderer führen, weil hungrige Menschen warten müssen, während wir dabei sind, unsere Bewegungen zu vervollkommnen? In keiner Weise! Wartet die Schwerkraft, während der Skiläufer seinen Stil vervollkommnet? Alle unsere Handlungen sind, wenn sie funktional sind, auf den zentralen Inhalt des Augenblicks gerichtet – in diesem Fall auf das Servieren einer Mahlzeit. In diesem Licht besehen wird solches Erspüren unsere Verbindung mit den Anwesenden nicht verringern, sondern verstärken.

Nachdem wir nun so viel mit unbelebten Gegenständen gearbeitet haben, werden wir jetzt, wenn wir wieder anfangen, mit Menschen zu arbeiten, vielleicht mehr an all das denken, was damit wirklich verbunden ist. Man kann nämlich durch bewußten Kontakt, besonders durch den sogenannten physischen Kontakt, das heißt durch offenes, sensitives In-Beziehung-Treten, viel über einen anderen lernen. Interessanterweise funktioniert das selbst durch die Kleidung hindurch – und nicht nur dann: Ich habe diesen Kontakt durch eine sechs Meter lange Fußbodendiele gefühlt, als deren eines Ende auf meiner Schulter und das andere auf der meines Partners lag und wir auf dreißig Zentimeter breiten Mauern hoch über dem Boden gingen, um die Diele an ihren Platz zu bringen. Wenn da nicht jeder den anderen durch die Länge eines solchen Balkens spürt, überlebt keiner. Ein Hautkontakt mag angenehm sein – die innere Natur des Menschen dringt aber durch die Haut, und sie wird auch durch die Kleidung dringen.

Vor vielen Jahren habe ich jeden Nachmittag etwa eine halbe Stunde damit zugebracht, mit meinem fünfjährigen Sohn zu ringen, wenn ich nach schwerer Arbeit von der Schiffswerft heimkam. Es war eine Freude für ihn und eine große Erholung für mich. Seine Freunde gesellten sich zu uns, manchmal waren wir eine ganze Gruppe. Ich entdeckte damals, wie deutlich der Charakter eines jeden Kindes sichtbar wurde – durch den Schleier des Erlernten, mit dem ich schon vertraut war, hindurch – und wie stark er in diesem frühen Alter bereits ausgeprägt war: einer war fröhlich und großzügig im Gebrauch seiner Energie, ein anderer verschlagen und unbarmherzig, der eine angespannt, der andere ängstlich – jede Kraftprobe offenbarte mehr als monatelanges tägliches Zusammensein. Die Meinung, die ich mir über sie gebildet hatte, konnte beiseite geschoben werden, denn beim Ringen lernte ich jeden der kleinen Jungen so kennen, wie er – hinter der gesellschaftlichen Fassade seines Zuhauses – wirklich war und wie er sich vielleicht nie selbst kennen würde.

In unseren Experimenten, in denen wir bisher nur gelegentlich das Ringen eingesetzt haben, mag sich dergleichen auch über Erwachsene offenbaren. Solche Kräfte machen sich unter der Oberfläche bemerkbar. Ein scheuer Mensch wird vielleicht einen warmen und positiven Griff haben, während ein großer Schwätzer in Wirklichkeit furchtsam und unbeholfen sein kann. Jemand, der sich selbstbewußt und allwissend gibt, kann sich, wenn es auf tatsächliches Handeln ankommt, als hilflos erweisen. Empfindsam reagierende Menschen können kalt sein, und Experten im Ausdruckstanz werden vielleicht übertreiben. Jemand, der sich dem Druck des gesellschaftlichen Lebens hilflos ausgeliefert fühlt und auch so wirkt, kann zu sich selbst finden, wenn er in Ruhe mit einem anderen arbeitet. Eine sorgfältige Wahrnehmung dessen, was wirklich geschieht, kann uns viel über die Diskrepanz zwischen äußerer Erscheinung und innerer Realität lehren.

In echten zwischenmenschlichen Beziehungen herrscht beständiger Austausch. Bewußt oder unbewußt ist man immer Gebender und Nehmender. Manchmal scheint mehr das eine, manchmal mehr das andere zu überwiegen, und manchmal herrscht ein ausgewogenes Verhältnis. In Wirklichkeit zeigt sich eigentlich immer beides auf einmal. Eine warme und eine kalte Hand kommen zusammen; die eine gibt etwas von ihrer Wärme ab und die andere nimmt sie an. Aber die kalte Hand lädt die warme ein, und die warme empfängt diese Einladung. Jede kann zögernd und zurückhaltend sein – oder empfangend und gebend. Der eine reicht dem anderen ein Glas Wein, aber der Empfangende gibt dem Gebenden die Gelegenheit dazu. Der Gast nimmt das vom Gastgeber angebotene Mahl besser oder schlechter an. Man kann diese Funktionen nicht trennen; man kann nur mehr oder weniger gegenwärtig in ihnen sein.

Unzählig sind die Möglichkeiten, miteinander zu arbeiten. Wenn einem wirklich klar wird, daß diese Arbeit nicht aus einer Fülle von Techniken besteht, sondern vielmehr die Erforschung eines neuen Verhaltens zum Leben ist, dann wachsen aus der Situation neue Wege so spontan wie neue Blätter im Frühling. Aber einige Versuche sind so sehr für die Arbeit im Studio geeignet und in ihren immer wiederkehrenden Wirkungen so generell und effektvoll, daß ich sie hier beschreiben möchte.

Ein interessanter Versuch, den der Leser mit seinen Freunden gut als Gesellschaftsspiel ausprobieren kann, ist folgender: In einer Dreiergruppe steht einer in der Mitte mit ausgebreiteten Armen, während die beiden anderen links und rechts hinter ihm stehen, bereit, ihre Hilfe anzubieten. Wenn alle soweit sind, legen die beiden ihre Hände unter Ellbogen und Handgelenke desjenigen, der ihnen das Gewicht seiner Arme zu überlassen eingeladen ist. Er darf sich nicht bei den Helfern anlehnen, sondern soll frei dastehen und dabei nur seine Arme tragen lassen.

Die beiden Partner können natürlich erst dann ihre stützende Hilfe bieten, wenn ihnen das Gewicht der Arme überlassen wird. Wenn sie der Meinung sind, daß sie das ganze oder das überwiegende Gewicht der Arme tragen, dann können sie die Arme des Stehenden sanft hin- und herbewegen und spüren, ob er es ihnen erlaubt oder sich dagegen wehrt oder vielleicht versucht, seine Arme selbst zu bewegen. Schließlich senken die Helfer die Arme solange ab, bis sie herunterhängen, und wenn die Helfer spüren, daß sie nicht länger gebraucht werden, treten sie in Ruhe zurück.

Sehr häufig wird der Helfer spüren, daß sein Unterstützungsangebot in dem einen oder anderen Moment nicht angenommen wird. Vielleicht sagt er es, vielleicht wartet er nur ab. Nach einer Weile, wenn er immer noch kein Gewicht auf sich spürt, kann er sich plötzlich zurückziehen. Der Arm, der scheinbar in seinen Händen geruht hatte, bleibt nun aber unbemerkt von seinem Besitzer magisch ausgestreckt, bis dessen Aufmerksamkeit darauf gelenkt wird. Das geschieht höchstwahrscheinlich beim Senken der Arme; häufig wird sogar überhaupt kein Gewicht auf die anderen übertragen.

Fast immer sind die Schüler sehr beeindruckt von ihren Entdekkungen bei diesem Experiment. Von Bedeutung aber sind die Veränderungen, die stattfinden: der Wechsel vom Zurückhalten zum Geben oder umgekehrt, der sich ereignen kann, ob es nun von einem, zwei oder allen drei Beteiligten bemerkt wird oder gar nicht. Eine sehr kultivierte und intelligente Frau, die eine Reihe von Jahren mit uns gearbeitet hatte, ohne viel von ihrer offensichtlich starken Selbstkontrolle zu verlieren, rief kürzlich entzückt aus: »Dies ist das erste Mal, daß ich mich wirklich anderen überlassen konnte!« Als ihre Partner gefragt wurden, wie es sich für sie angefühlt hatte, stimmten sie darin überein, daß die Frau ihnen überhaupt kein Gewicht übergeben hatte. Sie war verblüfft, gab dann aber zu, daß sie sich *zunächst* ihnen nicht überlassen konnte. »Aber als ich spürte, daß ich ihnen vertrauen konnte«, sagte sie mit warmem Lächeln und feuchten Augen, »da gab ich nach.« Die Partner wurden dann gebeten, noch einmal genau darüber nachzudenken, was sich ereignet hatte, und sie erinnerten sich in der Tat beide, daß sie einen Moment lang wohl mehr Kontakt gespürt hatten. Um wieviel Gewicht es sich dabei gehandelt hatte, konnten sie nicht sagen: Sicher war es nicht viel. Es stimmte aber, daß ein Wechsel eingetreten war.

Es wäre schwer, ein deutlicheres Beispiel für die Relativität von Erfahrungen zu finden. Das geringe Gewicht, das den Helfern wie nichts erschien, war für die, die es zuließ, der erste Stein, der sich von der Mauer lockerte und der ihr wie ein Erdrutsch vorkam. So wie die größten Sünder im Himmel am willkommensten waren, so mag der Mensch mit der größten Steinmauer zwischen sich und der Welt das größte Entzücken empfinden, wenn die Steine, einer nach dem anderen, wegzurutschen beginnen, wenn die Zeit gekommen ist. Ganz gleich, wie wenig oder wie viel man sich zu überlassen imstande ist, schon ein geringer Anstieg der Fähigkeit, die eigenen Arme von anderen tragen und erst recht bewegen zu lassen, wird als Freiheit wahrgenommen – häufig auch als Schwerelosigkeit und sogar als Fliegen. Der Betreffende kommt zum Stehen zurück wie von einer Reise auf dem fliegenden Teppich, überwältigt und gelöst. Er ist denen dankbar, die die Hilfe gaben, und durch diese Rückkoppelung angesteckt sind auch die Helfer dankbar.

Wenn eine Gruppe in Einheiten von vier, sechs oder acht geteilt werden kann, dann kann ein weiteres Experiment mit Geben und Empfangen ausprobiert werden. Die Hälfte, sagen wir vier von acht, bilden einen Kreis und halten sich an den Händen. Die anderen vier sitzen oder knien hinter ihnen, jeweils einer hinter jedem von ihnen. Die vier Stehenden nehmen sich Zeit, um zu einer guten Gewichtsverteilung und zu einer mühelosen Verbindung miteinander zu gelangen. Dann, während sie die Hände der beiden neben ihnen Stehenden zur Balance benutzen, heben sie ihre Fersen langsam vom Boden und kommen auf ihren Fußballen zum Stehen. Die Partner hinter ihnen schieben in diesem Moment ruhig ihre Hände unter die gehobenen Fersen, denen nun ein sehr andersartiger Untergrund bei ihrer Rückkehr zum Boden angeboten wird. Die Stehenden kommen nun langsam zu einem sensitiven Stehen, wobei sich ihre Ballen auf dem Boden befinden und ihre Fersen und ihr Mittelfuß auf den Händen der Helfer auftreffen. Die Partner sollen sagen, wenn es wehtut; ansonsten darf das volle Gewicht übertragen werden. Wenn die Stehenden spüren, daß sie wirklich auf dem, was *nun* unter ihnen ist, zum Stehen gekommen sind, erheben sie sich wieder von den Händen, um den Helfern den Rückzug zu ermöglichen; sie können nun spüren, wie der Boden sich jetzt anfühlt, wenn sie zu ihm zurückkehren.

Während sie die neue Verbindung mit dem Boden erspüren, die wahrscheinlich frischer und lebendiger geworden ist, wenden sich die Helfer dem nächsten Stehenden zu, der sich nun wieder zusammen mit den drei anderen erhebt, um die Hände der neuen Helfer unter die Fersen gleiten zu lassen. Bei vier Stehenden und vier Helfern hat jeder noch weitere drei Gelegenheiten, einen neuen Versuch zu machen und den besten Weg auszuprobieren, wie er seine Hände anbieten beziehungsweise dem anderen sein Gewicht übergeben kann, ohne ihn zu zerdrücken.

Danach, wenn alle ihre Entdeckungen vergleichen, sind es zuweilen die Schwersten, die als Leichteste empfunden wurden. Nur ein Teil dieser Diskrepanz ist der Furcht, die Hand eines anderen zu zerquetschen, zuzuschreiben; viel liegt an der Art, wie das Gewicht übertragen wird. Eine starre Person gibt ebenso wie eine wenig sensitive entweder das Gewicht überhaupt nicht ab, oder sie übt einen Druck aus. Aber auch Helfer, die nach ihrem ersten Versuch die gequetschten Finger pressen und reiben, können einen Weg zu einem ganz anderen und vielleicht viel vollständigeren und weniger schmerzhaften Offerieren der Hände finden, wenn sie weiterarbeiten.

Viel öfter stellen aber die Helfer fest, daß sie weit mehr von dem Gewicht des anderen ertragen können, als sie dachten, und daß sie es nicht als Zumutung empfinden, sondern als eine Gabe, die sie gern annehmen. Und auch die Gebenden, die wählen können, wieviel Gewicht sie dem Boden geben wollen und wieviel den Händen des Partners, kommen nach und nach mehr auf den unter ihnen liegenden Händen zum Stehen und sind erstaunt sowohl über die Fähigkeit der Hände, sie zu empfangen, als auch über die Empfindungsfähigkeit ihrer eigenen Füße, die ihnen vermitteln können, ob sie nachgebend oder eine Bürde sind.

In dem Kapitel über Liegen habe ich ein Experiment beschrieben, wie man im Liegen die Beine aufstellt und dann sachte das Becken vom Boden anhebt, um anschließend auf dem wahrscheinlich als lang empfundenen Weg zur Ruhe auf den Boden zurückzukehren.[25] Das gleiche Experiment gewinnt, wenn man es mit einem oder zwei Partnern durchführt, eine zusätzliche Intensität. Wenn das Becken gehoben wird, gleitet der Partner (oder die Partner) mit seinen (ihren) Händen darunter, um es zu empfangen, wenn es wieder in die Ruhestellung hinabgesenkt wird.

Soviel Beweglichkeit und soviel nicht bewußte Sensitivität wohnen in dem untersten Teil des Rückens und lernen von der Beweglichkeit und Feinfühligkeit der Hand, daß das Zusammenkommen voll gespürt und genossen und das erhebliche Gewicht ohne Schmerz und sogar ohne Anstrengung gegeben und empfangen werden kann. Und wenn das Becken erneut angehoben wird, um die Hand des Partners freizugeben, und wieder – vielleicht jetzt mit wacheren Nerven – seinen Weg zum flachen und harten Boden findet, dann mag das Nachgeben, das verlangt wird, und die Unterstützung, die angeboten wird, viel an Realität und Wert gewonnen haben.

Eine der besten Möglichkeiten, die Mitglieder einer Gruppe miteinander in Verbindung zu bringen, ist die, sie Gegenstände untereinander austauschen zu lassen. Da Charlotte und ich fast immer Steine bei uns haben – wir bringen sie sogar durch den Zoll und ins Flugzeug –, benutzen wir sie häufig zu diesem Zweck. Der Austausch im Kurs hat im Gegensatz zu dem Austausch von Weihnachtsgeschenken den großen Vorzug, daß unsere Gaben nur für eine bestimmte Zeit bei ihrem Empfänger bleiben, nichts kosten und von unfehlbarer Schönheit sind.

Wir müssen die Teilnehmer lediglich bitten, die Verbindung mit dem Stein in ihrer Hand auch noch während der Übergabe an den anderen aufrechtzuerhalten, so daß der Austausch Bedeutung gewinnt. Etwas Gegenständliches wandert von einem zum anderen, und *wie* es wandert, hängt allein von den beiden Teilnehmern ab. Ist man sich der Gegenwart des Steines bewußt, dann spürt man auch den, der ihn empfängt. Der Empfänger seinerseits mag sich dessen bewußt werden, wie der Stein überreicht wird – mit Sorgfalt und Feingefühl oder auf andere Art. Mit »Sorgfalt und Feingefühl« meine ich nicht Besorgtheit oder Mitgefühl, wenngleich diese Emotionen sehr leicht sich als Folge ergeben mögen. Ich meine das gleichbleibende Interesse an der Übergabe, bis sie *wirklich* vollendet und der Stein völlig in der empfangenden Hand gelandet ist, und das Sich-Zurückziehen im angemessenen Moment, ohne Hast oder Zaudern. Alles das kann auch der Empfänger spüren. Auch er fühlt das Gewicht des Steines, wenn er ihm übergeben wird, und er spürt, ob es lediglich das Gewicht ist oder ob dabei nachgeholfen wird, als wolle der Geber den Stein loswerden, oder eine gewisse Zögerlichkeit, als wenn der Geber den Stein noch festhielte.

Ein paar Fragen an die Teilnehmer können hilfreich sein, zum Beispiel, ob die Partner wirklich einfach bei der Übergabe der Steine bleiben oder ob sie sich unmerklich von Selbstbespiegelungen und Phantasien forttragen lassen, ob ihre Bewegungen einfach und sachbezogen sind oder zu Gesten werden.

Um den Austausch zu erleichtern, wandert jeder durch den Raum, bis er den Impuls hat, seinen Stein fortzugeben und einen anderen zu empfangen. Da taucht sogleich die Frage nach der Zuhilfenahme der Augen auf. Suche ich mir einen passenden Partner für den Austausch? Vielleicht gibt es einen anderen Weg des Wahrnehmens. Wie kann ich wissen, ob auch er zum Austausch bereit ist? Gibt es anstelle der üblichen Frage und Antwort durch Blicke eine Möglichkeit, durch mein Bewegungsempfinden meinen Wunsch zu offenbaren und seinen wahrzunehmen? Wenn die Mitglieder der Gruppe dieser Alternativen gewahr werden, gewinnt die ganze Handlung an Ruhe und Aufmerksamkeit. Während die Begegnung sich anbahnt, zum Austausch heranreift und in seinem Vollzug endet, wachsen Sorgfalt und Feingefühl zu einem stärkeren Gefühl von Gegenwärtigkeit. Wieder werden unsere Möglichkeiten erweitert: Wir sind eher imstande zu *sein*, ohne darüber zu reflektieren – eher imstande, einfacher und vollständiger auszutauschen.

Wir haben in unserem New Yorker Studio viele schöne Steine für derartige Verwendungen, Steine, die ihrer Größe nach gerade in unsere Hände passen. Aber wir haben auch große Steine – zehn bis zwanzig Pfund schwere aus Wyoming, Kalifornien, Kanada und Mexiko. Einer sieht aus wie das Ei des Vogels Rock aus ›Tausendundeine Nacht‹; wir bekamen ihn aus Neuschottland mitgebracht, und er wiegt sechzig Pfund. Es ist eine Freude, mit diesem Stein, den die nordatlantischen Stürme rundgeschliffen haben, am Heben zu arbeiten. Das ist meine Lieblingsbeschäftigung. Ich bitte jemanden, sich darüberzubeugen und den Stein zu umfassen – seine Hände um die Rundungen zu schmiegen und sich dabei gerade so tief zu bücken, daß er ihn gut fühlen kann – und ihn dann nach und nach ein wenig in seinem Gewicht anzuheben. Gelingt es ihm, während des Hebens mit seinem Atem auf dieses Gewicht zu reagieren, Bauch und Rücken nicht anzuspannen und, wenn möglich, sich nicht abzumühen? Die Aufgabe besteht in der Tat darin, den Unterschied zwischen Arbeit und Anstrengung auszumachen. Will man mehr Gewicht anheben, dann steht es einem frei, dies zu tun, aber unter keinen Umständen soll man diesen wirklich schweren Stein vom Boden aufheben! Und doch *hebt* sich der Stein vom Boden – sogar bei winzigen alten Damen aus diesen New Yorker Kursen, und keiner weiß, wie es geschieht!

Die schweren Steine wurden wie die leichteren wegen ihrer Schönheit ausgewählt, und sie liegen als Kunstgegenstände im hellen Licht auf unseren Fensterbänken. Über die Jahre sind es so viele geworden, daß kaum Platz für sie alle ist.

Eines Morgens ließ ich die Gruppe einen Kreis bilden und bat dann einen Teilnehmer, zum Fenster zu gehen, einen der schweren Steine zu nehmen, ihn zu unserem Kreis zu bringen und dem Teilnehmer zu geben, der neben ihm stand. Dieser Austausch mußte mit Sorgfalt vor sich gehen; wenn nämlich der Stein aus Versehen jemandem auf den Fuß gefallen wäre, dann hätte das eine schlimme Verletzung verursacht. Der Empfänger nahm das Gewicht etwas ängstlich und unsicher entgegen, wandte sich zu seinem Nachbarn, reichte den Stein vorsichtig weiter und ging schließlich selbst zum Fenster, um einen anderen Stein zu holen. Bald wanderten mehrere schwere Steine neben Blumentöpfen und anderen Gegenständen im Kreise herum, alle ihrer Form, ihrem Gewicht und ihrem Charakter nach sehr verschieden voneinander; und alle wurden mit gleicher Sorgfalt hinsichtlich ihres Gewichts und mit Interesse für ihre Individualität weitergegeben und empfangen. Nach und nach war die Unsicherheit verschwunden. Das Stehen wurde müheloser, der Atem freier. Als der erste

Stein den letzten Teilnehmer im Kreis erreicht hatte, brachte der ihn zurück an seinen Platz.

Die anderthalb Stunden, die ein New Yorker Kurs dauert, waren schnell vorüber. Abgesehen von der Vorbereitung unserer Wahrnehmung der uns schon bekannten Steine hatten wir die Zeit nur dazu benutzt, diese schweren Steine von ihrem Platz zu nehmen, sie in den Kreis zu tragen, sie den wartenden Händen und den Kräften eines anderen Menschen zu übergeben, dann selbst einen Stein zu empfangen und ihn schließlich dahin zu bringen, wo er hergekommen war. Am Ende des Kurses kam eine Frau weinend zu mir. Durch ein Versehen war sie weder gebeten worden, einen Stein von seinem Platz wegzunehmen, noch hatte sie die Gelegenheit gehabt, einen wieder hinzubringen.

Eines Abends arbeiteten wir auf der anderen Seite des Kontinents, wo Charlotte die letzte Sitzung eines Wohltätigkeitsseminars für das Zen-Zentrum von San Francisco leitete, das etwa zweihundert Teilnehmer hatte. Sie hatte an der Wahrnehmung des Atmens beim Sitzen, beim Stehen und in der Bewegung gearbeitet – Versuche, die besonders gut in diese Umgebung paßten, da Charlotte hier die wesentlichen Inhalte der Zenpraxis mit dem täglichen Leben in Beziehung bringen konnte. In einem unerwarteten Augenblick hielt sie inne, und sorgfältiger Vorbereitung entsprechend wurden in den Raum fünfzig Kerzen auf Untersetzern gebracht. Sie wurden unter den Anwesenden verteilt und von denen, die Streichhölzer hatten, angezündet, bis überall flackernde Lichter zu sehen waren.

Die Halle war inzwischen abgedunkelt worden. Jeder, der eine Kerze trug, wurde gebeten, durch die Menge zu gehen, bis er zu jemandem käme, dem er die Kerze gerne geben wolle. Im Halbdunkel des großen Raumes begann ein Meer stummer Gestalten zu wogen, das sich um die wandernden Lichter öffnete und schloß, wenn hier und dort einer seine Kerze an einen für einen Moment hell beleuchteten anderen Teilnehmer übergab oder eine von ihm empfing. Überall ruhten die Augen auf den sich bewegenden Flammen, die beim Tragen unruhig flackerten, aber jede flüchtige Begegnung, die sich anbahnte und wieder auflöste, mit warmem Schein umgaben. Jeder Anwesende wechselte zwischen der Anonymität der sich langsam bewegenden dunklen Menge und dem Augenblick, in dem eine Kerze in seine eigenen Hände kam. Die klar umrissene Funktion, die er zum richtigen Zeitpunkt übernahm, wenn sie an ihn herangetragen wurde, und die er wieder aufgab, wenn er fühlte, daß der Moment dafür gekommen war – die Empfindung für die Richtigkeit und Unausweichlichkeit beider Augenblicke schuf einen profunden Rhythmus und verlieh den

Gesichtern eine Glut, die stärker als die des Kerzenscheines war. Unter den zweihundert Leuten, die sich mit oder ohne Kerzen durch den Raum bewegten, breitete sich eine wachsende Hochstimmung aus, die, wie es schien, auch mit der Zeit nicht abebbte.

Nach einer halben Stunde bat Charlotte alle, die Kerzen trugen, sie in die Mitte auf den Boden zu stellen. Selbst bei denen, die Zenschüler waren oder dem Zen zumindest nahestanden und denen Einfachheit das höchste Gebot war, dauerte dieser Vorgang eine geraume Zeit. Als er beendet war, hatten sich die, die der Mitte am nächsten waren, hingesetzt oder hingekniet, so daß die anderen, die gedrängt hinter ihnen standen, über ihre Köpfe hinweg sehen konnten. Endlich bat Charlotte, ein Teilnehmer möge vorkommen und eine Kerze ausblasen. Erwartung erfüllte den Raum. Aus den Augenwinkeln konnte man den Ring der Gestalten im Umkreis der fünfzig Kerzen erkennen, deren Flammen die geneigten Gesichter zu beiden Seiten erleuchteten. Ein junger Mann erhob sich, seine Augen waren auf das glitzernde Lichtermeer gerichtet. Er stand einen Augenblick still, als fasse er sich ein Herz. Dann kam er vor, kniete sich hin, blies die nächststehende Kerze aus und kehrte dorthin zurück, woher er gekommen war. Vor aller Augen stand eine der weißen Kerzen nur noch mit einem kleinen schwarzen Docht an ihrer Spitze. Schließlich erhob sich eine andere Gestalt und ihr gegenüber noch eine weitere; das Zögern war verschwunden. Ohne Hast oder Durcheinander näherten sich nun drei oder vier zugleich; jeder blies eine Kerze aus und kehrte an seinen Platz zurück, wobei sich alle mit der Sicherheit und Anmut tiefer innerer Motivation bewegten.

Dann waren nur noch etwa ein Dutzend Kerzen übrig. Charlotte läutete eine kleine Glocke, die sie mitgebracht hatte. Die Gestalten, die sich gerade erhoben, hielten inne in der Bewegung, als der Ton der Glocke, langsam verhallend, durch den Raum klang. Ganz in der Mitte brannten die übrigen Kerzen mit ruhiger Flamme. Charlotte kam vorwärts, legte ihre Handflächen zum Zengruß aneinander, verneigte sich und beendete damit den Abendkurs.

## Arbeit am Kopf

Von allen Experimenten ist wohl das am eindrucksvollsten, in dem wir den Kopf des Partners anheben. Hierbei liegt der eine mit dem Rücken auf dem Boden, während ein anderer so hinter seinem Kopf sitzt oder kniet, daß er ihn ohne Mühe erreichen kann. Haben wir bereits, wie beschrieben, mit dem Bein eines anderen gearbeitet oder seine Arme getragen, dann sind wir auf einige der möglicherweise auftretenden Schwierigkeiten schon vorbereitet.

Wird unser Partner uns seinen Kopf anvertrauen? Werden wir unsererseits in der Lage sein, die eine oder andere Veränderung zu sehen oder zu spüren, die seine Reaktion auf unser Unterstützungsangebot in ihm hervorruft? Werden wir imstande sein zu spüren, ob wir selbst unseren Kopf einem anderen anvertrauen können?

Zunächst sind wir stärker darauf konzentriert, wie wir die Aufgabe angehen. Wir nehmen uns Zeit, dort einen Platz ausfindig zu machen, wo unser Arbeiten nicht behindert wird. Wir warten auch, bis unser Partner uns zu verstehen gibt, daß er ruhig und bereit ist. Dann schieben wir sacht unsere Hände unter seinen Nacken und versuchen, durch die Haare hindurch zu entdecken, wo der Nacken in den Schädel übergeht: Das ist der Bereich, wo wir das Gewicht des Kopfes sicher anheben können, ohne dazu zu tendieren, ihn in Richtung des Rumpfes zu schieben.

Wir lassen uns Zeit, den anderen zu spüren und ihm die Gelegenheit zu geben, uns zu spüren. Dann beginnen wir mit dem Heben. Unsere Augen ruhen auf der ganzen Gestalt unseres Partners. Jeder Wechsel in der Atmung ist sichtbar, jede Bewegung in der Hals- und Brustmuskulatur, jedes Flattern der Augenlider. In Einklang mit diesen klaren Botschaften arbeiten wir weiter, heben den Kopf ein kleines Stück vom Boden und tragen ihn, während unser Partner etwas mehr oder weniger Vertrauen zu uns zeigen mag. Wir bewegen oder drehen den Kopf sehr sanft, falls unser Partner das zuläßt. Schließlich senken wir ihn wieder hinab, bis wir fühlen, daß der Boden ihn völlig übernommen hat und unsere Hilfe nicht mehr nötig ist. Wir gehen ruhig fort, wie eine Mutter wohl von ihrem schlafenden Baby fortgeht, das heißt ohne störenden Abschied.

Noch ist das Experiment aber nicht zu Ende. Eine ganze Zeit lang mag der Liegende noch Veränderungen, die sich in ihm ereignen, spüren, und einige von ihnen sind dem Helfer vielleicht sichtbar. Es kann auch sein, daß der Liegende so mit seinen Gedanken beschäftigt ist, daß für Wahrnehmung kein Platz bleibt; auch das wird erkennbar sein.

Dieses Experiment ist in der Tat dazu geeignet, so viele Energien und ein so starkes Interesse aufleben zu lassen, daß man häufig angeregte Diskussionen zwischen Partnern unterbrechen und sie bitten muß, ihre Entdeckungen mit der ganzen Gruppe zu teilen. Am häufigsten wird die Frage auftauchen: Hat der Liegende seinen Kopf dem Helfer überlassen, oder hat er ihn selbst bewegt? Noch vieles andere wird auftauchen. Einer mag sich erinnern, daß er beim ersten vollen Kontakt, noch ehe sein Kopf angehoben wurde, starke Veränderungen in seiner Verbindung zum Boden gespürt hatte. Er war der Einladung, seinen Kopf in die Hände des anderen zu betten, gefolgt und hatte gleich darauf gespürt, wie seine Leistengegend sich öffnete und seine Beine voller auf dem Boden zu liegen kamen. Dieses Geöffnetsein mag auch nachher noch spürbar sein, selbst wenn er schon zum Stehen gekommen ist. Ein anderer hat vielleicht vor allem Angst gespürt, fallen gelassen zu werden: Die Hände des Partners erschienen ihm nie sicher, selbst dann nicht, wenn sie ihn fest umschlossen. Alle Möglichkeiten, die bei der Arbeit mit den Beinen auftauchten, sind auch hier vorhanden, noch gesteigert durch den besonderen Wert, den wir unserem Kopf beimessen.

Eine der bemerkenswertesten Erinnerungen aus meiner ersten Zeit in Charlottes Kursen war ein Ereignis, das sich in einem Wochenendseminar zutrug, in dem dieses Experiment durchgeführt wurde. Es war mein eigener Kopf, der gehoben wurde, und die Hände, die ihn hoben, erschienen mir so furchtsam, der ganze Mensch hinter mir wirkte so unsicher und zerbrechlich, daß es all meiner Entschlossenheit bedurfte, ihm das Gewicht meines Kopfes zu überlassen. Ich hatte das Gefühl, er könnte jeden Moment fallengelassen werden, und ich mußte mir ständig sagen, daß es ja nur einige Zentimeter bis zum Boden waren. Während mich diese zitternden Hände hielten, überflog mein inneres Auge, das in keiner Weise zur Ruhe kommen konnte, die dreißig Leute, die ich im Raum gesehen hatte, und ich kam zu der Vermutung, daß meine Partnerin eine der beiden älteren und sichtlich gebrechlichen Damen sein müsse, die ich bemerkt hatte. Ich konnte es nicht erwarten, meine Augen zu öffnen, um die kniende Gestalt hinter mir zu betrachten. Zu meiner größten Verblüffung erblickte ich erst die Umrisse und dann eindeutig das Gesicht des jovialsten und scheinbar selbstsichersten Teilnehmers des regelmäßig stattfindenden Abendkurses, eines ehemaligen Hochschulathleten, der immer noch sein eigenes Gewicht, an die einhundert Kilogramm, heben konnte und ein führendes Mitglied seiner Handelsgesellschaft war.

Während ich dies etwa fünfzehn Jahre später schreibe, ist es nur zwei Wochen her, daß mein Kopf wieder angehoben wurde, diesmal aber von so sanften und sicheren Händen, die einen so selbstvertrauenden und starken Menschen verrieten, daß ich, wäre ein japanischer Ringer im Kurs gewesen, mit Sicherheit auf ihn getippt hätte. Ich habe in diesen fünfzehn Jahren gelernt, beim Wahrnehmen zu bleiben und mich weder zu fragen noch mir vorzustellen, wer wohl gerade mit mir arbeitet. Als aber das Experiment vorüber war, hatte ich Gelegenheit, meinen Partner zu sehen. Zu meiner Überraschung erblickte ich ein schlankes, schwächlich wirkendes junges Mädchen. Ich habe mir das eine Lehre sein lassen.

Aus der Arbeit mit Hunderten dieser Experimente weiß ich, daß eine der Fragen, die die Teilnehmer am häufigsten beschäftigt, darin besteht, ob Frauen und Männer sich als Helfer fühlbar unterscheiden. Mir schien diese Frage immer irrelevant zu sein. Aber für den, der sich dafür interessiert, können diese Erfahrungen der Betrachtung wert sein.

Auch der Helfer kann von seinen Erfahrungen berichten. Möglicherweise hat er leichte oder tiefgreifendere Veränderungen in dem Atmen seines Partners wahrgenommen. Oft stellt sich heraus, daß sein Partner sich dessen nicht bewußt war, sich aber an ein sehr befriedigendes Gefühl von Sicherheit und Vertrauen erinnerte, als sich seine Atmung vertiefte. Vielleicht hat der Helfer auch ein starkes Pulsieren sowie Anstrengung am Hals des Liegenden bemerkt, was einerseits den Wunsch nachzugeben andeutete und andererseits die Angst, die es verhinderte. War in einem solchen Fall der Helfer in der Lage, noch ruhiger, noch sicherer und sanfter bei seinem Hilfsangebot zu bleiben und sein eigenes Gewebe zu öffnen für diese aus Bejahung und Not gemischten Signale, so daß er das Ausmaß der von ihm geforderten Hilfe noch stärker spüren konnte, dann konnte er vielleicht am Ende einen Augenblick lang dem anderen das Nachgeben möglich machen, was diesen mit unglaublicher Erleichterung und Dankbarkeit erfüllte. Wenn alles gutgegangen war, blieb der, dem geholfen worden war, häufig mit einem wunderbaren Wohlgefühl liegen, das er als neue Offenheit für das Dasein in Erinnerung behielt.

Aufgrund all der Vorbehalte, die dieses Experiment hervorruft, nämlich das komplizierteste und höchstbewertete Körperteil (für die meisten Menschen der Sitz ihrer Identität) den Händen eines anderen anzuvertrauen, ist es für jeden eine erregende Erfahrung. Es ist zu einer der bekanntesten Techniken zur Schulung der Sensitivität geworden und wird häufig nur wegen seines Sensationscharakters angewendet. Wenn man aber verantwortlich damit umgeht, dann geht daraus eine Lernerfahrung hervor, die viel Zeit und Sorgfalt verlangt und bedeutenden Gewinn bringt.

Es wird helfen, wenn man von dem Liegenden zwei Signale erbittet: das erste, wenn er die nötige Ruhe erlangt hat, um bereit zu sein anzufangen, und das zweite, wenn die Hände des Partners so mit ihm in Kontakt getreten sind, daß er sich bei ihnen sicher fühlt. Sodann kann der Helfer mit dem Anheben des Kopfes beginnen. Wenn er jetzt für die Aufgabe bereit ist, dann kann der Kopf des Liegenden so unausweichlich und unmerklich den Boden verlassen und zu ihm zurückkehren, wie Treibholz an einer geschützten Küste von der hereinkommenden Flut gehoben, getragen, vielleicht für einige Zeit bewegt und dann leise auf den Sand zurückgespült wird.

Wie beim Anheben der Beine entsteht auch hier ganz natürlich ein sanfter Zug, wenn der Kopf von der Schädelbasis her gehoben wird – eine Einladung, die Verklammerung mit Nacken und Schultern aufzugeben. Kann der Liegende die Art und Weise dieses Vorgehens gewinnbringend für sich nutzen, dann wird mit seinem Liegen ein völlig neues Gefühl der Entspannung einhergehen. Es mag uns zurückführen zu der Zeit, als wir im Arm unserer Mutter lagen oder zumindest hätten liegen sollen. Jene Zeit mag für uns mit allen Gefühlen – von Angst bis zur Glückseligkeit – verbunden sein. So wie irgendwo haftende Gerüche uns zuweilen an eine Zeit erinnern, die fast jenseits des Gedächtnisses liegt, so kann ein Moment wie dieser uns den Geschmack einer halbvergessenen Seligkeit vermitteln oder aber uns ermöglichen, alte Ängste wieder auszugraben und zu kompensieren.

Mir kommen hierbei immer gleich Bilder von Naturkräften. Ich sehe die Flut steigen, und fühle etwas ganz Ähnliches. Zwei andere Kräfte dieser Art sprechen aus jener schönen Äsopschen Fabel, die als Maxime über unserer gesamten gemeinsamen Arbeit stehen könnte:

Die Sonne und der Nordwind trafen sich über einem alten Berghang in Athen. Sie wetteten miteinander, wer von ihnen beiden einem Wanderer auf der Erde am ehesten den Mantel ausziehen könne. Zielbewußt und voller Tatendrang versuchte der Nordwind es als erster, aber je stärker er blies, desto fester wickelte sich der Wanderer in seinen Mantel. Erschöpft hielt der Nordwind endlich inne und gab der Sonne den Weg frei. Die Sonne aber tat nichts besonderes; wie sie es immer nach einem Sturm zu tun pflegte, lächelte sie nur von jenem klaren griechischen Himmel in voller Gegenwart auf den Wanderer hernieder. Sie lächelte immer noch, als der Wanderer ohne Mantel die Straße weiterzog und der Nordwind wütend nach Hause stürmte.

Diese Art der Gegenwart ist es, die wir durch unsere Arbeit fördern können.

## Der Ball als Lehrer

Ich erinnere mich, daß ich von meiner ersten Arbeit mit Steinen in Charlottes Studio so begeistert war, daß ich es nicht erwarten konnte, bis ich einen eigenen Stein besaß. Bei jedem Ausflug aufs Land suchte ich so lange, bis ich endlich auf einen stieß, der wohlgerundet war und gerade die richtige Größe hatte; den nahm ich mit nach Hause, wo er mein Begleiter bei der Arbeit, mein Kissen oder meine Last wurde, je nachdem, wonach mir gerade war. Zu Charlottes Lieblingsdingen gehören anscheinend Bälle.

Bei der Arbeit mit Bällen besteht die erste Aufgabe darin, die Explosion von Reaktionen durchzustehen, die in der Regel unmittelbar auf die Verteilung von Bällen in der Gruppe folgt. Für viele ist es schon schwierig, unter irgendwelchen sonstigen Umständen ruhig und gesammelt zu sein – mit einem Ball in der Hand aber ist es ihnen einfach unmöglich. Ebensogut kann man einem Hund befehlen, sich mit einem Knochen im Maul ruhig zu verhalten.

Während ein Stein eine gewisse schweigende Gegenwart hat, die zur Kontemplation einlädt, fordert ein Ball zum Spielen auf. Seine Form ist geometrisch, vollendet, ohne Individualität. Sein einziger Daseinszweck ist Handlung, und diese Handlung besteht möglicherweise aus demselben Geben und Empfangen, an dem wir gerade arbeiten. Wenn also Charlotte einen Korb voller Bälle ausgeleert hat und jeder in der für ihn charakteristischen Weise einen genommen hat und ihn nun sieht und fühlt – oder, was wahrscheinlicher ist, ihn umherrollt, wirft, ihn hochspringen läßt oder mit ihm seinen Nachbarn neckt –, dann wird es nun unsere gemeinsame Aufgabe sein, allmählich zu spüren, was wir tun.

Wir werden also zunächst stillhalten, um zu fühlen, was wir da in unseren Händen halten, und uns nicht gleich darauf stürzen, etwas damit zu tun. Wir werden uns Zeit nehmen, unsere Beziehung zu diesem Gegenstand wahrzunehmen. In einer Gruppe werden sich sehr große individuelle Unterschiede zeigen, wenn es um die Beziehung zu einem Ball geht. Da wird es junge Leute geben, die am Tag vorher Baseball oder Basketball gespielt haben und die aufgrund langer Gewohnheit auf einen Ball schneller und umfassender reagieren als auf alles andere, das sie berühren. Sobald ein Ball auf sie zukommt, sind sie wie elektrisiert. Und da gibt es wieder andere, die sich früher bei der lästigen Verpflichtung, Ball zu spielen, erfolglos und geschlagen gefühlt haben. Und dann werden viele dabei sein, die seit vielen Jahren keinen Ball mehr in der Hand gehabt haben.

Wir werden also alle zu Anfang versuchen, ruhiger zu werden, besonders in unserer Augengegend. Einen Ball in der Hand zu haben bedeutet für viele von uns schon, auf der Hut zu sein. Dann können wir unseren Atem wahrnehmen. Hier werden wir vielleicht eine deutliche Erregung spüren und dann, nach und nach, das Abebben der Erregung zu mehr Stille. Wir lassen uns angemessen Zeit und gewähren dem Atem die Freiheit, sich nach Belieben einzupendeln.

In jedem Fall fangen wir nun an, den Ball springen zu lassen. Wie prallt er ab? Die Reaktion des Balles auf den Boden ist eine Folge der Energie, die wir aufwenden. Wir können ihn höher und weniger hoch springen lassen. Einige von uns haben soviel aufgestaute Energie, daß es schwerfällt, auf diese Chance einer Entladung zu verzichten: unsere Bälle fliegen hoch! Sehr gut. Wie ist es aber mit dem Atmen? Könnte man ein bißchen von der zurückgehaltenen Energie dabei entweichen lassen? Nicht zwingen: *lassen.* Halten wir vielleicht den Atem an, um den Ball mit Gewalt springen zu lassen? ... Wir wollen jetzt also den Ball springen lassen und gleichzeitig den Atem wahrnehmen.

Vielleicht können wir uns soviel Zeit geben, bis das Atmen allmählich freier wird, während wir den Ball springen lassen. Wir können auch daran arbeiten, unsere Lippen und Augenbrauen mehr zu entspannen. Viele von uns krausen die Stirn und pressen die Lippen zusammen. *Muß* es eine Anstrengung sein? Haben wir nicht vielleicht Kräfte, die ganz von allein aus unserer Tiefe in uns aufsteigen, etwa wie ein tiefer Atemzug, ohne in unserem Gesicht gefangen und festgehalten zu werden?

Den Ball springen zu lassen bedeutet aber nicht nur, ihn auf dem Boden aufprallen zu lassen. Es bedeutet auch, ihn zu empfangen, wenn er zurückkommt. Hier mag vielleicht noch ein interessanterer Lernbereich liegen. Würden wir einzelne aus der Gruppe herausgreifen, könnten wir beobachten, daß viele mehr Angst zeigen, wenn sie den Ball fangen als wenn sie ihn aufspringen lassen. Häufig packen wir den Ball und halten ihn fest, wenn er zu uns zurückspringt – dabei lassen wir uns von ihm aus der Balance bringen, wir werden plötzlich durch und durch steif, während unsere Arme sich ihm entgegenstrecken und unsere Hände ihn umschließen.

Wir müssen langsam vorgehen, wenn wir lernen wollen, für den zurückkehrenden Ball aufnahmebereit zu sein. Um ein wenig Klarheit zu schaffen, fangen wir jetzt an, den Ball in die Luft zu werfen. Das, was ich jetzt »Geben des Balles an den Raum« nennen möchte, erfordert etwas mehr Präzision als das Springenlassen vorher. Jeder schaut jetzt nach oben, daher sind Zusammenstöße leicht möglich. Man muß den Ball mit einem Gefühl für die Richtung, das heißt mehr oder weniger direkt nach oben werfen. Was nehmen wir anschließend wahr? Bleiben unsere Arme und Hände ausgestreckt, sind sie steif und warten ängstlich auf die Rückkehr des Balles? Wenn das passiert, wird der Ball häufig von den starren Händen einfach abprallen. Wir tun so, als seien Geben und Empfangen zweierlei. Auch wenn wir uns auf den Augenblick des Empfangens konzentrieren, müssen wir flexibel bleiben.

Es ist nicht schwer, sich vorzustellen, was es heißt, für den Ball bereit zu sein. Viele beginnen damit, beim Empfang Arme, Nakken, ja sogar die Knie stark zu beugen. Das ist, gelinde gesagt, etwas übertrieben: Es ist kein Reagieren auf den Ball – es ist nur ihre *Vorstellung von Reagieren.* Vielleicht tun sie es, um uns einen Gefallen zu tun, vielleicht unbewußt für ein inneres Publikum. Jedenfalls verkörpert es eine Vorstellung von der »richtigen« Art, es zu tun. Es ist nicht funktional.

Aber es ist ein Anfang. Wenigstens verkümmern wir nicht, wenn wir übertreiben. Man kann dem leicht abhelfen. Wenn Charlotte zum Beispiel solche Übertreibungen vor der Gruppe mimisch darstellt, versteht jeder sofort. Schwieriger ist es mit den »Perfektionisten«, die sehr gern ihre Bewegungen verschönern. Ein Fachmann kann völlig in eine Art Vorführung vertieft sein. Die Verschönerungen mögen bei ihm sehr anmutig und raffiniert aussehen, sind aber trotzdem keine angemessene Reaktion auf den Ball. Das kann zu einem heiklen und schwierigen Problem bei der Arbeit werden. Aber solche Schwierigkeiten sind oft die interessantesten und lohnendsten. – Jetzt mag der Zeitpunkt gekommen sein, da wir unseren probeweise unternommenen Versuchen eine neue Dimension hinzufügen. Anstatt den Ball nur in die Luft zu werfen und ihn bei der Rückkehr aufzufangen, können wir dazu übergehen, mit Hilfe des Balles miteinander am Geben und Empfangen zu arbeiten.[26]

Ein Ball ist der Vermittler *par excellence*, ein Bote, der das Verhalten einer Person einer anderen gegenüber in klarer Weise übermittelt. Dieses Verhalten kann kooperativ sein, es kann Rivalität ausdrücken, es kann feindlich, freundlich oder prüfend sein – oder eine Mischung von allem. Es kann auch lebhaftes Interesse oder Gleichgültigkeit ausdrücken, kann tief empfindend oder nichtssagend sein – in jedem Fall kann ein Eingehen auf das Verhalten eines Menschen für uns sehr viel aufklären.

Zu diesem Zweck teilen wir die Gruppe in zwei Hälften, so daß sich die Teilnehmer an den gegenüberliegenden Wänden des Raumes jeweils paarweise gegenüberstehen. Jedes Paar erhält einen Ball, und die beiden werfen ihn einfach hin und her. Jetzt rückt eine Gruppe um einen Platz weiter, so daß jeder einen neuen Partner hat. Eine Weile spielen diese beiden nun miteinander, dann wechseln wir wieder in der gleichen Richtung weiter und setzen das so lange fort, bis alle etwa ein halbes Dutzend neue Partner hatten.

Was ist nun jedem aufgefallen? Gab es da Unterschiede zwischen den verschiedenen Arten des Werfens und Fangens? – Wahrscheinlich waren alle so von den Regeln des Spiels gefangengenommen, daß sie sehr wenig bemerkten. Manchmal war der Ball schwerer zu fangen, manchmal leichter. Hier und da gab es einen Zwischenfall. Das war alles.

Wir fahren fort, aber diesmal nur mit der halben Gruppe. Die andere Hälfte zieht sich in eine Ecke des Raums zurück und sieht zu, während die Spieler sich jetzt freier an den Wänden verteilen. Wieder fliegen die Bälle hin und her. Sie haben ganz unterschiedliche Flugbahnen: manche fliegen hoch, manche tief, manche langsam, manche schnell. Wir unterbrechen. Die Schüler auf der einen Seite rücken einen Platz weiter. Wir beginnen wieder, und so geht es fort.

Inzwischen haben einige der Zuschauer bemerkt, daß die schnellen Bälle in der Regel von immer denselben Personen, und zwar ohne Rücksicht auf den Partner, geworfen werden. Auch ausgefallene Fangtechniken werden immer wieder von denselben angewandt, und zwar auch ohne Rücksicht darauf, wie der Ball ankommt. Dies ist kein einfacher, sachlicher Austausch. Da ist noch etwas mit von der Partie, das nicht hingehört.

Die Zuschauer geben ihre Beobachtungen wieder und stellen sich dann selbst einander gegenüber auf, um ihr Spiel zu beginnen. Ganz gleich, was sie an der ersten Gruppe bemerkt und was sie über sie berichtet haben: Als sie selbst in Aktion treten, ist scheinbar alles vergessen. Solche Idiosynkrasien sind nicht die Folge von Nachlässigkeit oder Unwissenheit, sondern von tief verwurzelten Charakterzügen. Soweit es andere betrifft, kann die Gruppe sie wenigstens schon klarer erkennen. Es sind nicht nur auffallend schnelle Bälle oder ausgefallene Fangtechniken. Einige krausen die Stirn, wie vorher beim Fangen, und pressen die Lippen zusammen, wenn sie den Ball werfen. Andere scheinen ständig erschreckt oder übertrieben vorsichtig zu sein. Die Eigenheiten werden komplexer.

Wir können einen anderen Ansatz ausprobieren. Dafür kehrt die ganze Gruppe, wieder in zwei Hälften geteilt, zu den einander gegenüberliegenden Wänden zurück. Dieses Mal achtet jeder, bevor er zu werfen beginnt, darauf, daß er seinen Partner sieht – dabei soll er weder seine Augen oder seinen Ausdruck betrachten, noch ihn kritisch oder kalkulierend anschauen, sondern lediglich darauf achten, daß er ihn genau sieht. Dann wirft er seinen Ball *zu dieser Person* hin. Die Aufgabe des Empfängers ist es, mehr *da zu sein* für den Ball, der zu ihm fliegt. Es geht nun langsamer. Bei einer solchen Neuorientierung kann es viele Zwischenfälle geben – das macht aber nichts. Wir sind dabei, Konkurrenzverhalten und alte Gewohnheiten zu entdecken und aufzugeben und partnerschaftlicher beim Ballspiel zu werden.

Wenn durch den Wechsel neue Paare entstehen, kann die »Kooperation« in manchen Fällen sich so ausdrücken, daß der Empfänger mit ausgebreiteten Armen dem Ball entgegenkommt, was einem anderen als übertrieben erscheint. Diese Varianten werden schnell entdeckt und mit großem Vergnügen ausgeschlachtet. So macht das Spielen Spaß und gibt jedem Spieler Gelegenheit, lebendiger zu reagieren.

Wir wollen aber nun sehen, ob auch beim einfachen Geben und Nehmen partnerschaftlichere Zusammenarbeit möglich ist – ob wir auch wach und gegenwärtig sein können, wenn der Ball uns einfach übergeben wird. Die beiden Gruppen werden nun gebeten, während sie weiter die Bälle hin- und herwerfen, näher zueinander zu kommen. Würfe, die an den anderen besondere Anforderungen stellen, wären jetzt übertrieben. Während sich die Partner einander nähern, werden sie bei immer kürzeren Würfen immer wacher füreinander und für den Ball. Nach einer gewissen Zeit besteht kein Zwischenraum mehr. Der Ball muß direkt von Hand zu Hand gehen. Wir bewegen uns sehr langsam und kommen schließlich zum Stillstand. Die Gegenwart des anderen kann jeder durch den Ball spüren. Wir gehen nun wieder rückwärts auf die Wand zu, während wir werfen, aber durch unseren Körper haben wir nun schon etwas von dem Menschen erfahren, dem wir den Ball zuwerfen.

Die Arbeit wird – wenn auch vielleicht nicht in diesem Kurs, da es seinen Rahmen übersteigen würde – mit dem Austauschen von Bällen fortgesetzt. Diesmal werden wir aber die Bälle weder springen lassen noch sie einander zuwerfen oder in die Luft werfen. Wir werden uns lediglich einem anderen nähern und ihm unseren Ball übergeben, und wir werden spüren, wie wir ihn empfangen, wenn er uns übergeben wird. Wir haben das schon einmal mit den schöneren und interessanteren Steinen versucht. Wenn wir uns für die Vorbereitung genügend Zeit lassen, dann kann aus dem Akt, daß wir irgendetwas einem anderen in die Hände geben, ein wahrhaftes Geben werden, bei dem der Eigenwert des Gegebenen zurücktritt hinter dem gegenseitigen Mitteilen gemeinsamer Menschlichkeit. Teilnahme, Ernst und Freude erscheinen auf den Gesichtern derjenigen, die daran beteiligt sind.[27]

Eine von Charlottes bevorzugten Arten, einen solchen Workshop zu beenden, besteht darin, daß sie jeden der Teilnehmer neben seinen Ball, der auf dem Boden liegt, treten läßt. Jeder stößt den Ball dann mit dem Fuß an und so wie der Ball davonrollt, folgt er ihm, als wäre er sein Schatten – nach rechts oder links, schnell oder langsam, durch alle Hindernisse hindurch, bis schließlich Ball und Mensch langsamer werden, sich vielleicht noch ein wenig auspendeln und dann zur Ruhe kommen.

Nichts erfordert mehr Aufmerksamkeit. Die eigene Reaktion muß unmittelbar sein. Zunächst erscheint es unmöglich, die Kluft zwischen unserer Einwirkung auf den Ball und dem anschließenden Folgen seiner Bewegungsrichtung zu verringern. Energie muß im gleichen Moment verfügbar und veränderbar sein, so wie man Licht einschaltet. Es ist dennoch keine Zauberei: Jeder Vogel und jeder Fisch bewegen sich auf diese Weise in einem Schwarm. Jeder Skiläufer muß in der Lage sein, auf die Veränderungen des Hanges zu reagieren. Da wir uns weder in Gefahr noch in einem Wettlauf befinden, muß nichts Besonderes erreicht werden. Es macht nichts, wenn wir dem Ball nicht folgen können. Wenn wir aber anfangen zu spüren, was da von uns verlangt wird, dann kann das eine Offenbarung für uns sein.

## Den eigenen Kopf wahrnehmen

Der Wesenskern der sensory awareness liegt in der Unterscheidung unserer tatsächlichen Sinneswahrnehmung von unseren Gedanken und Phantasien. Im allgemeinen haben wir jedoch gelernt, uns mehr mit den letzteren zu identifizieren. Bereitwillig glauben wir, daß wir im Gegensatz zu den übrigen Lebewesen durch intellektuelle Prozesse einer kosmischen Ordnung und Harmonie näherkommen. Ich glaube, daß diese Mutmaßung für immer fragwürdig bleiben muß. Denn was William Blake in den Augen des Tigers sah und wir in jedem wachen Auge erblicken, das uns aus einem Zoogehege anschaut,[28] ist das gleiche Wunder, das wir auch spüren, wenn unser Bewußtsein uneingeschränkt alle unsere Organe und Gewebe sowie unseren Kopf durchdringt und nicht auf vernünftige Überlegung begrenzt ist.

Doch auch wenn wir alle wache Sinne für wünschenswert halten und viel Befriedigung aus einem klaren Sehen, deutlichen Hören und sensitiven Lieben erlangen, betrachten wir trotzdem das alles als nichts angesichts der Bedeutung, die wir dem klaren und scharfen Denken beimessen, und der Bewunderung, die wir ihm zollen, wenn wir ihm in uns selbst und in anderen begegnen. Vernunft, so ist unsere vielleicht sogar richtige Überzeugung, ist Krone und Glorie des Menschen.

Aber wie wir zu dieser Vernunft gelangen, das ist eine andere Frage. Man hat uns gelehrt, daß klares Denken von Konzentration, das heißt von der Fähigkeit, Unwesentliches wegzulassen, abhängt und daß die Konzentration ihrerseits auf einem Willensakt beruht. Seit unserer Kindheit sind wir dazu angehalten worden, *aufzupassen* und zu *denken*. In gehorsamer Nachahmung unserer Lehrer krausen wir die Stirn und pressen unsere Lippen zusammen, wenn wir in Mathematik oder in Ethik mit einem Problem konfrontiert werden – gerade so, wie wir es beim Ballspielen taten. Verspannte Kiefer und eine gerunzelte Stirn sind die Folge – in der Tat alles Verhaltensweisen, die Kraft beanspruchen und das Gefühl geben, die Dinge unter Kontrolle zu haben und uns der Lösung eines Problems intensiv zu widmen. Aber unglücklicherweise leistet das alles nicht das von ihm Erwartete; es mindert unsere Wahrnehmung nur und trägt zu einem starren und zwanghaften Denken bei. Daher ist es so erschreckend, die Anstrengung, die so oft auf dem Gesicht eines Schulkindes sichtbar ist, das zu Hause bei seinen Schulaufgaben sitzt, mit der Ruhe zu vergleichen, die das gleiche Gesicht wenige Jahre früher zeigte und die noch auf den Portraits von Einstein und Shakespeare zu sehen ist.

Es steht für uns nicht zur Diskussion, daß diese Genies ihren tief innewohnenden Interessen folgten, während das Schulkind wahrscheinlich mit dem genauen Gegenteil dessen beschäftigt ist. Wir wollen uns hier nicht kritisch mit Erziehung auseinandersetzen, sondern nur mit unseren Reaktionen auf die erzieherischen Methoden des Antreibens und Drängens, dem wir, sicher ohne unser Zutun, alle ausgeliefert waren.

Ärgerlich ist daran nur, daß wir dazu gebracht wurden, ein Problem zu schaffen, wo keines existiert. So wie eine Katze beim Anblick einer Maus völlig wach und in ihrer Aufmerksamkeit gesammelt ist, so sammelt sich unser Geist ganz von selbst, wenn sich ein realer Anlaß dazu bietet. Es ist lediglich eine Vorstellung von uns, daß man eine Idee »festhalten« müsse, wie man einen Knüppel festhält, oder daß man sich »den Kopf zerbrechen« müsse, um ihn zum Denken zu bringen. Aber so ist es uns beigebracht worden, und um einige von den sich daraus ergebenden unaufhörlichen Aktivitäten aufzudecken, die unter unserer Schädeldecke und hinter unserer Fassade vor sich gehen, arbeiten wir oftmals in unseren Kursen daran, unseren eigenen Kopf wahrzunehmen.

Im Stehen oder im Sitzen schließen wir unsere Augen und lassen unseren Kopf auf dem sich unter ihm befindlichen Gewebe zu mehr Ruhe kommen.

Vielleicht werden wir gefragt, so wie Elsa Gindler es zu tun pflegte: »Spüren Sie irgend etwas da, wo Sie vermuten, daß sich Ihr Kopf befindet?« Empfindungen können sehr vage sein, vielleicht ist auch nichts spürbar. Aber wir haben viel Zeit. »Können Sie irgend etwas in dem Raum zwischen Ihren Ohren wahrnehmen?« ... Noch mehr Zeit ... »Oder in dem Raum zwischen Ihren Schläfen?«

Für einen Betrachter der Gruppe in dieser Situation mag ihr Anblick eindrucksvoll sein. Die Maske des täglichen Lebens schwindet schon, eine ungewöhnliche Sammlung und Ruhe liegt über jeder Gestalt.

»Können Sie spüren, wie weit Ihre Augen voneinander entfernt sind?« ... »Lassen Sie für alles, was da existiert, den nötigen Raum?« In der Zeit, die der Wahrnehmung des Bereiches zwischen den Augen gewidmet ist, kann ein ganzer Mikrokosmos allmählich zum Bewußtsein gelangen. Wir bewegen uns sehr langsam vorwärts.

»Können Sie etwas davon spüren, was zwischen Ihren Wangen existiert?« ... »Oder wo die Luft eintritt?« ... Viel Zeit ... »Von dem Raum zwischen Ihren Kiefern?« ... »Können Sie die obere Wölbung Ihres Mundes spüren?«

Jeder Gesichtsausdruck, den wir uns zuzulegen gelernt haben, um die Welt zu begrüßen oder ihr entgegenzutreten oder eine Maske ihr gegenüber zu tragen, hat seine Wurzeln unter der Oberfläche. Wenn nun unsere Aufmerksamkeit auf das Gebiet gerichtet ist, wo diese Wurzeln sich miteinander vermischen, beginnen erstaunliche Verbindungen sich zu offenbaren. Ein Gewirr tiefliegender Muskeln wird sich regen, die ihre Lage verändern, nachgeben, während die verschiedenen Züge und Organe, mit denen wir zur Welt kamen, nach jahrelangem aufgeprägten Verhalten anfangen, ihren naturgegebenen Ort und ihre Beziehung zueinander wiederzufinden. Lösungen in unserem tiefen Inneren lassen von unserem Gesicht jene Charakteristika verschwinden, an denen andere uns erkennen. Betrachtet man uns jetzt, mag man viele Gesichter leer finden – unsere Gesichtszüge sind noch nicht in der Lage, den freien Raum auszufüllen, den sie vage wahrzunehmen beginnen. Das bedarf einer langen Praxis. Und doch beginnt sich bereits in uns eine Atmosphäre innerer Wachheit und Gegenwart auszubreiten. Unsere Bewußtheit hat sich nicht verringert, sondern eher erhöht – sie hat sich nur nach innen gewandt.

Jetzt werden wir vielleicht gebeten, die Augen zu öffnen und umherzuschauen. Einen Augenblick lang erscheint uns die Szene wie ein junger Morgen, mit Tau auf jeder Blume.

Aus den Berichten zu schließen, haben viele Teilnehmer Spannungen um die Augen, die Nasenflügel und so weiter entdeckt, die sich von selbst aufzulösen begannen, wenn bleibende Aufmerksamkeit darauf gerichtet und wenn Zeit gelassen wurde. Manche fühlten auch Veränderungen in der Atmung und mehr Freiheit beim Sitzen oder Stehen. Hier und da mag auch die Existenz der sich auf der Schädeldecke befindlichen Muskeln ins Bewußtsein gelangt sein und eine Wahrnehmung der Dimensionen und der Gehirnmasse im Innern ermöglicht haben (wodurch sich gelegentlich Verspannungen lösten, die Kopfschmerzen verursacht hatten). Spannungen um Augen, Ohren, Nase und Hals und überall in den Räumen dazwischen wurden dadurch, daß sie bewußt wurden, in einem gewissen Maße gelockert.

Das Faszinierende an der Wahrnehmung des Kopfinneren ist die allgemeine Entdeckung, daß der Kopf aus demselben lebendigen Gewebe besteht wie der ganze übrige Organismus. Genaugenommen ist er wohl, zumindest was seine Komplexität anbelangt, der Körperteil mit der dichtesten Muskulatur und wohl tatsächlich ein Bereich, in dem die meisten willkürlich arbeitenden Muskeln in der Regel unwillkürlich tätig sind. Diese unwillkürliche Tätigkeit beziehungsweise diese Reflexe – unsere charakteristischen Gesichtsausdrücke zusammen mit unseren charakteristischen Sprachgewohnheiten – helfen anderen, uns zu identifizieren. Sie beeinflussen unsere Wahrnehmungen, unsere Verhaltensweisen, unsere Gedanken; man kann buchstäblich spüren, wie sie sich im gleichen Augenblick zu ändern anfangen und zu neuem Leben kommen, wenn die muskuläre Grundlage dieses Verhaltens bewußt wird.

Wenn erst einmal die Propriozeptoren (Wahrnehmungsnerven) wach werden, so daß die Augen, die Ohren und die Nasenflügel wahrnehmbar werden und nicht, wie gewöhnlich, lediglich Sensoren sind, dann beginnt die Bewußtheit so natürlich durch den Organismus zu fließen wie das kreisende Blut. Wenn die Hemmungen in der Muskulatur dieser Organe weichen und ihre erhöhte Reaktionsbereitschaft verebbt, dann wird vielleicht in allen damit zusammenhängenden Muskelsystemen Entspannung spürbar werden. Nicht länger geht es um Kopf und Körper, nicht länger um Geist und Körper.[29] Dieser Geist hat nicht die Funktion eines Rechnergehirns, und er hat seinen Sitz auch nicht nur in der Nachbarschaft des Gehirns oder in der Nähe der speziellen Sinne, die uns die Orientierung ermöglichen und uns die tägliche Perspektive der Welt verschaffen. Er hat die Funktion des gesamten Organismus. Die zehn Millionen Gehirnzellen, die den großen Raum in unserem Kopf einnehmen, in dem wir nichts fühlen können, können nichts anderes sein als seine unendlich komplizierte Schalttafel.

## Erweiterte Bewußtheit

Häufig sind die Nachwirkungen der Kurse am wichtigsten. Während meiner ersten Jahre mit Charlotte in New York, als ich am Tage arbeitete und abends die Kurse besuchte, ging ich oft nachher noch durch die dunklen Straßen und genoß das ruhige Wohlgefühl, daß ich lebte. Ich spürte mit Freude meine eigenen Bewegungen beim Gehen und die unaufhörliche Tätigkeit des Atems. Hohe, dunkle Bürohäuser säumten die fast leeren Straßen im Norden vom Times Square – vor dem Hintergrund ihrer Mauern und des Straßenpflasters nahm ich die Lebendigkeit der wenigen Gestalten wahr, die an mir vorbeigingen.

Zuweilen bei Nacht und manchmal noch stärker in den überfüllten Straßen bei Tage kam mir der Gedanke, daß all diese Leute, ganz gleich wie unbewußt es ihnen war, mit mir die großartige Tatsache teilten, daß wir in diesem Augenblick lebendig waren. Jeder war wie ich eine Knospe, die in diesem Jahr am Lebensbaum gewachsen war und die sich auf ihre eigene Weise, allen Einflüssen der Umwelt zum Trotz, entfaltete und wuchs, bevor sie starb. In diesem Licht erschien jeder von uns – jenseits von Gut und Böse und jenseits all dessen, was ein Mensch dem anderen zufügen kann – als große Kostbarkeit. In solchen Augenblicken verneigte sich etwas in mir unsichtbar vor jedem Vorübergehenden.

Jahre später verhalf mir ein Wochenende äußerst konzentrierter Arbeit zu einer ähnlichen Bewußtseinserweiterung. Diesmal war ich zufällig der Leiter. Das Erlebnis dauerte sechs Stunden oder länger, und ich hatte Gelegenheit, es schriftlich niederzulegen. Ich biete es hier etwa in derselben Form an, wie es damals niedergeschrieben wurde.

Im April 1971 war ich von dem einzigen Psychiater einer Stadt im Süden von Idaho eingeladen worden, einen Wochenendworkshop im Zentrum dieser ländlichen Stadt abzuhalten, die einstmals eine vom Snake River durchflossene Beifußsteppe gewesen war. Die Teilnehmer waren alle ortsansässig. Bei meiner Ankunft am Freitag nachmittag regnete es, und es regnete immer noch, als ich am Sonntag abreiste – ein sehr ungewöhnliches Vorkommnis in diesem wasserarmen Gebiet. Ich wanderte während des Wochenendes einige Male für kurze Zeit auf der Landstraße zwischen den weiten und zu dieser Jahreszeit ziemlich nichtssagend aussehenden Feldern, schnappte ein bißchen frische Luft, mit Schneeflocken und Regen vermischt. Im übrigen galt meine ganze Aufmerksamkeit dem Workshop, meinen Gastgebern und meinen Ruhezeiten.

Die Arbeit mit dieser verhältnismäßig unvertrauten Gruppe von Berufstätigen und ihren Frauen aus einer allgemein konservativen Farmgegend verlief nicht so klar und überzeugend, wie ich es wohl gewünscht hätte; und Sonntag morgen hatte ich ein starkes Bedürfnis, in der kurzen verbleibenden Zeit wirklich noch etwas zu vermitteln. Wir arbeiteten an der Wahrnehmung eines Steines, der in unserer Hand lag. Anschließend gingen wir dazu über, auf Klappstühlen zu einem freieren Sitzen zu gelangen, wobei jeweils ein Teilnehmer saß, während ein anderer seinen Brustkorb und sein Zwerchfell berührte und fühlte, was von dem inneren Lebensprozeß wahrnehmbar war, dem durch das Sitzen mehr Raum zur Verfügung stand.

Wir ruhten uns dann kurz im Liegen aus und kamen danach zum Stehen. Es schien, daß jeder immer noch dort Leben fühlen konnte, wo ihn die Hand des anderen berührt hatte, und daß jeder im Stehen die Möglichkeit spürte, auch hierbei Leben eindringen zu lassen. Ein Kreis bildete sich von selbst, und wir hielten uns zum Abschied an den Händen. Jeder war bewegt, auch ich.

Die Abreise mit dem einzigen Flugzeug ließ zum Verweilen keine Zeit. Ich packte, aß ein wenig und wurde zum Flughafen gebracht, in jenem leicht erregten Zustand, in dem ich mich befinde, wenn ich mir eines raschen, aber ungehetzten und planvollen Handelns bewußt bin. Alles verlief nach Plan, und bald schwebte ich in den Lüften.

Twin Falls Boise, 14 Uhr. Bewölkung und Regen, hoch genug, um Landsicht zuzulassen, jedoch keine volle Wahrnehmung der Entfernung möglich. In der Hoffnung, die Sawtooth Mountains zu sehen, beeilte ich mich, einen Platz an Steuerbord des Flugzeuges zu bekommen. Als wir aufstiegen und Höhe gewannen, war das Ackerland gut zu sehen: jedes einzelne Feld und jedes Haus mit Garten an seinem Platz zwischen den Feldern; die Häuser mehr oder weniger von Bäumen geschützt, so daß alles das, was in Verbindung mit dem Haus zum *Leben* gehörte, so völlig verschieden war von dem, was dazu da war, den Lebens*unterhalt* zu verdienen. Hier war, wie mir erzählt wurde, früher nichts als Beifuß und Wüste gewesen; jetzt diente das Land entweder dem persönlichen Wohlbefinden des Menschen oder der Vermehrung seines Reichtums und bezeugte den Verlust beziehungsweise Gewinn des

Gemeinwesens (den Verlust der Schönheit der Einöde beziehungsweise den Gewinn von Kartoffeln und Alfalfa, je nachdem, wie man es betrachtet).

Keine Berge kamen in Sicht, als wir aufstiegen, nur die zunehmende Dichte der Wolkendecke, in die wir eintauchten. Dann sah ich durch den Nebel den Snake River Canyon, eine lange, klaffende Wunde, in die Ebene eingekerbt. Während ich noch hinabschaute, verschwamm der Canyon und verschwand, und nichts weiter als undifferenziertes Grau blieb draußen übrig. Im Flugzeug war die sichtbare Welt der Formen nun auf den klaren und unveränderten (nun aber isolierten und beziehungslosen) Innenraum des Jets reduziert.

Würde ich die Berge noch sehen, die ich seit meinem Herflug vor achtundvierzig Stunden nicht mehr gesehen hatte? Oder war das die Wirklichkeit, was ich jetzt sah und empfand, so sehr reduziert es auch war? Ich fühlte, wie innere Veränderungen mein Bewußtsein mühelos von Phantasien und Gedanken fort zu meinem Atem führten. Ein Bedürfnis, die geformte Rückenlehne meines Sitzes zu verlassen, ließ mich Rücken und Becken sachte strekken und eine freiere Sitzhaltung einnehmen, auf die hin wir am Morgen gearbeitet hatten. Ich löste den Sicherheitsgurt. Mehr und mehr vereinte mein Bewußtsein das Gefühlte mit dem Gesehenen (das letztere noch gegenwärtig, wenn auch zum größten Teil eintöniges graues Licht). Einige Stunden zuvor hatte jeder Gruppenteilnehmer seine ganze Aufmerksamkeit auf den Stein gerichtet. Erlebte ich nun das gleiche? Die Worte von Suzuki-roshi kamen mir in den Sinn: »Sitzen in Zazen *ist* Erleuchtung.« Ich fühlte immer stärker eine stille Freude am Dasein, befreit von der Lehne in meinem Rücken und Becken, Freude an den sensitiven, spontanen Bewegungen im Rückgrat und in den Organen und Freude an der sanften Bewegung des Atems.

Ich saß relativ aufrecht – so hatte ich noch nie vorher in einem Flugzeug gesessen. Auf dem am Gang befindlichen Sitz in meiner Reihe saß noch ein Passagier, aber ich spürte, daß ich in keiner Weise seine Aussicht behinderte und ebensowenig seine Wahrnehmung störte. Mir schien, daß meine ungewöhnliche Haltung von niemandem im Flugzeug bemerkt wurde. Aber es war jetzt nicht wichtig, daß sie ungewöhnlich war, sie war nur bewußt und herrlich.

Im Hintergrund meines Bewußtseins dämmerte die Erkenntnis, daß Erleuchtung vielleicht kein geistiger oder benennbarer Prozeß irgendwelcher Art sei, sondern eine rein physische Empfindung. Ich fühlte eine wunderbare Schwerelosigkeit: Mir war, als sei es licht *in* mir (in jeder Bedeutung des Wortes), während in meiner äußeren Umgebung alles licht war in seinen zwei Aspekten: rein und formlos vor dem Fenster, formgebunden dahinter.

Die Wolkendecke wurde jetzt dünner, und wir stiegen daraus auf; weiche Formen, die sich weiß und grau im klaren Raum ausbreiteten, schwammen vor meinen Augen – Spuren von Dunst weit über uns. Noch höher oben wurde der klare Umriß eines Langstreckenjets sichtbar und verschwand. Dann tauchten wir sanft wieder in die Wolken ein. Ich sah auf meine Uhr: Wir hatten etwas mehr als die Hälfte des Weges zurückgelegt. Seit dem Start waren fünfzehn Minuten vergangen. Höher würden wir nicht steigen, selbst wenn die Berge hoch genug waren, daß man sie über der Wolkendecke hätte sehen können.

Wieder gab es nichts als Formen im Flugzeuginnern, und draußen vor den Fenstern nur Licht ohne Formen und inmitten all dessen das lebende Ich. Ich spürte immer noch die Freude der inneren Bewegungen in einem von der Rückenlehne befreiten Sitzen, und die Erkenntnis kam mir, daß dies der Grund ist, warum man bei der Meditation *sitzt* anstatt zu lehnen oder zu liegen.

Das Flugzeug sank. Jetzt kamen wir unter den Wolken hervor. Eine neue Landschaft tauchte auf, weniger freundliche Häuser, wie mir schien – eine große Stadt im Norden; nicht weit weg von uns schneebedeckte Berge. Einige Bergriesen erschienen verschwommen in der Ferne. Sie waren nicht sonderlich interessant; es war mehr meine Vorstellung von ihnen als ihre sichtbare Realität, die mich beeinflußt hatte.

Vielleicht war etwas anderes, das uns bevorstand, weit realer, möglicherweise eine schnell sich nähernde tatsächliche Gegebenheit. *Ich könnte bei der Landung getötet werden.* Furcht erfaßte mich und hemmte meinen Atem, den ich dann wieder bewußt regulierte. Aber während ich den Atem normalisierte, entglitt mir die Schärfe meiner Erkenntnis.

Ich versuchte, sie wiederzuerlangen. Konnte ich den vielleicht unmittelbar bevorstehenden Tod als reale Möglichkeit akzeptieren? Der Gedanke überkam mich, daß volle Erleuchtung eine volle Bejahung dieser Möglichkeit einschließen würde; gleichzeitig stieß mich das, wie ich spüren konnte, ein ganzes Stück in die Welt des Intellekts zurück. Konnte ich *das* akzeptieren – die Gegenwart mit der eindeutigen Möglichkeit des Sterbens im nächsten Augenblick? Was bedeutet Tod? Mein Tod würde auch andere betreffen, die mich vielleicht brauchten. Aber *es* wäre ein Jetzt, das den Tod in sich bergen würde, ohne Einschränkung. Unklar empfand ich innere Veränderungen, die eine solche Bejahung vielleicht unterstützten, Veränderungen, die mir eher körperlich als geistig erschienen, wenn ich solche Worte dafür gebrauchen wollte. Jetzt war der Augenblick da. Ich versuchte, mir klarzumachen, *daß es jetzt wirklich geschehen könne.* Mein ganzes Wissen sagte mir das; konnte aber mein gesamter Organismus diesen Beitrag des Verstandes anerkennen, so wie der Blutstrom den Beitrag des Magens anerkennt? Ich zitterte, aber es war ohnehin zu spät, mir darüber klar zu werden. Mein Geteiltsein in Kopf und Körper war noch zu stark. Wir berührten den Boden – wir *hatten* ihn bereits berührt: Die Katastrophe war ausgeblieben, jetzt konnte sie nur noch in der Einbildung existieren. Die Chance war verpaßt. Vergiß es! Das Jetzt hatte so oder so diese besondere Gelegenheit, das Ganze zu bejahen, hinter sich gelassen – falls es überhaupt eine Gelegenheit gewesen war.

Jetzt bestand die Wirklichkeit darin, daß ich etwas von diesem Erlebnis in Worte fassen konnte, falls ich mir die Mühe machte. Ich mußte zwei Stunden warten – Zeit genug. Als ich das Flughafengebäude betrat, sah ich, daß der Warteraum völlig leer war. Ich wählte einen Platz in der äußersten Ecke und holte Papier und Federhalter heraus.

Als ich San Francisco erreichte, war die Wartezeit bis zu dem kurzen Flug nach Monterey sogar noch länger.

Notizen aus dem Flughafen von San Francisco, 19.30 Uhr.

Um 18 Uhr bringt mich ein Wagen in die Stadt. Ich gehe durch sonntäglich leere Straßen in Richtung Chinatown. Das grüne Gras und die Palmen am Union Square bilden den Hintergrund für die leuchtenden Farben von Rhododendron und Primeln. Einige Nachzügler vom Friedensmarsch. Die Grant Avenue entlang zum Yee Jun.

An einem kleinen Tisch bestelle ich Seetangsuppe und Rindfleisch mit Spargel. An einer Säule neben mir hängt ein Spiegel; ich werfe einen Blick hinein und sehe mein Gesicht und meine Augen. Sie sind wirklich da und das stellt mich zufrieden.

Eine große Terrine mit Seetangsuppe wird vor mich hingestellt; sie dampft in der kalten Luft, die von der Straße her die offene Treppe hinunterströmt. Ich hätte nicht noch mehr bestellen sollen, aber es ist nun zu spät. Ich fange an zu essen.

Ich spüre die Hitze der Suppe und ihrer Zutaten in meinem Mund. Meine Augen sind, obwohl der Blick gesenkt ist, weit geöffnet. Aus dem Restaurant, aus dem Lärm und den Bewegungen der dichtgedrängten, hungrig essenden Menschen scheint eine dröhnende Energie durch meine Ohren, meine Augen und alle Poren in mich einzudringen. Mir wird bewußt, daß meine eigene Energie dieser Energie um mich herum durchaus gleichwertig ist: eine Kraft in meinem Atem, die mich trägt, ein Riese, der sich in mir rührt und die altvertrauten Widerstände ohne jede Mühe überwältigt.

In mir ist trotz meines leeren Magens kaum Platz für das Essen, aber ich esse doch: die heiße Brühe, den Seetang, zähe Stücke Vogelmagen – doch ohne meinen gewöhnlichen Heißhunger. Meine Gewohnheit treibt mich sonst zum Schlingen, doch Atem und Bewußtsein sind jetzt so viel stärker, daß ich mir Gewalt antun müßte, wollte ich meiner Gewohnheit folgen. – Die Zeiger der Uhr wandern: Die Zeit bis zum Weiterflug ist fast um. Ich werde nicht mehr nach einem chinesischen Gong suchen können. Aber vielleicht ist nur eine Besorgung wichtig: die Orangen von dem Stand an der Ecke Stockton und Jackson Street. Wenn ich den Bus von der Stockton Street zum Taxistandplatz erwische, dann reicht die Zeit dafür. Es ist wunderbar, wie meine überwältigende neue Bewußtheit Raum für die Wahrnehmung aller praktischen Notwendigkeiten läßt. Sie ist nicht getrübt, sondern sehr klar.

Am Flughafen, zehn Minuten zu früh, mit Orangen. Rechts vor mir sitzen zwei Homosexuelle, der eine frisch rasiert, Gesicht und Hals fahl, der andere rotbackig. Auf der Linken laute Aggressivität zweier grobschlächtiger Heterosexueller. Eine bleiche, stille Gestalt sitzt neben mir. Keine Spannung existiert zwischen ihr und mir. Meine Orangentüte fällt auf dem Boden um, und eine Orange rollt ihr vor die Füße. Ich wende mich ihr zu, um mich zu entschuldigen, als ich meine Hand nach der Orange ausstrecke. Es ist eine junge Frau. Sie hat auch eine mexikanische Tasche, genau wie ich. Sollte ich sie ansprechen? Es ist nicht nötig. Ihr Verhalten ist – wie auch mein eigenes – völlig indifferent. Hinter ihrer Ruhe, vielleicht ihrer Farblosigkeit, spüre ich ein lebendiges Wesen und seinen Eigenwert, ja sogar seine Vollkommenheit.

Wieder fühle ich, daß ich mich in einem weit, weit höheren Bewußtseinszustand als gewöhnlich befinde. Aus dem Busfenster sehe ich die Bäume sich im Winde neigen und eine dichte Nebelbank über die Hügel von San Buno herunterkriechen. Mir wird aber klar, daß ich sie nur sehe, aber nicht erlebe: Ich werde zum Reporter.

Im Flughafen hole ich die Tasche mit den Steinen aus dem Schließfach, stelle meine Orangentüte daneben, setze mich und warte auf den Flug nach Monterey. Vor mir sitzt eine kränkliche Frau, die zwei Kinder mit Strohhüten, Spielgewehren und Fahnen ausschimpft. Sie gehen fort. Ein junger Mann und eine junge Frau sitzen nun auf deren Platz. Die Hand des jungen Mannes befummelt und klopft Rücken und Seiten der Frau. Seine Heftigkeit irritiert mich, aber offensichtlich nicht die Frau; im Gegenteil, sie lehnt sich dichter an ihn. Jetzt, da ich sie zusammen sehe, spüre ich, daß sie in seiner Grobheit Verlangen nach ihr spürt. Meine Irritation verebbt. Meine Augen ruhen auf ihnen; sie merken es, aber es stört sie nicht. Meine Wahrnehmung ihres Gefühls füreinander wird stärker, überwältigend. Sie stehen auf und suchen sich Plätze, die nicht so sehr im Blickfeld der anderen liegen, und ich kann die Ursprünglichkeit und Einfachheit ihres Kontaktes, den ich nicht mehr sehen kann, noch spüren.

Diese letzten Notizen schreibe ich im Flugzeug von San Francisco nach Monterey. Das Flugzeug startet zu diesem kurzen Flug verspätet. Es ist schon fast dunkel. Als ich den Blick aus dem Fenster nach Westen werfe, bietet sich mir ein ungewöhnlicher Anblick: am Horizont zeigt sich ein Streifen in der Farbe von Roséwein und darin eine zarte Mondsichel. Zwischen ihm und dem Flugzeug wogt das gleiche reine Wolkenmeer, wie ich es über Idaho gesehen hatte, in den Schattierungen aber viel näher an Schwarz als an Weiß. Aber genauso wie ich dies bei dem Wind und dem Nebel vor dem Busfenster empfunden habe, weiß ich auch hier, klarer als gewöhnlich, daß ich das jetzt nicht mehr erleben kann, selbst wenn ich die passenden Worte finde. Das Maß meiner Wahrnehmung ist voll.

Während ich mich mit den letzten Notizen beeile, kündigt die Stewardess unsere Landung in Monterey an, und ich muß meinen Sicherheitsgurt festschnallen.

## Sinneswahrnehmung in der Kommunikation
## Begegnungen mit dem Maler Arthur Dove

Das aus der Meditation erwachsende erweiterte Bewußtsein ist sich selbst genug. Don Juan (in den Büchern von Castaneda) *sah* einfach. Es gibt aber andere – auch Castaneda selbst –, die nicht nur sehen, sondern sich auch mitteilen müssen. Für sie muß es ein Medium geben, in dem sie ein gewisses Äquivalent zu ihrer Wahrnehmung finden. Wörter, die das wichtigste Medium zwischen Menschen sind und die wir alle als Kinder lernen, können unsere Geschichte erzählen. Häufiger führen sie uns jedoch von ihr fort.

Farben, Linien und Klänge sind klarer. Benutzen wir sie aber, befinden wir uns auf offener See. Wir können Farben und Töne nicht im Lexikon nachschlagen. So kommt es, daß Kunst- und Musikschulen große Mühe damit haben, solche Lexika zu schaffen, das heißt, sie beschäftigen sich intensiv mit den Techniken der großen Maler und Komponisten und halten sie fest. Sie erheben Künstler zu Autoritäten, während andere, die auch Wege weisen wollen, die Erfahrungen ihrer Meister in Symbolen versteinern.

Aber keine Erfahrung eines Menschen ist in einem Lexikon oder in einem Kreuz oder in einem Mandala aufzufinden.

So betitelte Suzuki-roshi sein Buch ›Zen Mind, Beginner's Mind‹ und schreibt als ersten Satz: »Im Geist des Anfängers gibt es viele Möglichkeiten, aber in dem des Experten wenige.«[30]

In der letzten Hälfte des Jahrhunderts ist Kommunikation zum Gegenstand weitverbreiteter Studien geworden. Sie wird nicht mehr so selbstverständlich hingenommen, wie das früher der Fall war. Psychologen, Philosophen und Künstler sind von der terra firma aus in unbekannte Meere vorgestoßen. Auch in diesem Buche sind die verschiedensten Möglichkeiten ausprobiert worden, um dem Phänomen der Wahrnehmung und der verbalen Wiedergabe, diesen Zwillingsfunktionen, aus denen Kommunikation erwächst, näherzukommen.

Jetzt, zum Abschluß, möchte ich ein Beispiel nennen. Ich möchte einige Erinnerungen an jenen Künstler und Menschen niederschreiben, der von allen Menschen den stärksten Eindruck auf mein Leben hinterlassen hat, der meine frühen Jahre so beeinflußt hat wie Charlotte Selver meine reiferen. Er ging an seine Leinwand heran wie Charlotte an ihre Kurse. Wenn er eine Arbeit begann, dann war in seinem – wie in ihrem – Geist, glaube ich, alles möglich, denn alles war neu. Dieser Mann war der amerikanische Maler Arthur Dove.

In unserem Studio in New York hängt ein kleines Gemälde. Es stellt eine einzelne Stockrose dar. Oft stehen Zweige und Blumen im Raum, an der Wand hängt eine sehr geliebte Webearbeit, und auf dem Boden liegt ein Haufen Steine vom Strand in Maine. Aber nichts von all dem hat die Intensität der ›Stockrose‹, nichts strahlt soviel Leben und Bewegung aus wie die wenigen Linien und Farben des Gemäldes.

Im Sommer 1935 befand ich mich mit Arthur Dove im selben Raum, als etwas ihn trieb, mit einer schwarzen Linie auf einem Stück Papier zu beginnen, die im Zickzack, in Kurven, im Fallen und im Steigen zu ihrer Vollendung wuchs. Die zeichnende Hand folgte einem tiefen inneren Rhythmus, sie hielt hier und dort in ihrer Bewegung inne, um einen Augenblick lang wahrzunehmen, ehe sie ihre Bewegung fortsetzte. Das geschah ohne Hast und ohne Zögern. Dann tauchte ein Pinsel kurz in Wasserfarbe, verteilte mit Ruhe und Empfindsamkeit etwas Rot und Grün, und das Bild war fertig.

Als ich ein Jahr darauf ›Die Stockrose‹ in der Galerie Stieglitz erwarb, konnte ich Dove lediglich schreiben, daß es mir tief in meinem Innern ein Gefühl von Freude und Bewegtheit gab. Es fühlte sich an wie die Bewegung eines Babys im Mutterleib oder wie ein Kalypso.

In den frühen zwanziger Jahren, als Dove versuchte, mit Hühnerzucht und Hummerfang in Connecticut über die Runden zu kommen, wurden sein Sohn und ich enge Freunde. Die Männer und Jugendlichen der dortigen Gemeinde teilten nur wenig wirklich gemeinsame Erlebnisse, und so war es eine willkommene Unterbrechung, wenn Dove uns zum Zelten mitnahm. Da gab es weder Getue noch Formalitäten. Wir nahmen einfach mit, was wir brauchten, und wanderten anderthalb Meilen aus dem Ort hinaus in die Wildnis eines verlassenen Mühlenteiches. Für uns Zwölfjährige bedeutete eine Viertelmeile Entfernung noch die Welt. Wir hatten unser Zelt, unser Feuer, unser Essen und kein von einem Erwachsenen vorgeschriebenes Programm. Dove war einfach nur auf seine Art anwesend, wie auch die Wälder auf ihre Art da waren, und seine Gegenwart gab dem Erlebnis Zusammenhang und Tiefe, die es ohne ihn nicht gehabt hätte.

Ich habe aus dieser Zeit keine weiteren Erinnerungen an Dove. Er trennte sich bald darauf von seiner Frau, heiratete wieder und zog nach Long Island. Aber um 1930 herum begann ich, ihm mit seinem Sohn zusammen in den Weihnachtsferien einen Besuch abzustatten. Vielleicht dreimal besuchten wir ihn einen oder zwei Tage lang in dem schwankenden alten »Yachtclub« in einem Hafen im Sund, wo er und seine Frau Reds mietfrei wohnten; als Gegenleistung paßten sie auf, daß die Ruderboote sich in den Winterstürmen nicht losrissen. Ein Kohlenofen kämpfte rotglühend gegen den Wind an, der durch die Wände pfiff und an den Türen rüttelte, während Arthur und Reds mir wie das Feuer des Lebens selbst erschienen. Wir Jungen brachten Käse und geschmuggelten Rotwein mit, den wir auf dem Weg durch New York erstanden hatten; Reds hatte ein dampfendes Eintopfgericht zubereitet, und Arthur steuerte seinen selbstfabrizierten Gin bei. Als wir satt waren und beim Wein eine Weile geredet hatten, wickelten wir uns in alle vorhandenen Decken und schliefen.

Am nächsten Morgen nach dem Frühstück, in jener strahlenden Wintersonne, mit Schnee auf dem Deck und den auffliegenden und kreisenden Möwen draußen vor den Fenstern, holte Arthur dann seine in diesem Jahr entstandenen Arbeiten heraus. Es waren Ölgemälde, nicht sehr groß, in leuchtenden, klaren und eindeutigen Farben und seltsamen Formen, die mich hemmten und irgendwie erschreckten. Dies war nicht die Welt, in der ich zwanzig Jahre lang gelebt und gelernt hatte und in der ich mich zurechtfinden mußte, sondern etwas völlig anderes, das ich mir nicht erklären und das ich nicht verstehen konnte. Arthur war da auch keinerlei Hilfe. Seinem guten Freund, dem Maler Alfie Maurer, der auch mit unserem Zug gekommen war, erklärte er einmal, daß eines der Bilder sei »als hieltest du ein Ei in deiner Hand«. Diese Worte sind mir vierzig Jahre lang im Gedächtnis geblieben, aber damals hätte er ebensogut chinesisch sprechen können. So schaute ich nur, schaute und sagte nichts; und ich war sehr erleichtert, als die Gemälde wieder weggepackt wurden und wir wieder zu unserem warmen und menschlichen Zusammensein übergehen konnten

Bald darauf erbte Dove ein verfallenes altes Farmhaus im nördlichen Hinterland von New York. Es hatte eine Toilette im Hof und vor der Küchentür eine Wasserpumpe. Bei einem Besuch dort versuchte ich an einem Wintermorgen, aus einem Krug im Schlafzimmer Wasser in das Waschbecken zu gießen, und stellte fest, daß es hartgefroren war. Meinen jungen Städteraugen erschien das sehr romantisch. Sehr viel später wurde mir erst klar, wie viele Entbehrungen und Mühen die Doves auf sich nahmen für das Privileg, in der Natur zu leben und so zu arbeiten, wie sie es wollten.

Eines Abends führten wir beim Kohlenfeuer ein Gespräch über Kunst. Ich sagte, für mich gäbe es nur einen Maler, und das sei Rembrandt, und Dove sagte, es gäbe noch etwas anderes. Ich hatte die Radierungen zur Kreuzigung im Sinn, und ich sprach von den selbst für mich Atheisten überwältigend wunderbaren religiösen Gefühlen Rembrandts und von seiner Schilderung der Beziehung des Menschen zu dem Unbekannten. Dove blieb dabei, daß Kunst eine andere Funktion habe, es war ihm aber völlig unmöglich, mir klarzumachen, worin sie bestand. Er war seinem Wesen nach kein sprachgewandter Mann, und ich muß ihn wohl mit Theorien und Interpretationen überfallen haben. Jedenfalls war die Anstrengung für ihn groß, und um ungefähr halb zehn, eine Stunde nach seiner gewohnten Bettzeit, schlief er ein.

Am Morgen nach dem Frühstück fühlte ich eine große Ruhe in mir. Die anderen, auch Arthur, hatten zu tun. Und als ich allein war, ging ich geradewegs nach oben in das kleine Schlafzimmer, das er als Studio benutzte. Hier standen keine Möbel, die Wände waren kahl und weiß, und klares Licht von Norden strömte durch die wackeligen Fenster. Hier, in ihrer eigenen Welt, hingen die Gemälde dieses Jahres, Blutsbrüder all der anderen, die mich vorher so verwirrt hatten. Die Farben waren stark und leuchtend, die Formen fremdartig. Ich blieb vor einem Bild stehen, das mir etwas weniger fremd war als die anderen: Es zeigte ganz deutlich die Morgensonne über einem gepflügten Feld, und der Hintergrund bestand wahrscheinlich aus Büschen und Bäumen. Etwas ähnliches hatte ich bei van Gogh gesehen. Aber van Goghs Verzerrungen hatte ich als seine machtvolle Gefühlsregung, als Ringen, Liebe, Wut und sogar als die Apokalypse erlebt. Hier konnte ich keinen Schlüssel zu irgendeiner Interpretation finden – nur etwas, das mich festhielt. Dann fiel mein Blick auf einen schwarzen Fleck mitten in der Sonne, und als ich begann, diesen Fleck näher zu betrachten, und mich fragte, warum er wohl da sei, war mir, als würde ich von der Sonne verbrannt. Etwas ähnliches war mir noch nie passiert. Ich konnte fühlen, wie die Sonne von der Leinwand her auf mich herunterbrannte. Nicht nur das, ich hatte auch das Gefühl, als stünde ich in einem Schauer von Strömen, die auf mich niederregneten: Ströme irgendwelcher Art – vielleicht Sonnenstrahlen oder die Ausstrahlung des gepflügten Feldes. Meine Fragen verstummten und überließen mich einem Gefühl von Ruhe und großer Freude. Hier war etwas, das man einfach fühlen konnte. Man brauchte es nicht zu verstehen.

Auf der anderen Seite des kleinen Raumes bemerkte ich nun etwas, das ganz anders, aber genauso leicht zu sehen war. Es war ein Sonnenuntergang hinter Wolken an einem ruhigen Abend. Die Wolken hoben sich in sanften Schattierungen, Linie für Linie voneinander ab, und als meine Augen an den Linien entlangglitten, fühlte ich ihr Leben, geradeso wie ich die lebendige lineare Bewegung in Bachs ›Brandenburgischen Konzerten‹ gespürt hatte. Und so wie ich diesen mit reinem Entzücken gelauscht hatte, ohne sie verstehen zu müssen, so erging es mir jetzt zum ersten Mal bei einem Gemälde.

Noch ein weiteres Bild nahm mich gefangen. Hier war es schwieriger. Es bestand aus flachen, klar begrenzten Farbflecken ohne Abtönungen oder Nuancen; es waren einfach nackte Feststellungen. Aus den Farben heraus erhob sich die gezackte Form einer schwarzen Eisenbahnbrücke. Einen Tag früher hätte ich es nicht ausgehalten, etwas so Starres und Klangloses anzusehen. Es kam mir wie ein aggressives Ödland vor. Jetzt fing es an, sich vor meinen Augen zu bewegen, es stieg und stürzte in gewaltigen Rhythmen wie eine Symphonie von Beethoven – in einer rhythmischen Totalität, mit der ich nur für einige Augenblicke leben konnte.

Ich verließ den Raum und wanderte für einige Zeit allein umher. Diese Werke waren die innerste Substanz des Mannes, in dessen Nähe ich so gerne war. Er konnte sie nicht erklären, aber er hatte sie erlebt, sie gehütet und dargestellt. Sie waren keine Philosophie, keine Religion, keine Naturszene. Sie *waren* einfach.

Als ich ihn sah, fragte ich ihn, ob das, was er gemalt hatte, Bach und Beethoven sei. Die Namen benutzte ich nicht, ich versuchte aber, die Art der Bewegungen durch Gesten auszudrücken. Die Freude des Erkennens strömte zwischen uns. Die Tür war mir aufgetan.

Später versuchte ich, ihm Musik von Beethoven vorzuspielen, aber sie langweilte ihn. Die einzige Musik, die ihn anzog, war die, die Louis Armstrong spielte, und Ragtime.[31] Und als ich ihm das Kapitel aus ›Moby Dick‹ über die weiße Farbe des Wals vorlas, das auf mich einen ähnlichen Zauber ausübte wie er, schlief er ein. Vielleicht war es um 1930 ein Full-time Job, wirklich man selbst zu sein, eine Aufgabe, die keine historischen Einflüsse duldete. Und neben ein oder zwei Zen-roshis scheint mir Dove fast der einzige Mensch zu sein, der wirklich er selbst war. Zumindest in den Staaten habe ich niemanden kennengelernt, der mit ihm vergleichbar wäre.

In den Abendstunden zeigte er mir Werke aus anderen Jahren. Ich war nun in die Welt seiner Bilder eingetreten, und wo mein Blick hinfiel, war lebendige Form und Farbe. Fremdartige Formen und Gestalten grüßten mich mit Bewegungen aus meiner eigenen Erfahrung, mit den Tönen meiner eigenen Gefühle, nur erweitert und bestätigt. Dies waren keine Phantasien, keine Symbole; sie repräsentierten die wirkliche Welt, wie Dove sie erlebt hatte und wie ich sie durch ihn erlebte. Dreißig Jahre später sollte ich durch unsere eigenen Kurse und ein- oder zweimal durch LSD ähnliche Erfahrungen machen. Sie brachten meine Gedanken zum Schweigen und erweckten meine Wahrnehmung so direkt, wie keine Kunst es vorher getan hatte.

In den wenigen folgenden Jahren, in denen ich in oder in der Nähe von New York lebte, versäumte ich keine Dove-Ausstellung am An American Place. Soweit wie möglich ließ Alfred Stieglitz die Bilder für sich selbst sprechen. Die Galerie, einige Blocks vom modisch eingerichteten Museum Of Modern Art entfernt, war von äußerster Einfachheit. Es kamen nur wenige Leute. Einige kleine, leere Räume mit weißen Wänden machten es möglich, daß man mit einem Bild allein sein konnte, bis man zu der inneren Ruhe gekommen war, die es zum Sprechen brachte. Diese Werke konnte man nicht mit einem Blick erfassen. Sie ließen sich aber auch nicht studieren, interpretieren oder kritisch vergleichen, wie ich es bei meinen ersten Erfahrungen mit Kompositionen getan hatte. Man konnte mit nur einem Bild allein sein, und wenn die innere Erregung, die man mitgebracht hatte, verebbt war, dann fing es an zu *sein*.

Im Sommer 1935, dem Sommer der ›Stockrose‹, besuchte ich wieder das Farmhaus und fand Arthur und Reds in großer Erregung über ein neues Bild. Es war ein verschwörerischer Ton in den

Stimmen der Doves, als sie von ›The Goat‹ (Die Ziege) sprachen, und sobald ich allein war, ging ich hinauf, um das Bild zu sehen. Viele Jahre später, als ich es wiedersah, stellte ich fest, daß es klein war; an dem Nachmittag aber schien es die ganze Wand des Raums zu füllen. Es war auch tatsächlich Platz darauf für eine verschneite Bergkette, an deren einem Ende schlafend ein voller Mond schwamm – in Wahrheit war es aber der Kopf einer Ziege mit geschlossenen Augen, und die »Bergkette« war nichts anderes als die braunweiße Rückenlinie, die sanft gewellt vom Kopf zum Schwanz lief, wo mein Blick dann an Schenkel und Bein hinunterglitt und in einer Schlucht landete, über der ein großes, gebogenes, bräunliches Gebilde wuchs, das das Bild füllte. Ich hielt den Atem an, als ich sah, daß es die Erektion der Ziege darstellte, oder besser, daß die ganze Ziege zu einer einzigen Erektion geworden war, die auf einen weiten Spalt zuwuchs und anschwoll, so warm und tief wie die Nacht oder die Erde selbst. Von den geschlossenen Augen und dem Gehirn des mondgleichen Hauptes floß das Leben, hinab durch die erdigen Lenden in ein unendlich empfindsames Wachstum, das über einer ebenso empfindsamen Entfaltung schwebte.

– Um 1950 war der französische Film ›Farrebique‹ entstanden, der die Veränderungen auf einem Bauernhof im Verlauf eines Jahres dokumentiert. Er wurde später von Disney in seinem ›Living Desert‹ geschickt imitiert. Durch die Zeitraffertechnik wachsen die Pflanzen, schwellen die Knospen und öffnen sich, während man zuschaut. Der Film ist mit großer Feinfühligkeit aufgenommen; es ist ein Vergnügen, ihn zu sehen. –

Was also später ein meisterhafter Kameramann mit dem Leben der Pflanzen darstellte, das hatte Dove hier durch zähe, unbewegliche Ölfarbe auf der Leinwand – in engster Verwandschaft zu dem Leben aller Tiere – fertiggebracht.

Dies ist das einzige Gemälde aller Epochen, das ich gesehen habe, auf dem der Liebesakt nicht irgendwie illustriert oder symbolisiert, sondern vielmehr völlig durchspürt und im Material wiedergeschaffen wurde. Es ist das, was Stieglitz von seinen Photographien behauptet: Es ist in Wahrheit ein *Äquivalent.*

Ich finde es faszinierend, daß der organismische und orgastische Trend in den progressiven Philosophien, Dichtungen und Psychotherapien der letzten zwei oder drei Jahrzehnte voll antizipiert wurde in der tief begründeten und unbeirrbaren Verbindung, die Dove in seiner Einsamkeit mit dem natürlichen Prozeß schuf.

Dove starb, lange bevor irgend jemand in meiner Welt je etwas von Zen gehört hatte. Ich würde dennoch nicht zögern, ihn einen Meister des Zen zu nennen. Ich bin überzeugt, daß er, wie auch immer seine intellektuelle Entwicklung gewesen sein mag, in seiner langen Reifezeit in der Stille malte, ohne jede Theorie – aber in voller Sammlung. Und es gab in der Welt der Natur nichts, wovor er zurückschreckte. Er und Reds waren eine Welt in sich. Sie lebten einsam und überaus bescheiden und sahen kaum jemanden. Aber im Yachtclub von Ketewomoke, wo jeder Ruderbootbesitzer Kapitän Jones oder Kapitän Smith war, sagte einmal jemand zu ihm, dem Aufseher über die Flotte: »Ich gehe gern mit Ihnen segeln, Kommodore!«

Denn wenn Dove dabei war, kamen die Leute mehr in Verbindung mit Wasser und Wind und dem kleinen Ruderboot inmitten dieser Naturgewalten. Dies geschah nicht durch irgend etwas, das er gesagt hätte, sondern lediglich durch seine Gegenwart – so wie wir Zwölfjährige es in den Wäldern erlebt hatten. Dies war keine nur visuelle oder imaginative Verbindung, wie es bei den meisten Menschen und den meisten Malern der Fall ist, sondern eine des gesamten Organismus, wie zwischen den beiden Elementen in ›The Goat‹. Daß diese Verbindung die Leinwand und dadurch mich und andere erreichen konnte, war nur möglich, weil zwischen Welt und Leinwand keine vorgefaßte Meinung und keine Kalkulation, sondern einzig der lebendige Weg eines Menschen stand.

Der Krieg kam und ging zu Ende. Nach sieben Jahren im Ausland sah ich Arthur 1946 wieder, drei Monate vor seinem Tode. Er und Reds lebten – wie bei meinem letzten Besuch – in dem kleinen, verlassenen Postamt, an einem Teich in Centerport, Long Island, das sie schließlich gekauft hatten. Sie hatten die Böden angehoben nach einem Hurrikan, bei dem sie überflutet worden waren, und sie hatten die Wände isoliert, so daß es endlich warm und gemütlich war. Für Reds, die sich mit ihrer zarten Gesundheit und ihrem unermüdlichen Geist so hart durchgeschlagen hatte, war dies endlich eine Heimat. Arthur jedoch war bettlägerig. In seinem Drang zu malen hatte er sich in einer Welt, die wenig an der Botschaft der Sinne interessiert war, nie geschont. Er und Reds hatten alle Herausforderungen und Ungewißheiten auf sich genommen, die sich ihnen in langen Jahren und vielen Behausungen entgegengestellt hatten, und in denen oft eine Katastrophe um ein Haar alles hätte vernichten können. Bei ihm versagte schließlich alles auf einmal – Lunge, Herz und Nieren. Sie hatten neue Freunde gewonnen: den Doktor des Ortes, der keine Bezahlung annahm, und eine Schwester vom staatlichen Krankenhaus, die Reds mit Freuden half, Arthur zu versorgen. Der Mann, der immer alles selbst getan hatte, angefangen beim Zerreiben der Farben bis zum »Über-Wasser-Halten« seiner Wohnstätten, konnte nicht mehr durch den Raum gehen. Und dennoch war er in seiner Unbeweglichkeit ebenso präsent wie damals, als ich ihn zum ersten Mal getroffen hatte – präsent in der wirklichen Welt, mit der er nie den Kontakt verloren hatte, wie es so viele von uns tun. Er malte immer noch. Eines der bewegendsten Bilder hat er gemalt, als er krank im Bett lag: Es heißt ›Neighborly Attempt at Murder‹ (Nachbarlicher Mordversuch)[32], und ich möchte bezweifeln, daß irgendein Kunstwerk jemals direkter aus dem Boden der Gegenwart entsprungen ist.

In das Nachbarhaus der Doves war eine unglückselige Familie eingezogen. Häufig hörte man, wie die Kinder ausgescholten wurden und wie sich der Mann und die Frau stritten. Eines Nachts war es kein Schimpfen, sondern Schreien. Minutenlang, vielleicht stundenlang, hörte man Schreie, erst voller Wut, dann voll Entsetzen. Später erfuhr Reds, daß die Frau den Mann abgewehrt und es geschafft hatte, sich umzubringen, und daß es ihr fast gelungen wäre, auch die zwei Kinder zu töten.

Arthur hatte im Bett gelegen, unfähig, sich zu bewegen. Am nächsten Tag konnte er nicht mehr sprechen. Am Tage darauf war er immer noch nicht dazu in der Lage. Am dritten Tag suchte Reds Farben und Leinwand für ihn zusammen, und er arbeitete wortlos, bis er alles in einem Bild festgehalten hatte.

›Neighborly Attempt At Murder‹ ist eine Komposition aus reinen Farbtönen und Bewegung. Unaussprechliche Tiefen und Beziehungen nehmen Form und Farbe an. Vielleicht ist es ungefähr das, was Rembrandt mit der ›Kreuzigung‹ zum Ausdruck hätte bringen können, hätte er dem Geschehen beigewohnt und wäre es ihm zu seiner Zeit schon möglich gewesen, ohne vorgefaßte Meinung zu malen – in einem Leben voller Arbeit und Erfahrung, aber mit dem Geist eines Anfängers.

Schon nach sehr kurzer gemeinsamer Arbeit an der sensory awareness entwickelt sich in der Gruppe eine Achtung voreinander und eine Sympathie füreinander, die man sonst selten antrifft. Wir arbeiten nämlich an unserer gemeinsamen Menschlichkeit, das heißt an jenen Grundeigenschaften, die älter sind als unsere vielen divergierenden Kulturen. Obwohl unsere Gruppen sich selten das Drama (und Melodrama) der Selbsterfahrungsgruppen mit ihren sprachlichen Konfrontationen erlauben, ist eine sehr direkte und tiefe Begegnung von Mensch zu Mensch möglich, die ohne Techniken im üblichen Sinne, sondern in ruhiger emotionaler Ehrlichkeit sich vollzieht.

In den längeren Workshops entwickeln viele Teilnehmer gute und freundschaftliche Beziehungen zu den im Umkreis lebenden Menschen, einerlei, wie konservativ die Bewohnerschaft der Umgebung in anderer Hinsicht auch sein mag. Wir verlieren nämlich nach und nach unsere *Vorstellungen* bezüglich unseres Verhaltens und fangen an zu spüren, wie unser Verhalten *ist.* Wenn unsere Arbeit auch ihrem Wesen nach darauf abzielt, die Autorität jeder gesellschaftlichen Institution zu untergraben und zu erschüttern, so geschieht das nur, um frische Luft und Sonnenschein hereinzulassen, sofern sie von den Institutionen ausgesperrt werden. In dem Maß, in dem man den Sonnenschein hereinlassen kann, fühlt sich auch jeder ein bißchen menschlicher – und wenn wir auch nur ein wenig akzeptieren können, so fühlen wir uns doch langsam in der Lage, mehr zu akzeptieren. Schließlich merken wir, daß wir mit dem Land auch die Stadt – oder mit der Stadt auch das Land – und mit dem Tag auch die Nacht akzeptieren können.

Wie ich schon einmal bemerkt habe, ist die Arbeit an der sensory awareness ungeachtet der unmittelbar entstehenden Begeisterung langwierig. Verwirrung wechselt mit Wahrnehmung und Widerstand mit Einsicht. Die Aufmerksamkeit läßt nach, man wird müde. Der Weg ist selten direkt, und so müssen wir auf Umwege gefaßt sein. Mit anderen Worten: Unsere Stunden sind Arbeitsstunden und erfordern Disziplin. Wird die Disziplin jedoch vom Leiter erzwungen, dann verfehlt sie ihren Zweck. Stattdessen muß durch seine Anwesenheit und Erfahrung – oder, wenn er die noch nicht hat, durch sein Geschick – das Interesse der Gruppe geweckt werden, das ihre Aufmerksamkeit lenkt und sie über Untiefen hinwegträgt.

Wir haben daher eine schwierige und zugleich beglückende Aufgabe. Wir müssen in uns selbst die Lebendigkeit entwickeln, die sie in anderen erwecken soll. Wenn wir lehren und erklären, tun wir genau dasselbe, was allgemein in unser aller Erziehung geschehen ist, auch wenn es oberflächlich dieser Erziehung zu widersprechen scheint. Wir ersetzen lediglich die alte durch eine neue Autorität. Spielen wir Spiele, bei denen wir Techniken benutzen, die wir sensationell finden, dann landen wir in einer weiteren Falle, wo jeder vielleicht Spaß hat, aber kaum Einblick gewinnen kann. Der erste der beiden Holzwege mag intellektuellen Einfluß haben und vielleicht von einigem sozialen und politischen Wert sein, während der zweite die Menschen möglicherweise aus bestimmten Gewohnheiten aufrüttelt und sie zu neuen Freuden verleitet, die sie dann wohl als Befreiung erleben. Ich selbst habe als Kursleiter jahrelang zwischen diesen beiden Holzwegen geschwankt. Es ist aber wie bei einem Brunnen, aus dem lange schlammiges Wasser abgepumpt werden muß, ehe das reine Wasser fließen kann. Und die Tatsache, daß auch das schlammige Wasser von Nutzen sein kann, bedeutet nicht, daß man aufhören sollte, das klare Wasser zu suchen. Wenn es erst einmal kommt – und es kann kommen, dann für lange Zeit ausbleiben und dann wiederkommen –, dann ist es unverkennbar.

Dieses klare Wasser, das dann überall in einer Gruppe zu fließen beginnt, kann, wie Charlotte es als ihre Aufgabe bezeichnet, den Menschen unter die Haut gehen und sie aufwecken.

# Anhang

## Ursprünge der sensory awareness und ihre Verbreitung in den USA

*Elsa Gindler: Arbeit am Menschen*

Der Begriff »sensory awareness« (Sinneswahrnehmung) wird in den letzten Jahrzehnten weithin, aber mit geringer Kenntnis seiner Bedeutung und seines Ursprungs benutzt. Er wurde zuerst etwa 1950 von Charlotte Selver geprägt, um ihre Version der Arbeit zu beschreiben, die von Elsa Gindler etwa vierzig Jahre zuvor in Berlin begründet worden war.

Elsa Gindler hatte sich von frühester Jugend an ihren Weg selbst gebahnt. Nach Absolvierung der Volksschule bereitete sie sich in Vorträgen und Abendkursen auf eine buchhalterische Tätigkeit vor und übernahm von ihrem einundzwanzigsten bis siebenundzwanzigsten Lebensjahr die Buchführung einer großen Tischlerei. In dieser Zeit schloß sie sich mit ihren Geschwistern einer Gruppe von Vegetariern an, die Abendkurse für »Körperertüchtigung, Körperkultur und Atmung« veranstalteten. In solchen Gruppen übernahm Elsa Gindler öfter die Führung.

Sie wurde im Seminar von Hedwig Kallmeyer, die mit frischen Ideen aus Amerika gekommen war, in »Harmonischer Gymnastik« ausgebildet. In diesem Seminar unterrichtete Elsa Gindler für einige Zeit die Seminaristinnen, ehe sie sich selbständig machte und anfing, ihre eigenen Wege zu gehen.

Elsa Gindler stammte aus dem Osten Berlins, einer ausgesprochenen Arbeitergegend. Ihre Eltern arbeiteten schwer, verließen das Haus beim Morgengrauen, und die Kinder mußten alle Pflichten im Haushalt übernehmen. Die Mutter, eine ungeheuer fleißige Frau, verlangte von ihren Kindern soviel wie von sich selbst und erzog sie mit einem ausgeprägten gesunden Menschenverstand, wovon Gindler viel zu erzählen wußte. Der Vater zog gern, wie Elsa Gindlers Bruder berichtete, mit seinen Kindern hinaus in die Natur. Das erklärt die große Liebe zur Natur, die sämtliche Kinder teilten.

Durch eigene Erfahrung behielt Elsa Gindler ein tiefes Verständnis für die Probleme der Arbeiter, denen sie sich zugehörig fühlte. Ihr Denken und Tun waren zeit ihres Lebens davon beeinflußt.

In sehr jungen Jahren erkrankte Elsa Gindler an einer schweren Lungentuberkulose. Man riet ihr, die Krankheit in der reinen Luft der Alpen auszukurieren. Dies war jedoch unmöglich für einen jungen Menschen aus Arbeiterkreisen. Da hatte sie die unmittelbare Erkenntnis, sie könne vielleicht mit Ruhe und Geduld etwas von ihren inneren Prozessen wahrnehmen und Wege finden, die ihrer Heilung förderlich sind. Da das Gewebe ausschließlich eines Lungenflügels erkrankt war, versuchte sie, mehr mit der gesunden Seite der Lunge zu atmen, so daß die infizierte andere Seite relativ ruhig bleiben konnte.

Man könnte diese selbstauferlegte Aufgabe fast als Definition dafür ansehen, was Zenschüler heute »Meditation« nennen, nämlich die völlige Einstellung auf das eigene Atmen, obgleich Gindler um 1910 sicherlich keine Ahnung von Zen hatte und völlig auf sich gestellt experimentierte.

Da Atmen mehr als alle übrigen lebenserhaltenden Tätigkeiten die gesamte Muskulatur stark in Anspruch nimmt, mußte sie in hohem Maße wach werden für die Elastizität ihrer Gewebe und für die Prozesse, die in ihrem Körper vor sich gingen. Denn wie ein Stein, der ins Wasser geworfen wird, im ganzen Wasserkörper Bewegung erzeugt, so bewirkt die Anregung einer Stelle im Organismus Reaktionen an allen anderen Stellen. Wach werden bedeutet genaugenommen eine Reaktionsbereitschaft im gesamten sensorischen Nervensystem.

In einer so kritischen Situation war jede Störung des Atems bedenklich. Andererseits war es möglich, in dem Maße, in dem die inneren Funktionsabläufe wahrnehmbar wurden, bewußt zuzulassen, daß Störungen sich allmählich auflösen konnten und demzufolge aufhörten, die uns angeborene Tendenz zur Regeneration zu beeinträchtigen.

Diese Entdeckung und Praxis von Elsa Gindler wurde die Grundlage unserer gesamten Arbeit.

Elsa Gindler hatte sich tatsächlich innerhalb eines Jahres selbst geheilt, sehr zur Verblüffung ihrer auf der Universität ausgebildeten Ärzte; einer von ihnen, der sie zufällig auf der Straße traf und sie bat, zu einer Untersuchung in seine Praxis zu kommen, wurde bei ihrer Beschreibung der Heilung rot und sagte schroff: »Manchmal geschehen Wunder.«

Aber von nun an fühlte sie sich nicht mehr imstande, Gymnastik zu unterrichten. Ihre eigene Entdeckung brachte ihr die Erkenntnis, daß es nicht nur möglich ist, die eigenen Körperfunktionen wahrnehmen zu lernen und darüber hinaus das sie begleitende Verhalten entsprechend zu verändern, sondern daß es in der Tat zu einer völlig neuen Lebenseinstellung werden konnte, die sich grundsätzlich vom Erlernen bewährter anderer Methoden und Praktiken unterschied.

Was zuerst ein intuitiver therapeutischer Versuch war, entwikkelte sich allmählich zu einer Weltanschauung weit jenseits aller Therapien.

Bis zu ihrem Tode im Jahre 1961 verfolgte und erforschte sie diesen Zugang in praktischen Experimenten mit vielen treuen Schülern, ohne ihrer Arbeit einen formaleren oder spezielleren Namen zu geben als ›Arbeit am Menschen‹.[33]

*Heinrich Jacoby*
Die letzten fünfunddreißig Jahre ihres Lebens brachten eine enge Zusammenarbeit mit Heinrich Jacoby, einem Pionier der Begabungs- und Verhaltensforschung. Seine bis zum Jahre 1925 aus der Auseinandersetzung mit der Musik gewonnenen allgemeinen Erkenntnisse – er war von Hans Pfitzner zum Dirigenten ausgebildet worden – legte er in vier Vorträgen beziehungsweise Publikationen dar.[34]

Diese Zusammenarbeit begann in den zwanziger Jahren in Berlin und wurde mit der Emigration Jacobys in die Schweiz unterbrochen. Während der ganzen Hitlerzeit war der Kontakt sehr erschwert, zum Teil unmöglich.

Heinrich Jacoby setzte seine Forschungen in der Schweiz in Arbeitsgemeinschaften fort, deren Ziel praktische Arbeit an der Entfaltung und sogenannten »Nachentfaltung« des Erwachsenen war. Diese Arbeit orientierte sich an Grundproblemen der allgemeinen Erfahrungs- und Äußerungsfähigkeit des Menschen, wobei das Entstehen-Lassen und Geschehen-Lassen an die Stelle von Tun und Machen tritt.

In dem Jahr, in dem ich in seinen Kursen meine Kenntnisse erwarb, lag das Schwergewicht auf dem Problem der Erziehung. Viele sehr interessierte Lehrer nahmen an diesem Kurs teil. Jacobys Überzeugung nach war die Art, in der kleine Kinder das Sprechen lernen, ein Musterbeispiel für organisches Lernen.

Da das kaum die Methode der staatlichen Schulen war, begannen einige seiner Schüler an ihrem Beruf zu verzweifeln. Schließlich fragte ihn eine Teilnehmerin, was sie tun solle, da sie nun erkannt habe, wie unnatürlich, ja destruktiv die Unterrichtsweise sei, zu der sie sich verpflichtet habe. Ich werde nie Jacobys Antwort vergessen: »Warum sollten Sie Ihren Beruf aufgeben?« fragte er. »Ein anderer mit weniger Feingefühl wird nur Ihren Platz einnehmen. Machen Sie so weiter, wie Sie sind, und machen Sie sich keine Gedanken darüber. Es wird aber dann und wann Gelegenheiten geben, in denen Sie mehr unterrichten, als in Wirklichkeit von Ihnen verlangt wird. Seien Sie wach für diese Zeiten. Dann können Sie anstelle des üblichen Schulunterrichts den Samen legen, der zu selbständiger Weiterbeschäftigung aufgehen kann.« Er starb im darauffolgenden Jahr.

*Verbreitung der Arbeit in den USA*
Charlotte Selver war eine von Elsa Gindlers Schülern, die deren Arbeit vor dem Zweiten Weltkrieg in die Vereinigten Staaten brachten. Seit Oktober 1938 hat Charlotte ihre Version dieser Arbeit in Amerika aktiv weiterentwickelt. Während ihrer ersten Jahre, in denen sie sich in einem fremden Land, unter anderen Menschen und mit einer neuen Sprache zurechtfinden mußte, entschied Charlotte sich für die nun wohlbekannte Benennung »sensory awareness«, um *direkte Wahrnehmung* durch die Sinne zu unterscheiden von der intellektuellen oder konventionellen Wahrnehmung des sprachlich fixierten Wissens, das immer noch fast ausschließlich das Ziel der Erziehung sowohl in der Familie wie in der Schule ist.

Charlottes Arbeit breitete sich sehr langsam aus. Ihre ersten Berater waren sich einig, daß die Amerikaner nie die Geduld dafür aufbringen würden. Aber in den vierziger Jahren wurden mehrere New Yorker Psychotherapeuten, darunter Erich Fromm, Clara Thompson und später Fritz Perls, auf ihre Arbeit aufmerksam und fingen an, ihre Kurse zu besuchen. Perls baute vieles, was er bei der Beschäftigung mit der Sinneswahrnehmung entdeckte, in seine Gestalttherapie ein. 1956 traf Charlotte dann den Philosophen und Orientalisten Alan Watts, der, als er mit ihr arbeitete, erstaunt ausrief: »Das ist ja das lebendige Zen!« Von der Zeit an arbeiteten die beiden in vielen gemeinsamen Seminaren zusammen, zuerst in New York und später in Kalifornien.

Durch Alan Watts eingeführt, leitete sie im Jahre 1963 den ersten Kurs in Sinneswahrnehmung im neugegründeten Esalen Institut. Das führte rasch zu einer weiten Verbreitung popularisierter und sehr häufig irreführender Versionen dieser Arbeit im ganzen Lande. Sensory awareness fungierte bald als Pausenfüller bei allen Diskussionsgruppen von Psychologen oder Soziologen, die sich auf dem schönen Riff über dem Pazifik versammelten; und das Gerücht von der Befreiung vom Sprechen durch diese nonverbalen Experimente breitete sich zu Charlottes Leidwesen überall aus. 1963 war auch das Jahr, in dem ich nach fünfjähriger Ausbildung anfing, mit zu unterrichten.

1966 begann eine Zusammenarbeit mit dem Zen-Zentrum in San Francisco, die auf der Bejahung der Sinneserfahrung und der Ablehnung vorgefaßter Ideen basierte, Grundpositionen, die unsere Arbeit und das Zen gemeinsam haben. Diese Zusammenarbeit hat sich Jahr für Jahr verstärkt.

Die jüngste Entwicklung in der Verbreitung dieser Arbeit war 1970 die Gründung der Charlotte-Selver-Stiftung, Cedars Road, Caldwell, N.J. 07006, einer gemeinnützigen Organisation, die der

Transkription von Tonbändern, der Veröffentlichung von Aufsätzen und anderer Literatur gewidmet ist. Inzwischen ist das erste Zentrum in Verbindung mit dem Zen-Zentrum in San Francisco errichtet worden: In Green Gulch Farm, Star Route, Muir Beach, California 94965, ist ein schöner Raum für unsere Arbeit gebaut worden, wo es uns möglich ist, längere Arbeitsgemeinschaften zu veranstalten und durchzuführen.

## Anmerkungen zum Zen

Für jene, allerdings ständig sich verringernde Zahl von Leuten, die mit dem Zen-Buddhismus bisher weder intellektuell vertraut sind, noch irgendeine Erfahrung in der Zenpraxis des Sitzens (genannt Zazen) haben, kann es vielleicht hilfreich sein, wenn ich versuche, die vielen Hinweise auf das Zen und das Zazen in diesem Buch zu verdeutlichen.

Es gibt faszinierende Schriften zum Zen, die der interessierte Leser in vielen Bibliotheken finden wird. Zen ist die am wenigsten auf den Intellekt sich beziehende und am meisten *erfahrungs*orientierte Form des Buddhismus, so wie er schließlich in Japan blühte. Ich selbst besitze wenig fundierte Kenntnisse auf diesem Gebiet und keine sehr große Erfahrung – einzig ein starkes Verwandtschaftsgefühl und eine hohe Achtung. Vielleicht wissen viele Leser mehr über den Buddhismus als ich, und so mancher wird längere oder tiefergehende Erfahrungen im Zazen haben. Meine Hinweise sind einfach eine Folge dieses Verwandtschaftsgefühls, das von vielen Anhängern der Zenpraxis erwidert wird. Um zu verdeutlichen, was diese Verwandtschaft beinhaltet und was nicht, möchte ich mich, auch auf die Gefahr hin, daß ich überheblich wirke, zu einigen wesentlichen und tiefgründigen Fragen äußern.

Der Buddhismus ist im Westen immer als eine der großen Weltreligionen klassifiziert worden. Man könnte also vermuten, er müsse ein Credo haben, wie zum Beispiel das Christentum, und eine Kosmologie, wie alle Religionen einschließlich des Hinduismus sie haben. Sein »Achtfacher Pfad« kann leicht den alttestamentlichen Geboten gleichgesetzt werden, seine Meditation der Meditation in christlichen Einsiedeleien oder in der Theologie der Kirchenväter, seine Riten und Zeremonien den symbolischen Riten der Kirche, der Synagoge oder der Moschee.

Vergegenwärtigt man sich, daß die von Charlotte und mir praktizierte sensory awareness alle bestehenden Muster sowohl der Gestik wie des Denkens – seien sie nun durch die langsam sich entwickelnde Kultur oder durch individuelle Verhaltensprägung in Fleisch und Blut übergegangen – in Frage stellt, dann könnte in diesem Zusammenhang interessant sein zu untersuchen, ob das Zen gleichermaßen verfährt. Und da viele Einsichten und Erkenntnisse, die aus unserer Praxis erwachsen, oft den Charakter sogenannter »religiöser Erfahrung« aufweisen, könnte es wichtig sein herauszufinden, was das Wort »religiös« für uns bedeuten könnte. Diese Fragen hoffe ich durch einige Worte über mein zugegeben begrenztes Verständnis des Zen verdeutlichen zu können.

Zunächst einmal zögere ich nicht zu behaupten, daß der Zen-Buddhismus nicht *mehr* erklärt werden kann als das Leben selbst. Es gibt keinen Bezugsrahmen, in den er passen würde. Man kann aber vieles benennen, was er *nicht* ist.

Der Zen-Buddhismus ist keine Religion in dem Sinne, in dem das Wort gebraucht wird. Zumindest hat er, so wie ich ihn verstehe, keine Gottheit und kein Credo und weder eine Offenbarung noch eine Hierarchie im christlichen Sinne. Er ist auch keine Philosophie in unserem traditionellen Sinne des Systematisierens von Erfahrungen in eine Ideenstruktur oder der Organisation von Ideen in einem System. Aber obgleich er weder Philosophie noch Religion (und weder physisch noch metaphysisch) ist, hat er im Bewußtsein seiner Anhänger den Platz inne, den diese Denkrichtungen für die Bewohner des Abendlandes haben.

Ich möchte den Zen-Buddhismus eine Geisteshaltung nennen, die intuitiv durch das Beispiel, durch intellektuelle Selbstdisziplin und klar gewonnene Erfahrung erreicht wird, die nonverbal und semiverbal vermittelt wird und die mühelos in die *Relativität* hinüberfließt – die für mich im Grunde keine Doktrin, sondern eine Erkenntnis ist.

Der Zen-Buddhismus hat Riten, wie sensory awareness sie nicht hat, aber Riten ohne symbolischen Wert. Anders als die Eucharistie hat zum Beispiel die japanische Teezeremonie keinerlei Bedeutung jenseits dessen, was unmittelbar ausgedrückt und wahrgenommen wird. Sie ist völlig im Hier und Jetzt und hat keine Beziehung zur Vergangenheit, zur Zukunft oder zu anderen Welten. Der Teemeister, der einfach das ist, was Abraham Maslow einen »sich selbst verwirklichenden« Menschen genannt hätte, muß notwendigerweise weit mehr von sich geben als der Priester, der sich auf eine von »oben« her delegierte, übernatürliche Kraft verlassen und als Mensch unbedeutend sein kann.

Ebenso sind buddhistische Schriften auch keine göttlichen Offenbarungen und fungieren demgemäß nicht als schriftliche

Grundlage eines Glaubens an etwas, das nicht erlebt worden ist. Buddhistische Gelübde bedeuten Gelöbnis, nicht Unterwerfung unter die Gebote des Herrn. Buddhistische Danksagungen bei Mahlzeiten vermitteln Anerkennung für die Nahrung, die durch die Arbeit anderer Menschen und durch das Leiden anderer Lebensformen entstanden ist, nicht Dank der persönlichen Freundlichkeit eines »Allmächtigen«, der alle anderen Wesen dem Menschen zur Verfügung gestellt hat. Infolge dieser Abwesenheit einer autoritären Struktur könnte, so glaube ich, keine »Psychologie des Buddhismus« wie die Freudsche des Judentums und des Christentums entstehen. Im Gegenteil, die Psychologen wenden sich mehr und mehr dem Studium des Zen zu, nicht um es mit ihren Begriffen zu erklären, sondern um sich selbst in seinen Begriffen zu verstehen.

Es gibt Sekten innerhalb des Zen, die sich hauptsächlich in der Art ihrer Gewichtung unterscheiden. Und es gibt eine Organisationsform; daher, meine ich, muß das Wort (wie alle englischen beziehungsweise amerikanischen Eigennamen) groß geschrieben werden. Existentialismus, humanistische Psychologie und sensory awareness, das heißt abendländische Bewegungen dieser Art brauchen im Englischen oder Amerikanischen nicht groß geschrieben zu werden. Diesen Bewegungen fehlen die vielen Jahrhunderte menschlicher Hingabe, in denen sich die *Form* des Zen entwickelt hat, die in buddhistischen Texten mit *Leere* gleichgesetzt wird.

Zazen ist der Name für die zen-buddhistische Meditation. Diese Wortwahl kann sehr leicht zu einem Mißverständnis führen, ebenso wie der Leser leicht durch meine Benutzung des Wortes »Meditation« im ganzen Buch verwirrt werden kann. Die traditionelle abendländische Praxis der Meditation, wie die meisten von uns sie verstehen, besteht darin, die begrifflichen Mysterien von »Leben« und »Tod«, »gut« und »böse«, »Gott« und »Mensch« und so weiter zu *bedenken;* das bedeutet im Grunde, wie die griechisch-lateinische Wurzel des Wortes »Meditation« zeigt, sich über etwas Gedanken machen. Zazen ist jedoch das genaue Gegenteil. Sicher wäre es überhaupt nicht zu der Bezeichnung »Meditation« gekommen, wenn nicht der sogenannte »meditative Mensch« in abendländischen Augen der wäre, der die einzige Alternative zu dem Trachten nach weltlichem Gewinn und dem damit verbundenen Denken daran gewählt hat. Mit Sicherheit sammelt die Praxis des Zazen keine Schätze auf der Erde, selbst wenn der Polizeichef von Rangun, wie Admiral Shattock schreibt, sechs Wochen im Jahr dem burmesischen Äquivalent weiht, während sich im Nachbarbezirk der Besitzer des örtlichen Milchmonopols befindet.[35] Auch wenn es ein unvergleichliches Instrument für die Verwirklichung eines vollkommeneren Lebens darstellen mag, wie es in dem Samuraizitat am Anfang dieses Buches angedeutet wird, ist es doch gleichzeitig eine volle *Abwendung* von lebenspraktischen Interessen. Der Unterschied zur christlichen Meditation liegt zum Teil darin, daß Zazen überhaupt keinen Gewinn *sucht*, weder in dieser noch in einer anderen Welt. So ist es ebenfalls durch seine Abwendung von den Grunderwägungen unserer Religionen gekennzeichnet, die immer darin bestanden haben zu überlegen, wie man den geoffenbarten Willen eines außerhalb der Welt sich befindlichen Gottes erkennen und ihm gehorchen könne und wie man dadurch irgendwann in der Zukunft in seinen Himmel aufgenommen werden könne.

Zazen besteht in ruhigem, bewegungs- und gedankenlosem Sitzen auf einem kleinen Kissen auf einer Matte über eine längere Zeit hin. Wenn möglich sitzt man im vollen oder im halben Lotussitz, ansonsten wenigstens mit gekreuzten Beinen oder auf den Unterschenkeln, auch wenn das nicht unbedingt notwendig ist. Die Augen sind leicht geöffnet, aber gesenkt; und obwohl sie hellwach und sehend sind, fungieren sie nicht – wie gewöhnlich – als Sinnesorgane; sie sind auch nicht, wie oft beim Yoga, unter Kontrolle: Nur der Impuls zu wandern wird kontrolliert. In der gleichen Weise wird auch nicht die Bewegung selbst kontrolliert, sondern nur das Verlangen nach Bewegung, auch nicht das Denken, sondern nur der Zwang zu denken.

So wird der Organismus von seinem gewohnten Handlungsdrang befreit und steht der Wahrnehmung zur Verfügung. Aber wofür? Es werden nicht einfach nur die Gedankenreflexe, Muskelreflexe und die Beobachtung auf einem Minimum gehalten – es geht um die Reflexe des gesamten sensorischen Apparats. Wenn ein Geräusch hörbar ist, dann lauscht man nicht; riecht man etwas, dann läßt man keine Assoziationen zu; Schmerz in den Beinen sollte weder zum Urteilen noch zum Denken verleiten. Was also wird wahrgenommen? Sinnlich alles, intellektuell nichts. Geräusche werden gehört, aber rein um ihrer selbst willen, als hätte es sie vorher nie gegeben. Schmerz wird gefühlt, aber ohne Angst oder Sorge. Kommt eine Erkenntnis, so kommt sie, aber man macht sich keine Gedanken darüber.

Aber alles das ist nicht das Ziel des Zazen, welches als »Erleuchtung« bezeichnet wird. Es ist, wie das Zen selbst, an sich undefinierbar. Ich könnte es als die volle Erfahrung des Seins bezeichnen – was genaugenommen nichts aussagt. Es ist dennoch von großer Bedeutung, daß ein Anfänger die Aufgabe hat, volle Aufmerksamkeit auf seinen Atem zu richten (und tatsächlich dabei oft von eins bis zehn zu zählen), so daß nichts anderes als seine Haltung seinen

Geist beschäftigt. In einem solchen Fall stellen offenbar alle Sinneswahrnehmungen, abgesehen von denen der Propriozeptoren (Wahrnehmungsnerven) und der Wahrnehmung der Schwerkraft, Ablenkungen dar.

Überall auf der Welt wird der Atem mit dem zentralen Element, oder der Essenz, des Lebens in Verbindung gebracht. Er stellt unsere regelmäßigste und intimste Beziehung zu unserer Umwelt dar. Und sein ungehindertes Funktionieren beansprucht mehr von unserer Beweglichkeit und Muskulatur als alle anderen Aktivitäten unseres Organismus. Und schließlich wird der Atem als einzige der bedeutenderen Körperfunktionen sowohl vom willkürlichen wie auch vom unwillkürlichen Nervensystem gesteuert.

Die Beschäftigung mit dem Atem im Zazen hat nicht zum Ziel, ihn zu verbessern, sondern ihn einfach immer bewußter wahrzunehmen. Sicherlich kann eine solche Bewußtheit leicht zur Befangenheit führen, die immer zu einer Spaltung in der Totalität der Persönlichkeit und zu unwillkürlicher Selbstkontrolle führt. Im Zazen aber kann man genau wie in der Praxis der sensory awareness nach einiger Zeit spüren, daß man sich nicht so sehr seines Atems bewußt ist, sondern daß man *in* seinem Atem bewußt wird. Man wird identisch mit dem Atem und ist nicht länger ein Beobachter. Dann wird alles, was man als Hemmung im Atmen spürt, auch als Hemmung des eigenen Ich gespürt, sei es nun eine Kraft von außen oder von innen: Die Ichbefangenheit, die Selbstbeobachtung, die Introspektion werden zu einem Hindernis, ja zu einer Fessel; außerdem sind sie nicht nur eine Behinderung des *eigenen Ich*, sie sind eine Behinderung allen Lebens. Sind das Ich und der Atem jedoch identisch, ist man nicht mehr geteilt zwischen dem Selbst und dem anderen, zwischen Beobachter und Beobachtetem; Selbstkritik – genaugenommen jede Kritik – ist nicht mehr möglich. Es ist nicht einmal mehr der Atem des Ich: Das Ich *ist* der Atem. Der Atem ist das Ich.

Atmen vollzieht sich aber nicht in einem Vakuum; es benötigt Luft, genauso wie es einen lebendigen Organismus benötigt. Atmen ist weder die Luft, noch ist es der Organismus; es ist Zusammenwirken, Interaktion zwischen beiden. Wenn man atmet, findet Interaktion statt. Irgendwie ist man zugleich innen und außen. Als Theorie braucht uns das nicht zu berühren. Aber als Erfahrung könnte es uns die Handlungen jener buddhistischen Aufständischen in Vietnam erklären, die sich bei lebendigem Leibe verbrannten, vielleicht deshalb, weil ihnen die Wirklichkeit draußen wichtiger erschien als ihr Selbstopfer, und die diesen letzten Schritt eher als Reaktion auf eine *Erkenntnis* als unter dem Druck einer Idee getan haben mögen. Es könnte uns auch das Attribut des

Buddha als des Mitfühlenden und das seltsam klingende buddhistische Gelübde, alle fühlenden Wesen zu retten, verständlich machen. Der Unterschied zwischen dem, der nach einem Retter Ausschau hält, und dem, der es sich selbst gelobt, muß dem Unterschied entsprechen zwischen dem, der die Trennung zwischen dem Ich und dem anderen aufrechterhält, und dem, der spürt, daß er die Trennung aufgeben kann. Der Sinn des Gelübdes, alle fühlenden Wesen zu retten, kann nur in dem Empfinden liegen, daß zwischen allen fühlenden Wesen und dem eigenen Ich keine wirkliche Grenze besteht.

Solch eine Feststellung könnte niemals aus dem Kontext jüdisch-christlichen Absolutheitsdenkens heraus getroffen werden. Wie in der Erkenntnis Einsteins hätte einzig die Relativität und die Wechselbeziehung aller Dinge Bedeutung.

So ist vielleicht zu verstehen, weshalb ich einen semantischen Einwand gegen den Begriff »religiös« als Bezeichnung für jene tieferen und anscheinend wahreren Erfahrungen habe. Künstler, Dichter, Musiker, Tänzer und Liebende haben diese Erfahrungen mit vielen als »religiös« bekannten historischen Persönlichkeiten und mit vielen anderen geteilt, die geduldig irgendeiner Form von Meditation folgen und deren Erfahrungen vielleicht auch die Frucht der geduldigen und liebevollen Praxis der Sinneswahrnehmung sein mögen. Dies ist eine Praxis, die nach und nach Glauben, Symbole und symbolische Riten abstreift und uns – wie das Zen – von Belohnungen und Strafen, von Gebeten und Richtspruch, von Hoffnungen und Reue befreit und uns völlig dem Hier und Jetzt überläßt.

## Erfahrungsberichte

Das hier folgende wurde aufgenommen, weil die direkte und lebendige Qualität der Berichte mir eine wertvolle Ergänzung zu dem bisher Niedergeschriebenen zu sein scheint.

### *Ein Psychologe und Gruppenleiter*

In einer der ersten Sitzungen brachte Charlotte über eine Stunde damit zu, mit uns an etwas zu arbeiten, das, oberflächlich gesehen, sehr einfach zu sein scheint: In einer paarweisen Gruppierung hebt der eine einfach die Hand des anderen und bringt sie dann wieder in die ruhende Ausgangslage zurück. Während Charlotte mit uns arbeitete und uns mit freundlichen Bemerkungen langsam dahin brachte, alle Aktivitäten abzustreifen, die nicht mit der reinen Aufgabe, die Hand zu heben und wieder herunterzulassen, in Verbindung standen, kam eine Art von Klarheit in die Erfahrung meines Selbst. Allmählich gelang es mir, alle anderen Tätigkeiten, die sich hinzugesellen wollten, und alle nicht beteiligten Muskelaktivitäten einzustellen und lediglich zuzulassen, daß meine Hand gehoben wurde oder daß ich die Hand meiner Partnerin hob. Ich kam soweit, daß ich selbst die Sorge um meine Partnerin aufgab: Ich hörte auf, mich ihr nah oder fern, mich von ihr angezogen oder abgestoßen zu fühlen. Ich hörte auf, mich an andere Gelegenheiten zu erinnern, als meine Hand gehoben wurde oder ich die Hand eines anderen hob. Ich hörte auf, bei der Berührung sexuelle Empfindungen mitschwingen zu lassen. Ich hörte auf, mich zu fragen, ob ich meinen Körper richtig hielt – ich tat nichts weiter als zuzulassen, daß meine Hand gehoben wurde und ich dann später die Hand meiner Partnerin hob. Und in diesem Augenblick der Klarheit hatte ich das Gefühl, daß ich verstand, was Charlotte meint, wenn sie uns auffordert, »völlig dabei zu sein bei dem, was wir tun«, und ich bekam eine Ahnung von dem Wunder, so leben zu können, daß man bei dem, was geschieht, völlig gegenwärtig ist. Das gab dem Geschehnis eine solch unglaubliche Deutlichkeit – es war so überwältigend, einfach zuzulassen, daß die andere meine Hand hob, oder mir zu erlauben, die Hand meiner Partnerin anzuheben. Aber gleichzeitig erkannte ich, daß es ein ungeheuer wichtiger und komplexer Prozeß ist, der gewöhnlich verdunkelt und verwischt wird durch Assoziationen, Muskelspannungen und durch den Versuch, in diese konkrete Situation Bedeutungen, Absichten und übertragene Emotionen hineinzulegen, die hier wirklich nicht hingehören.

Für einen kurzen Augenblick war ich während dieses Experiments ein ganzheitliches Wesen und funktionierte als ein Ganzes. Ich war nicht mehr ein vom Körper getragener Intellekt. Das Erlebnis war eine wirkliche Erleuchtung. Auch vernebelte ich das existentielle Ereignis, daß meine Hand gehoben wurde, nicht mit Erwartungen aus der Vergangenheit oder mit Plänen für die Zukunft. Ich befand mich einfach in der Gegenwart, und ich spürte in diesen wenigen Minuten einen Ausbruch von Energie, eine viel größere Schärfe der Wahrnehmung und ein Erwachen des Schöpferischen in mir, wie ich es aus früheren Zeiten kannte, aber nie vorher in seinem Wesen so deutlich verstanden hatte.

Noch viele andere Experimente wurden an diesem Wochenende durchgeführt, aber dieses eine ragt heraus als Erlebnis eines plötzlichen Verstehens, das in keiner Weise intellektuell ist und daher so schlecht mit intellektuellen Mitteln wiedergegeben werden kann. (S. K.)

*Eine Photographin*

Einmal forderten Sie uns auf, in die Hocke zu gehen und wieder hochzukommen. Ich wußte nicht, was ich tun sollte, ich war wie versteinert. Das war ein Bewegungsablauf, den ich seit vielen Jahren nicht mehr fertiggebracht hatte. Ich wußte, ich würde vornüber fallen oder ich müßte auf allen vieren hinuntergehen, um wieder hochkommen zu können. Aber mit zusammengebissenen Zähnen und angehaltenem Atem tat ich es – bewegte mich hinunter und wieder hinauf, so schnell ich konnte. Ich ging nicht sehr weit hinunter, aber ich ging hinunter und kam wieder hoch, ohne vornüber gefallen zu sein. Wie konnte das geschehen?

Wir versuchten es wieder und wieder. Jedesmal wagte ich, ein wenig tiefer zu gehen und ein wenig langsamer zu werden. Seltsam, je langsamer ich wurde, um so leichter und fließender wurde es. Ich begann allmählich, die Gleichgewichtsveränderungen in meinem Rumpf, das Nachgeben in den Hüften und Knien und die Muskelarbeit in den Oberschenkeln zu spüren. Es war zwar noch beängstigend und ein bißchen schmerzhaft, aber wie aufregend! In die Hocke zu gehen und wieder hochzukommen – etwas, wozu mir mein Kopf gesagt hatte, ich würde es nie können; und ich bin auch nicht dazu in der Lage gewesen bis zu dem Augenblick, in dem ich aufhörte, auf meinen Kopf zu hören, und bis ich den ganzen Körper seine normalen Funktionen übernehmen ließ. Viel später entdeckte ich, daß ich auch knien und auf meinen Fersen sitzen konnte, was früher eine Qual für mich gewesen wäre.

Nach vielen Experimenten wurde mir langsam klar, daß meine Unbeweglichkeit das Ergebnis angstverspannter Muskeln war, die ihrerseits wiederum den Atem und den Blutkreislauf behindert hatten. Ich hatte Angst vorm Fallen, Angst vor Schmerzen, Angst vor dem Versagen und vor Schande, und diese Angstverspannungen hielten alle Muskeln fest, die um der Beweglichkeit willen hätten nachgeben müssen. Diese Erkenntnisse entstanden in den Muskeln selbst während dieser gelegentlichen Versuche, in denen ich das Festhalten aufgeben und mich mit einem beseligenden Wohlbehagen freier bewegen konnte.

Parallel zu diesen Erkenntnissen von der »Innenwelt« kam das Verständnis, daß bei einer Lockerung dieser hemmenden Muskel-Atem-Kreislauf-Verspannungen auch eine offenere Beziehung zur »Außenwelt« entstand. Die neuentdeckten Fähigkeiten zu knien und zu hocken waren natürlich bei der Gartenarbeit eine wunderbare Erleichterung: Früher hatte ich beim Bücken und Hochkommen geächzt und gestöhnt und hatte beträchtliche Rückenschmerzen; oft wurde mir übel, wenn ich vornüberhing und alle Organe in der Mitte meines Körpers zusammengequetscht waren. (Das habe ich bei Experimenten mit dem Hängen gemerkt, und ich habe gelernt, aus den Hüften heraus zu hängen, so daß viel Raum für das Atmen und die Blutzirkulation bleibt.) Nun machte es mir Freude, in die Hocke zu gehen und wieder hochzukommen. Es war wunderbar, das Gefühl meiner eigenen Kraft und der Leichtigkeit in der Bewegung zu fühlen, und ich ließ mir viel Zeit, es auszukosten.

Ich stellte fest, daß ich in meiner Beziehung zu allem um mich herum offener und geduldiger sein konnte. Ich konnte die verschiedenen Arten von Unkraut erkennen, die ich entfernen mußte, und ich konnte entsprechend reagieren: Ich konnte den langen, zerbrechlichen Stengel einer Vogelmiere durch das Gras hinunter bis zur zarten, klammernden Wurzel verfolgen, ihn aus der Erde herausziehen und das Gewirr von Stengeln hochheben, ohne sie zu zerbrechen; ich konnte die lange, starke Wurzel des Löwenzahns genau in der richtigen Richtung und mit genau dem Energieaufwand und dem gleichmäßigen Zug aus der Erde herausbekommen, die nötig waren, um sie ganz zu entfernen, so daß nicht aus einem in der Erde verbliebenen Stück wieder eine neue Pflanze wachsen konnte. Es gelang mir, ein glitschiges Grasbüschel so zu fassen zu bekommen, daß ich den dicken Wurzelballen herausziehen konnte. Und dies alles, ohne die blühenden Pflanzen zu beschädigen, die das Unkraut überwuchert hatte. Es geschah nicht aufgrund von intellektuellen Anstrengungen, sondern durch reine Sinneswahrnehmung.

In ähnlicher Weise konnte ich den Pflanzen gegenüber, die ich setzte, fürsorglicher sein. Ich paßte auf, wie tief sie in den Boden gepflanzt werden mußten, daß sie später, nachdem sie gewachsen waren, nicht zu dicht standen und daß sie das notwendige Licht bekamen. Und ich war offener für die Schönheit von Form und Gewebe, Licht und Schatten – für den Wohlgeruch der Blumen, des Blattwerks und der Erde.

Wohin führt das alles? Schließlich war ich auch eher imstande, meinen Kindern und meinen Freunden besser zuzuhören und einfühlsamer auf sie zu reagieren.

Wie Sie sagten, nachdem wir in die Hocke gekommen waren und wieder oben landeten: »Fühlt sich das nicht gut an?« Ja! (M. A. R.)

*Ein Professor für Medizin*
Es muß Ihnen sicher bewußt sein, wieviel Ihr Workshop in Tassajara für mich bedeutet hat. Das große Erlebnis muß auf meinem Gesicht, an meiner Haltung, an meinem ganzen Wesen abzulesen gewesen sein. Ich möchte aber doch einige der Gefühle, die in mir aufstiegen, schriftlich niederlegen.

Ich bin wohl immer auf eine natürliche Weise sinnesbewußt gewesen. Als Kind hatte ich Vergnügen daran, meinen Blick verschwimmen zu lassen, um die abstrakten Formen und Lichter auf dem Wasser tanzen zu sehen, oder den nächtlichen Geräuschen zu lauschen oder alte Häuser zu riechen und so weiter. Aber Sie haben mir unvorstellbare Perspektiven eröffnet. Anstatt mich selbst zu fragen, was ich sehen, was ich hören, was ich riechen könne, bin ich jetzt offen dafür, solche Empfindungen wirklich zu erleben, wo auch immer ich sie wahrnehme: in mir selbst, in der Welt der Natur außerhalb meiner selbst oder in meinen Beziehungen zu anderen Menschen. Ich habe natürlich einen langen Weg zu gehen, da »kopfloses«, ungeübtes, ungelerntes, unprogrammiertes Erfahren etwas so Neues für mich ist und ich gerade erst angefangen habe, mich auf diese völlig neue Entdeckung einzustellen.

Das ist aber fast nichts im Vergleich zu der überwältigenden Entdeckung, die ich beim Empfangen und Weiterreichen des Balles von meinen Händen in die Hände meines Partners machen konnte, nämlich zu spüren, was es wirklich bedeutet zu geben, zu empfangen – ohne Kontrakt, ohne Verhandlung, ohne Erwartungen, ohne Vergangenheit, ohne Zukunft, einfach nur zu geben, nur zu empfangen. Was geschieht dabei? Was fließt von einem zum anderen? Wie ist es? ... Ich bin dreiundfünfzig Jahre alt geworden, und ich habe, glaube ich, noch nie irgend etwas von einem anderen Menschen empfangen – einfach, vollständig, bereitwillig, dankbar empfangen – bis vor ungefähr sechs Monaten. Aber die volle Dimension dieser wunderbaren Fähigkeit des Menschen, einem anderen Menschen zu geben und von ihm zu empfangen, war für mich vor dem Erlebnis mit den Bällen nicht spürbar. Plötzlich fühlte ich mich in eine andere Welt des Seins versetzt. Die Tränen flossen. Ich war ein wenig verlegen, aber nicht verunsichert. Oder besser ausgedrückt, es war ein intensiv poetischer Augenblick für mich. Diese Erfahrung war so persönlich, und ich wollte mich nicht den Blicken der anderen aussetzen. Ich saß still im Hintergrund und hoffte, keiner würde es bemerken. Plötzlich wurde mir bewußt, daß J. S. bei mir war, ganz ruhig, nur ihre Fingerspitzen berührten meinen Arm – einfach um zu sagen, daß sie da war, falls ich sie brauchte. Und ich grub meinen Kopf tief in ihren Schoß, so daß ich krampfhaft schluchzen konnte, ohne ein Geräusch zu machen. So konnte ich diesen Augenblick allein mit J. teilen.

Ich möchte ihn aber auch mit Ihnen teilen, da Sie ihn herbeigeführt haben; und er spricht besser als alle Worte aus, die ich schreiben könnte, was während dieser schönen Woche im Workshop mit mir geschehen ist und seinen Höhepunkt in diesem magischen Augenblick fand.
(A. B.)

## Anmerkungen

1 A. T. W. Simeons: Man's Presumptuous Brain. New York 1961. Auch L. L. Whyte: The Next Development in Man. New York 1948.
2 Seit ich diese Zeilen schrieb, habe ich Carlos Castanedas ›Eine andere Wirklichkeit‹ und ›Reise nach Ixtlan‹ nicht weniger als fünfmal gelesen. Seine Rede von Tun und Nicht-Tun bezieht sich, im Gegensatz zu meiner, nicht auf zweckvolle Aktivitäten, sondern auf eine völlig unbewußte Interpretation von Wahrnehmungen in konventionellen Ausdrücken. Diese Prozesse scheinen mir aber so verwandt und Castanedas Verständnis so direkt und tiefgreifend zu sein, daß ich aus diesem und vielen anderen Gründen seine Bücher in meiner persönlichen Bibliographie ganz obenan setzen würde.
3 S. Anhang: Anmerkungen zum Zen.
4 S. Anhang: Ursprünge der sensory awareness und ihre Verbreitung in den USA.
5 Bernard Aaronson: Workshops of the Mind. New York 1975.
6 Diese Vorstellung von Bewußtsein ist meine Möglichkeit, Teilhard de Chardins ›Der Mensch im Kosmos‹ zu verstehen. Ob ich ihn nun richtig verstanden habe oder nicht und zu welchen ähnlichen oder verschiedenen Schlußfolgerungen uns das führen mag – hier sind zum ersten Male meine eigenen Eingebungen auf diesem Gebiet befriedigend formuliert worden.
7 S. Anhang: Anmerkungen zum Zen.
8 In der Zenpraxis ist es umgekehrt, genau wie auf dem Berg Horeb; vgl. Exodus 3,5.
9 Wenn der Leser irgendwann beim Lesen dieses Buches merken sollte, daß es abstrakt wird, ihm fernliegt und ihm Mühe macht beim Lesen, dann rate ich ihm dringend, einen Schuh auszuziehen und fünf Minuten lang seinen eigenen Fuß zu erforschen. Danach wird er entweder aufstehen und spazierengehen wollen und das auch tun, oder er wird weiterlesen wollen, und, das verspreche ich ihm, es wird ihm leichter fallen.
10 Manchmal mag den Leser eine ungebräuchliche Verwendung von Metaphern verwirren, die etwas kennzeichnet, was sicher immer in Gefahr ist, ein sensory-awareness-Jargon zu werden. Unser neuer Wein – wenn er das ist, was er mich dünkt – braucht neue Flaschen. Bis aber neue Flaschen aus dem Sprachgenius eines ganzen Volkes erwachsen, müssen wir in dieser Arbeit gebräuchliche Worte für ungebräuchliche Zusammenhänge benutzen, in der Hoffnung und festen Absicht, nicht noch eine weitere Geschäftssprache zu schaffen.
11 Admiral E. H. Shattock: An Experiment in Mindfulness. New York 1970.
12 S. Anhang: Anmerkungen zum Zen.
13 Vgl. hierzu Karlfried Graf Dürckheim: Hara. Die Erdmitte des Menschen. Weilheim 1967.
14 ›Rest Working‹ ist der Titel einer interessanten Untersuchung der Drüsenfunktion von einem Schüler Matthias Alexanders, Gerald Stanley Lee. Sein Buch erschien 1925 in Northampton, Massachusetts.
15 Eugen Herrigel: Zen in der Kunst des Bogenschießens. Weilheim 1975.

16 Es wäre unfair, diese kritischen Bemerkungen zum Yoga auszusprechen, ohne zu erwähnen, daß auch im Zazen, trotz der Ablehnung der Vervollkommnung als Ziel des Zen (zumindest des Soto-Zen), neuen Schülern beigebracht wird, wie man genau zu sitzen habe und welche Stellung beizubehalten sei. Nach vielen Jahren wird es für jene, die weitergemacht haben, ungezwungener und einfacher sein und seine Starre verlieren, wie es zweifellos bei den indischen Yogis der Fall ist.

17 Schüler des Zen sehen wahrscheinlich eine Verbindung zwischen diesem Verhalten und ihrer eigenen Praxis.

18 Vgl. die außergewöhnliche Technik in den Büchern Castanedas, eine Gegend aus den Augenwinkeln zu prüfen, um Unterschiede wahrzunehmen, die mit normalem Blick nicht feststellbar sind.

19 Unsere Freundin Ann Dreyfuss lud Charlotte und mich einmal in den Zoo ein, wo sie mit behinderten Kindern arbeitete, indem sie sie ermutigte, mit Jungtieren in Kontakt zu kommen. Es war dämmrig, als sie uns zu ihren Tierfreunden hineinließ. Sie zeigten keinerlei Furcht. Ich spürte eher eine Intensität und Totalität von schweigender Gegenwart im schwindenden Licht, die ich in meiner Erinnerung mit keiner anderen Erfahrung vergleichen kann. Obwohl überall Lebendigkeit fühlbar war, schien mir ihr reinster Strom aus den wachen Köpfen der Tiere und vor allem aus ihren Augen zu kommen. Ich zweifle nicht, daß der direkte Kontakt mit diesen Tieren – selbst ihre bloße Gegenwart – einen therapeutischen Effekt auf die Kinder hatte, nicht unähnlich dem, den die Gegenwart des Zen-Meisters auf seine Schüler hat.

20 Vgl. S. 30f. Die Angst des Amerikaners (und sehr oft auch der Amerikanerin) vor *Weichheit* – die Angst, ein »Softie« zu sein, »soft« zu sein gegenüber Verbrechern, Kommunismus und so weiter, was sehr häufig gleichbedeutend verstanden wird mit Verweichlichung und sexueller Impotenz – hat ihre Entsprechung nur in der Beharrlichkeit, mit der wir harte Möbel vermeiden, »hartes« Tagwerk, Hausarbeit, für die wir Maschinen erfinden, rauhes Wetter, »harte« Tatsachen und andere *Härten*, die in gesünderen Kulturen selbstverständlich sind. Ich bin sicher, daß dies die Assoziation bei dem grundlegenden und weitverbreiteten Mißverständnis ist, das phallische Härte nicht mit der Spannkraft des Organismus, sondern mit der Härte der Muskulatur in Verbindung bringt. Die konsequente Assoziation von Weichheit und Nachgiebigkeit mit Schwäche und von Härte mit Stärke mag zu einem guten Teil verantwortlich sein für die Intensität und Grausamkeit von vielem in unserer Außenpolitik, für stumpf machende Möbel und Automobile und für viele der Ängste und Starrheiten, denen Charlotte und ich manchmal in unseren Kursen begegnen. Sie erklärt auch den reaktionären Haß einer toleranten Liberalität gegenüber.

21 Geordnete *Phänomene*, deren Studium Gegenstand der Gestaltpsychologie ist und deren Dynamik ebenso wie vieles aus der sensory awareness der Gestalttherapie zugrunde liegt.

22 Dieses nicht-chemische bewußtseinsverändernde Experiment verdanke ich Claudio Naranjo, der es in einem Seminar, das wir zusammen abhielten, benutzte.

23 Folgende Veröffentlichung läßt meine Feststellung durchaus realistisch

klingen: Peter Tompkins und Christopher Bird: The Secret Life of Plants. New York 1973.

24 S. Anhang: Ursprünge der sensory awareness und ihre Verbreitung in den USA.

25 Vgl. S. 59 des Kapitels »Ruhen als Beziehung zur Umwelt«.

26 Hier wird einiges erkennbar von dem faszinierenden Bedeutungsspektrum des Wortes *geben* mit seiner positiven und negativen Polarität – von dem grausamen Ausruf »Gib's ihm!« beim Ringkampf bis zu den im Gegensatz dazu stehenden Variationen *weg*geben, *nach*geben, *auf*geben und so weiter.

27 S. Anhang: Erfahrungsberichte.

28 Vgl. Anmerkung 19.

29 Vgl. das Kapitel »Dasein in der Welt«.

30 Shunryn Suzuki: Zen Mind, Beginner's Mind. New York 1971.

31 Das von Stieglitz am meisten geschätzte Dove-Gemälde war wahrscheinlich ›Louis Armstrong: Swing Music‹, das heute im Art Institute in Chicago hängt. Als ich 1962 mit Charlottes Lehrer Heinrich Jacoby in Zürich arbeitete, war das einzige, was er mich über die Staaten fragte: »Gibt es dort noch andere Platten von Louis Armstrong?« Offenbar waren Platten in der Schweiz schwer zu bekommen.

32 Sammlung William Lane Fong, Leominster, Massachusetts.

33 Wie mitleidsvoll und wirklichkeitsnah Elsa Gindlers Einstellung war, beweist nicht nur die Tatsache, daß sie während der Bombenangriffe auf Berlin im Zweiten Weltkrieg ihre Kurse fortsetzte, obwohl sie eingeladen worden war, in der Schweiz zu leben, sondern zeigt sich auch daran, daß sie in ihren Kursen weiterhin ihre jüdischen Schüler mitarbeiten ließ, solange das möglich war – auch auf die Gefahr hin, bei einer Entdeckung in ein Konzentrationslager verschleppt zu werden. Sie versteckte sogar eine Anzahl ihrer Schüler in ihrem Keller und versorgte sie mit ihren eigenen dürftigen Rationen und denen anderer Schüler. Tragischerweise schleuderte ein junger Nazi eine Woche vor dem Eintreffen der russischen Armee in Berlin eine Bombe auf ihr Haus. Der entstehende Brand zerstörte alle Dokumente, die Gindler über ihre Arbeit gesammelt hatte.

34 Heinrich Jacoby: Grundlagen einer schöpferischen Musikerziehung. In: Die Tat. Monatsschrift für die Zukunft deutscher Kultur, März 1922. Der Text entspricht einer Rede, die am 5. Mai 1921 anläßlich der Kunsttagung des Bundes entschiedener Schulreformer in Berlin gehalten wurde. Ders.: Muß es Unmusikalische geben? In: Zeitschrift für Psychoanalytische Pädagogik, Heft 2, November 1926, und Heft 4, Januar 1927. Ders.: Jenseits von »Musikalisch« und »Unmusikalisch«. Voraussetzungen und Grundlagen einer lebendigen Musikkultur. In: Zeitschrift für Ästhetik und allgemeine Kunstwissenschaft, Heft 1 bis 4, 1925; mitgeteilt auf dem II. Kongreß für Ästhetik und allgemeine Kunstwissenschaft in Berlin, Oktober 1924. Ders.: Die Befreiung der schöpferischen Kräfte, dargestellt am Beispiel der Musik. In: Das werdende Zeitalter, Heft 4, 4. Jahrgang. Dieser Beitrag gibt einen zusammenfassenden Bericht über den Vortrag Jacobys auf der III. Internationalen Pädagogischen Konferenz in Heidelberg am 5. August 1925 und über eine Reihe praktischer Demonstrationen an den

nachfolgenden Konferenztagen. Ders.: Jenseits von »Begabt« und »Unbegabt«. Zweckmäßige Fragestellung und zweckmäßiges Verhalten als Schlüssel für die Entfaltung des Menschen. Hrsg. von Sophie Ludwig. Hamburg 1981. Dieses mit Illustrationen versehene Buch dokumentiert einen Kurs Heinrich Jacobys, der 1945 in Zürich zur Einführung in die Ergebnisse seiner Untersuchungen abgehalten wurde. Diese betreffen »biologische, soziale und pädagogische Faktoren, die beim Entstehen sogenannter Begabungsunterschiede beteiligt sind – Bedingungen einer zuverlässigeren Sicherung der Entfaltung des Kindes und verhaltensmäßige Voraussetzungen bewußter praktischer Arbeit an der eigenen Entfaltung und Nachentfaltung von Erwachsenen« (Heinrich Jacoby).

35 Vgl. Anmerkung 11.

dialog
und praxis

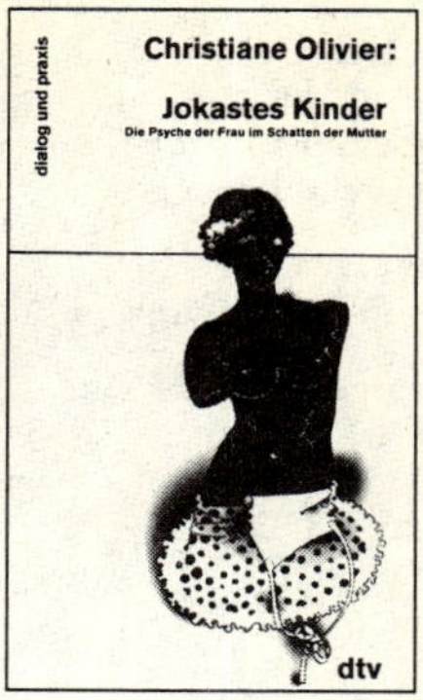


# Psychologie
# Analyse
# Therapie

**Ronald D. Laing:**
Die Stimme der
Erfahrung
dtv 15060

Die Tatsachen des
Lebens
dtv 15081

**Arnold Lazarus/**
**Allen Fay:**
Ich kann, wenn ich will
Anleitung zur psycho-
logischen Selbsthilfe
dtv/Klett-Cotta 15002

**Rollo May:**
Sich selbst entdecken
Seinserfahrungen in
den Grenzen der Welt
dtv 15080

**Leo Navratil:**
Schizophrenie und
Dichtkunst
dtv 15020

**Christiane Olivier:**
Jokastes Kinder
Die Psyche der Frau
im Schatten der Mutter
dtv 15053

**Frederick S. Perls:**
Das Ich, der Hunger
und die Aggression
dtv/Klett-Cotta 15050

**Frederick S. Perls/**
**Ralph F. Hefferline/**
**Paul Goodman:**
Gestalttherapie
Grundlagen
dtv/Klett-Cotta 15086
(Februar 1991)

**Peter Schellenbaum:**
Das Nein in der Liebe
Abgrenzung und
Hingabe in der
erotischen Beziehung
dtv 15023

Gottesbilder
Religion, Psycho-
analyse, Tiefen-
psychologie
dtv 15059

Abschied von der
Selbstzerstörung
Befreiung der Lebens-
energie
dtv 15078

**Walter J. Schraml:**
Einführung in die
moderne Entwicklungs-
psychologie für
Pädagogen und
Sozialpädagogen
dtv 15082

**Manès Sperber:**
Individuum und
Gemeinschaft
Versuch einer sozialen
Charakterologie
dtv/Klett-Cotta 15030

**René A. Spitz:**
Vom Dialog
dtv/Klett-Cotta 15047

**Walter Volpert:**
Zauberlehrlinge
Die gefährliche Liebe
zum Computer
dtv 15045

**Herbert Will:**
Georg Groddeck
Die Geburt der
Psychosomatik
dtv 15034